시장은 정의로운가

시장은 정의로운가

1판 1쇄 인쇄 2012. 2. 28.
1판 6쇄 발행 2023. 5. 1.

지은이 이정전

발행인 고세규
발행처 김영사
등록 1979년 5월 17일(제406-2003-036호)
주소 경기도 파주시 문발로 197(문발동) 우편번호 10881
전화 마케팅부 031)955-3100, 편집부 031)955-3200 | 팩스 031)955-3111

값은 뒤표지에 있습니다.
ISBN 978-89-349-5630-3 03320

홈페이지 www.gimmyoung.com   블로그 blog.naver.com/gybook
인스타그램 instagram.com/gimmyoung   이메일 bestbook@gimmyoung.com

좋은 독자가 좋은 책을 만듭니다.
김영사는 독자 여러분의 의견에 항상 귀 기울이고 있습니다.

서울대 이정전 교수의 경제 정의론 강의 # 시장은 정의로운가

THE CAPITALIST
MARKETS & JUSTICE

이정전 지음

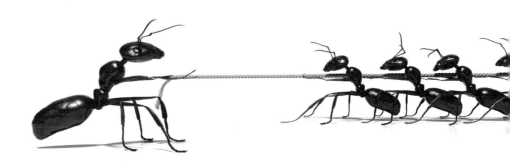

김영사

나는 한 가지 이유 때문에 경제학자가 되었다.

경제학은 지금까지 희망을 주었고 앞으로도 계속해서 줄 것이다.

경제학을 더 많이 이해하면 많은 사람들의 생활을 이롭게 할 수 있다.

_ **제임스 토빈**, 1981년 노벨경제학상 수상 소감에서

차례

자유경쟁시장이 마주해야 할 질문!

세계경제가 암울하다. 우리나라 경제도 불안하기만 하다. 2008년 미국발 금융 위기로 촉발된 세계경제 위기 그리고 이어서 터진 99%의 대반란 이후 현 자본주의 체제에 대한 믿음이 급속히 무너지고 있다. 세계는 지금 새로운 자본주의의 모색에 열중하고 있다. 인간의 얼굴을 한 따뜻한 자본주의의 새 모델을 찾고 있는데, 그 구체적 내용에 대해서는 아직 합의된 바가 없다.

　이 새 모델에 어떤 내용을 채워넣을 것인지는 현 자본주의 시장을 어떻게 보느냐에 달려 있다. 만일, 자본주의 시장이 기본적으로 공정하고 정의롭다고 한다면, 새 자본주의의 핵심 과제는 단지 시장의 뒤탈을 깔끔하게 설거지하는 것으로 끝난다. 그러나 구조적인 요인 탓으로 시장이 공정치 못하다고 한다면, 시장에 대한 대수술이 새로운 자본주의의 주요 과제가 될 것이다. 우리는 심각하게 묻지 않을 수 없다. 자본주의 시장은 과연 공정하고 정의로운가? 이 책은 이 질문에 대답해보기 위한 것이다.

그렇다고 이 책이 정의에 관하여 수준 높은 얘기를 하려는 것은 아니다. 그것은 철학자들의 몫이다. 정의에 관한 우리 사회의 관심이 고조된 가운데 철학적 얘기들은 이미 많이 나왔다. 각종 학술단체에서 정의에 대한 토론회가 줄을 이었다. 다만, 정의의 관점에서 '시장'을 깊이 파헤친 논쟁과 토론이 없었다. 마이클 샌델Michael J. Sandel 교수의 《정의란 무엇인가》 이후 우리는 '시장과 경제의 정의'에 대해서도 과감히 문제의식을 던지고 답해줄 책이 필요했다.

그런 중에 경제학자들의 모임인 한국경제학회가 이 토론에 뛰어들었다. 과학자임을 자부하는 경제학자들은 정의·평등·도덕·인권 등의 형이상학적인 것들에 관해서 연구하거나 공식적으로 이야기하기를 꺼리는 경향이 있다.[1] 물론 경제학자라고 해서 그런 고차원적인 것에 대하여 아예 입을 다물라는 법은 없다. 그들도 시민이 아닌가! 다만 어느 학자의 말대로 그런 것은 '칵테일파티'에서 이야기할 사항이지 학술 모임에서 토론하기에는 부적절하다는 것이다.[2]

그럼에도 불구하고 경제학공동학술대회(2011년)에서 한국경제학회가 '공정사회와 경제학'을 공동 주제로 내걸고 정의에 관한 대토론회를 개최하였다는 것은 예삿일은 아니다. 과연 그 학술대회에서 경제학자들은 정의에 관하여 어떤 주장을 내세웠을까? 단연 두드러진 주장은, 자본주의 시장이 공정하고 정의롭다는 것이다. 시장에서 결정된 가격은 공정하며, 시장에서 결정된 소득분배 역시 공정하다는 것이다.

이 책을 읽는 여러분들은 어떻게 생각하는가? 경제학자들이 말하는 것처럼, 자본주의 시장은 과연 공정하고 정의로운가? 주가폭락, 물가상승, 빈익빈 부익부, 만성적 실업 앞에서 우리는 시장의 공정성, 경제의 정의를 어떻게 판단해야 할까? 시장의 눈물에 눈 감은 경제학자들이여, 부디 이 책을 읽고 함께 토론할 수 있기를 소망한다! '보이지 않는 손'의 정의를 묻고 답하는 매서운 비판, 치열한 공방, 진심 어린 해법을 함께 모색해보자.

이 책의 의도는 정치, 사회, 경제의 이슈들을 만드는 시장의 위력과 시장의 원리를 정의의 관점에서 풀이하고 평가하는 것이다. 그러므로 정의에 대한 이론보다는 시장에 대한 이론이 더 많이 소개된다. 시장에서 일어나는 현상을 정의의 관점에서 풀어쓴 경제학 원론이자, 혹은 정의의 관점에서 우리 경제와 사회를 좀 더 깊이 이해하기 위한 길잡이다.

청년 실업, 대기업의 중소기업 업종 잠식, 부유세 도입 여부, 보편적 사회복지와 선별적 사회복지의 선택, 경제민주화 등의 문제들은 시장 원리가 우리의 일상을 장악하고 있음을 보여주는 증거다. 시장의 힘은 점점 더 우리의 삶을 무겁게 짓누르고 있다. 이 견해에 동의하지 않는 학자들도 많다. 그러나 수많은 철학자와 사회학자가 시장의 비대화가 현대사회의 위기를 초래하고 있다고 주장한다. 왜 이런 경고와 우려가 석학들의 입에서 끊임없이 나오고 있는지를 되새겨봐야 한다. 이제, 우리 삶의 의미 그리고 현대사회의 위기를 염두에 두면서 자본주의 시장의 위력을 보다 큰 틀에서, 보다 근원적인 시각에서 생각해보자. 그래야만 우리가 추구해야 할 자본주의의 미래를 제대로 구상해볼 수 있다.

이 책에 한 가지 뜻을 더 담았다. 시장이 공정하다고 보느냐 아니냐에 따라 보수 진영과 진보 진영이 갈리며, 보수와 진보의 갈등이 시작된다. 각종 사회적 현안들을 놓고 이 양쪽 진영은 사사건건 날카롭게 맞서고 있다. 우리 사회에서 소득분배의 양극화도 심각한 문제이지만, 지식인 사회의 양극화(담론의 양극화)도 걱정스럽다. 지식인 사회의 양극화를 완화하는 첫 걸음은 역시 역지사지의 심정으로 상대방의 견해를 경청하는 것이다. 그래서 시장의 공정성에 관하여 보수 진영과 진보 진영의 입장이 구체적으로 어떻게, 왜 다른지를 정리하고 이를 바탕으로 우리 사회가 당면한 현안을 생각해보는 것도 매우 큰 의미가 있다고 생각한다. 이 책은 바로 그런 소망을 담아낸 것이다.

이 책의 출간을 흔쾌히 허락해주신 김영사의 박은주 사장님께 감사드린다. 그리고 이 책의 편집에 수고를 아끼지 않으신 김영사의 여러분께도 진심으로 감사드린다.

2012년 2월
이정전

1장

경제학자들은
무엇이라고 할까?

THE
CAPITALIST
MARKETS &
JUSTICE

| 수의사와 정치가

오랜 신분 사회의 전통을 지닌 유럽의 어느 나라에서 수의사가 국무
총리로 지명되었다. 수의사 주제에 국무총리로 지명된 이 인물에게
은근히 망신을 주려고, 어느 국회의원이 인사 청문회에서 그의 과거
경력을 들춰냈다.

A의원 총리 내정자께서는 평생 개나 돼지의 병을 치료하는 일만 해오
셨다고 들었습니다만.

총리 내정자 예, 그렇습니다. 의원님 말씀대로 저는 동물의 병을 치료하
는 일을 매우 오랫동안 해왔는데, 그중에서도 개나 돼지의 병이라면 자
신 있습니다. 의원님께서도 어디가 아프시면 주저하지 마시고 저를 찾
아오십시오. 제가 책임지고 고쳐드리죠.

의원들 깔깔깔.

B의원 인간이 아닌 동물을 다루기 때문에 아무래도 수의사의 일이 보통 의사의 일보다 훨씬 쉽겠지요?

총리 내정자 천만에요! 수의사의 일이 훨씬 더 어렵다고 봅니다.

B의원 왜 그렇게 생각하십니까?

총리 내정자 생각해보십시오. 병을 고치자면 우선 무슨 병에 걸렸는지부터 알아야 하지 않겠습니까?

B의원 그야 그렇지요.

총리 내정자 그런데 사람이 병에 걸리면 어디가 어떻게 아프다고 말을 합니다. 병을 쉽게 찾아낼 수 있습니다. 그러나 동물은 말을 못하니 병을 알아내는 것부터가 어렵습니다. 어찌 보면 정치나 정부의 역할은 수의사의 역할과 비슷한 면이 있습니다. 부유층이나 권력층은 조그마한 불평이나 불만조차도 각종 언론매체를 통해서 큰소리로 떠들어대고 자신의 이해를 관철하기 위해서 정치권에 압력을 넣습니다. 그럴 만한 재력과 영향력을 가지고 있기 때문이지요. 그러나 일반 서민들은 자신들의 고통이나 불이익을 정치권에 전달할 힘도 돈도 없습니다. 말 못하는 동물의 병을 수의사가 알아내듯이 정치가와 정부는 그런 힘없고 말 못하는 서민들의 아픔과 고충을 잘 읽고 보듬어야 합니다. 그래야 정부가 공정하다는 말을 듣게 됩니다. 정부가 공정해야만 국민의 사랑과 신뢰를 받으면서 정의로운 정치를 펴나갈 수 있습니다.

이 수의사는 서민들의 입장을 좀 더 배려함으로써 정부가 공정함을 보여야 한다고 주장한다. 서민들이 어떤 어려움을 가지고 있는지, 무엇에 분노하고 있는지, 진정으로 바라는 것이 무엇인지를 잘 파악하고 살펴야 공정하고 정의로운 정치라고 말한다. 역사적으로 보더

라도 현실에 대한 국민의 불만이나 분노를 알아내고 달래는 것이 정의의 출발점이었다.[1]

1990년대 IMF 경제 위기 때 수많은 사람들이 하루아침에 직장을 잃고 길거리로 나앉게 되었다. 2008년 미국발 세계경제 위기 때도 우리 경제가 휘청거리면서 대부분의 국민이 불안에 떨어야 했다. 이렇게 불황과 호황이 수시로 오르락내리락하다보니 일반 국민에게 시장은 종잡을 수 없는 심술쟁이요 변덕쟁이다. 문제는, 이 시장의 심술과 변덕이 매우 불공평하다고 일반 서민들이 느낀다는 것이다. 불경기가 와도 고급 백화점들은 늘 성황을 이루는 것을 보면, 부유층은 경기를 별로 타지 않는다. 이들에게 경기변동으로 인한 손해는 그다지 심각하지 않다. 하지만 서민들은 큰 타격을 받는다. 가만히 앉아서 꼼짝없이 시장의 심술과 변덕을 당할 수밖에 없는 사람들에게 시장은 참으로 불공평하다.

서민들은 정부가 시장의 심술과 변덕으로부터 자신들을 보호해주기를 간절히 바라게 된다. 이런 기대에 어긋나면 분노하게 되면서 무언가 사회가 정의롭지 못하다고 생각하게 된다. 불경기 때에 문을 닫거나 파리를 날리는 중소상인들은 도대체 정치가들이 무얼 하는 사람들이냐며 분통을 터뜨린다. 실업자들 역시 정부의 무능을 탓하며 분을 참지 못한다. 배추 가격과 양파 가격이 폭락하면, 농사꾼들은 배추밭과 양파밭을 갈아엎으면서 한결같이 정부를 향해서 울분을 토해낸다. 주가 폭락으로 막대한 손해를 본 사람들도 정부를 향해서 냅다 욕을 해댄다. 이것이 인지상정이다. 이런 사람들을 보고 경제학자들은 당신들이 잘못 투자했기 때문이요, 전적으로 당신들이 책임질 사항이라고 꾸짖는다. 그러나 보통 서민들에게 이런 꾸짖음은 공허하게 들릴 뿐이다.

이뿐만이 아니다. 하루가 멀다 하고 시장에서 빚어지는 각종 시빗거리를 들여다보자. 임금과 노동조건을 둘러싼 노사갈등은 해마다 반복된다. 정규직과 비정규직의 차별화를 두고 공정치 못한 처사라는 목소리가 높지만, 기업의 경쟁력을 높이기 위해서는 필요한 일이라고 옹호하는 측도 있다. 사채업자들의 고리대금 착취, 휴양지·예식장·장례식장의 각종 바가지요금도 자유경쟁을 존중하는 시장 원리에서 보면 수요와 공급의 원리에서 나온 당연한 결과다. 그러니 사채업과 바가지요금에 대한 정부의 규제를 반대하는 목소리도 있다. 부자증세(혹은 버핏세)는 어떤 입장에서 어떻게 봐야 하는가? 부동산 가격 규제에 대한 논쟁은 어떻게 볼 것인가? 시장에 대한 정부의 규제는 늘 시끄러운 논쟁을 불러일으킨다. 과연 어느 쪽 주장이 옳은가?

이런 온갖 시빗거리들이 시장에서 튀어나올 때마다 으레 공정성(혹은 공평성)의 논리와 시장의 논리가 정면으로 부딪친다. 대체로 보면, 경제학자들은 공정성 문제는 제쳐두고 시장의 원리만 강조하는 경향이 있다. 경제학자들 중에서도 효율(최소의 비용으로 소비자의 욕구를 최대한 충족시키는 것 혹은 최소의 자원으로 최대한 많이 생산하는 것)을 최우선으로 생각하면서 시장의 원리를 굳게 신봉하는 학자들이 있다. 이들을 흔히 보수 성향 경제학자라고 한다.

그렇다면 현실에서 보통사람들의 생각은 어떨까? 시장의 공정거래 문제를 오랫동안 다루어온 어느 학자가 조사한 바에 의하면, 대체로 일반인들은 효율성보다는 공정성 여부에 훨씬 더 민감하다.[2]

버스를 타거나 영화관에 들어가려고 긴 줄에 서 있는데 어떤 사람이 새치기하면 대부분의 사람들이 화를 낸다. 왜 그럴까? 공정치 못한 짓이라고 느끼기 때문이다. 그렇다면 경제학자는 뭐라고 할까? 화를 내지 말고 흥정하라고 주문한다. 만일 새치기하려는 사람이 있다면 뒤에 있던 사람이 얼른 그 사람과 흥정해서 돈을 받고 자리를 양보하면 서로 이익이 아닌가? 이렇게 상호이익을 위해서 흥정하는 것이 곧 시장의 원리에 따르는 길이라고 경제학 교과서에는 적혀 있다. 그러나 새치기를 당하는 현장에서 막상 그런 시장의 원리를 먼저 생각하고 흥정하려는 사람들이 얼마나 있을까? 경제학자들은 일반인들이 시장의 원리를 너무 모른다고 비난을 하지만, 막상 자신들도 새치기를 당하면 화부터 낼 것이다.

침팬지의 이전투구

흔히들 동물 사회에는 규범도 없고 의리도 없을 것이라 생각한다. 그러나 침팬지 연구에 평생을 바친 제인 구달Jane Goodall은 동물 사회에도 나름대로의 사회적 규범이 존재하며 이에 따라 사회적 갈등이 적절히 통제되고 있음을 분명히 밝히고 있다. 이 사회적 규범은 대개 먹이의 채취와 분배 그리고 생식에 관한 것이다. 물론 이 규범은 동물들이 의논하고 합의해서 만든 것이 아니라 그들의 몸에 밴 것이다. 이들의 먹이란 기본적으로 그들이 사는 주변에서 자연적으로 구할 수 있는 것에 한정된다. 제인 구달이 관찰하던 침팬지 집단의 크기 역시 주변에서 구할 수 있는 먹이의 양에 제약을 받았다. 그럼에도 불구하고 먹을 것을 놓고 구성원들이 큰 싸움판을 벌이는 일은 없었다. 오랫동안 몸에 배어온 그들 나름대로의 분배의 규범에 따라 주변의 먹이를 질서 있게 나누어 먹을 줄 알고 있었기 때문이다.

그러면 여건이 갑자기 바뀌면 어떻게 될 것인가? 제인 구달은 이에 관해서 아주 재미있는 현상을 보고하였다. 어느 날 한 트럭분의 바나나를 가지고 가서 침팬지 무리 앞에 느닷없이 살포해보았다. 여느 때 같으면 침팬지들은 이 바나나를 사이좋게 나누어 먹었어야 했다. 그랬으면 그들은 더 행복했을 것이다. 그러나 의외의 놀라운 일이 벌어졌다. 위아래 할 것 없이 침팬지들이 그 바나나를 놓고 서로 뒤엉켜 싸우는 통에 큰 혼란이 벌어졌다. 왜 그랬을까? 오랜 세월을 두고 자연적으로 공급되어오던 먹이에 대해서는 익숙한 분배의 규범에 따라 잘 나누어 먹을 줄 알았지만, 전혀 예상 밖의 바나나 선물에 대해서는 미리 준비된 분배의 규범이 없어서 어떻게 나누어 먹어야 하는지를 몰랐기 때문이다. 그래서 모두들 충동적으로 먹이를 향해서 달려들다보니 큰 싸움판이 벌어졌던 것이다.

바나나를 둘러싼 침팬지들의 이전투구가 우스워 보이지만, 인류 역사를 보면 이와 흡사한 사건들이 수없이 반복되었다. 얼핏 생각하기에는 생산력이 월등히 높아져서 물자가 크게 풍부해지고 사람들의 생활이 더 넉넉해지면 사회도 더 안정되고 평화로워질 것 같다. 물자가 풍부해지면 그만큼 나누어 먹는 데 여유가 있을 뿐만 아니라 소득이 많아지면 사람들의 마음에도 여유가 생기기 때문이다. 그러니 그만큼 분배 문제를 둘러싼 사회적 갈등도 적어진다는 주장이다.

아쉽게도 인류의 역사는 이런 주장을 곧이곧대로 믿을 수 없음을 여실히 보여준다. 공자와 맹자가 살았던 중국의 춘추전국시대는 철기가 본격적으로 사용되면서 생산력이 급속히 높아지고 물자가 크게 늘어나던 시대이다. 그때 중국은 모든 국민이 그 물질적 혜택을 골고루 누리는 가운데 격양가擊壤歌를 부르며 태평성대를 구가했어야 했다. 그러나 실제에 있어서는 전혀 그렇지 못했다. 춘추전국시대(특히 전국시대)는 중국 대륙이 수없이 많은 나라로 갈라져서 서로 뒤엉켜 싸우던 대혼란의 시대로 꼽힌다. 끊임없는 전쟁으로 수많은 사람들이 굶어 죽거나 전쟁터에서 싸우다 죽었다. 바나나를 둘러싼 침팬지의 이전투구와 본질적으로 다르지 않은 싸움이 중국 대륙에서 벌어졌다. 즉 철기 문화의 보급 덕분에 당시 중국 사회에 느닷없이 떨어진 큰 물질적 혜택을 놓고 일대 아귀다툼이 벌어졌다. 춘추전국시대에 꽃피운 제자백가 사상은 전대미문의 사회적 갈등의 시대를 맞아 새로운 분배의 규범을 제시하려는 노력의 산물로 보아야 한다.

서양에서도 산업혁명 이후 급속한 생산력의 향상은 유럽 사회에 엄청난 물질적 풍요를 안겨주었다. 하지만 서구인들은 급작스럽게 떨어진 이 물질적 풍요를 슬기롭게 요리할 규범을 미처 마련하지 못했다. 결국 산업혁명 와중의 수세기는 어린아이와 유부녀도 혹사하는 극심한 착취, 차마 눈뜨고 볼 수 없는 민생고, 잇따른 정치적 소요와 혁명, 대규모 인종 학살, 전쟁 등으로 얼룩진 시대로 기록되고 있다. 이 시대에 서구에서 기라성같이 등장한 여러 사상가들, 예컨대 애덤 스미스Adam Smith라든지 제러미 벤담Jeremy Bentham, 카를 마르크스Karl Marx, 헨리 조지Henry George 등은 한결같이 분배에 대한 새로운 규범, 즉 새로운 정의의 원칙을 제시하였던 인물들이다. 바로 이런 분배의 규범이 정의正義의 핵심이 된다.

질문을 던져보자. 파이부터 늘리는 것이 급선무이고 분배는 그다음 문제인가? 인류의 역사는 이것이 결코 쉬운 일이 아님을 잘 보여주고 있다. 어떻게 보면 침팬지의 이전투구가 인간 사회에서는 더 빈번하게 일어난다고 볼 수 있다. 생산력의 향상으로 인한 물질적 혜택이 침팬지의 아귀다툼으로 귀결되지 않고 진정한 은총이 되기 위해서는 우선 그 물질적 혜택을 지혜롭게 분배하는 규범이 잘 확립되어 있어야 한다. 현실적으로 보면, 정의의 목적은 사회적 갈등을 원만하게 봉합함으로써 사회 질서를 유지하고, 사회적 협동을 지속적으로 이끌어내며, 나아가서 사회적 결속을 다지는 것이다.[3] 정의는 주로 사회제도에 관해서 쓰는 말이다. 국민의 기본권과 의무를 각자에게 어떻게 배당할 것이며 사회적 협동으로부터 획득한 이익을 어떻게 나눌 것인지를 정해주는 사회제도, 이것이 정의의 핵심 내용이다. 그리고 이를 구현하기 위한 구체적인 원칙이 곧 정의의 원칙이다.

상호이익이 언제나 정답인가

사회적 갈등의 원만한 해결이 정의의 1차적 과제라고 하더라도 그 갈등을 어떤 식으로 해결하는 것이 좋을지를 놓고 정의의 원칙이 달라질 수 있다. 예를 들어보자.

강 상류 지역에 밀집된 각종 음식점과 러브호텔 등의 업소에서 배출되는 폐수 때문에 강물이 심하게 오염된 결과 강 하류 주민들이 막대한 수질오염 피해를 입는다고 해보자. 실제로 이런 일이 우리 주위 도처에서 발생한다. 강 하류 주민들에게 피해를 주지 않기 위해서는 강 상류의 업소들이 문을 닫거나 많은 비용을 투입해서 폐수처리 시설을 설치하고 가동해야 한다. 이 폐수처리 비용을 누가 부담하는 것이 옳은가?

강 하류 주민들은 '오염원인자부담의 원칙'을 들먹이면서 강 상류 주민들이 부담해야 한다고 주장할 것이다. 오염원인자부담의 원칙이란 환경을 오염시키는 원인자가 환경오염에 대하여 책임을 져야 한다는 원칙이다. 그러나 강 상류 주민들은 강을 이용할 권리(수리권)를 내세우면서 반발할 것이다. 만일 강 상류의 업소들이 폐수처리 시설을 설치해서 폐수를 처리한다면, 하류의 주민들은 깨끗한 강물을 즐기는 혜택을 누리게 된다. 이 혜택에 대하여 강 하류 주민들이 대가를 치러야 한다면서 강 상류 업소들은 '수익자부담의 원칙'을 들고 나올 것이다.

사실 경제학적으로 보면, 수익자부담의 원칙은 별로 설득력이 높지 않지만 현실에 있어서는 그렇지도 않다. 실제로 수년 전 한강의 오염을 둘러싸고 상류 지역과 하류 지역 사이의 분쟁이 발생하였을 때 이 두 원칙이 정면으로 충돌하면서 격렬한 몸싸움까지 있었다. 과연 어떤 원칙을 채택할 것인가? 정말 골치 아픈 문제이다.

경제학자들은 무엇이라고 할까? 대부분의 보수 성향 경제학자들은 정부가 나서되 되도록이면 양쪽의 주민들이 자발적으로 타협하도록 유도할 것을 권고한다. 타협을 하다 보면 서로에게 이익되는 방향으로 문제를 해결하게 된다. 환경문제에 대한 바로 이런 취지의 해법이 환경경제학 교과서에 빠짐없이 소개된다.

비단 환경문제를 둘러싼 갈등뿐만 아니라 다른 사회적 갈등도 마찬가지이다. 정부가 무조건 법이나 규제의 칼을 들이대는 것만이 능사가 아니다. 이해 당사자들이 상호이익을 도모할 수 있는 여건을 조성하는 데에 최우선 순위를 두어야 한다고 경제학자들은 외친다. 상호이익의 여지가 있을 경우, 여건만 조성되면 사람들은 자발적으로 타협에 나서기 마련이다. 그 결과 모두에게 이익이 되는 방향으로 갈등이 해소된다는 것이다. 이해 당사자 모두를 이롭게 함으로써 갈등을 원만하게 푸는 것이 정의의 요체라는 주장은 상당한 설득력이 있다. 이 경우의 정의를 '상호이익으로서의 정의'라고 한다.[4] 과거 위대한 정치가들은 대체로 협상의 고수들이었다. 되도록이면 타협을 통해서 사회적 갈등을 원만하게 풀어나갔다. 이들은 이런 상호이익으로서의 정의를 능란하게 활용하였던 사람들이었다.

그러나 상호이익이 정의의 전부는 아니다. 정의는 그 이상의 것이다. 예를 들어 사람을 고문한 죄로 재판을 받고 있는 경찰관이 피해자에게 충분한 보상을 함으로써 서로 이익이 되는 방향으로 원만하게 타협했다. 그래서 그에게 무죄를 선고하는 것을 어떻게 봐야 할까? 이것은 공정한 판결인가? 업체로부터 억대의 뇌물을 받은 죄로 재판을 받고 있는 고위직 공무원이 그 업체에게 뇌물을 되돌려주고 원만하게 타협했다. 그렇다고 해서 그에게 무죄를 선고하는 것이 과연 정의로운가? 대부분의 사람들이 그건 아니라고 말할 것이다.

서양에서 말하는 정의란 원래 법률 용어이다. 정의의 영어 단어인 justice의 'jus'는 라틴어로 '법'을 의미한다. 법은 치우침이 없이 공정해야 한다. 재판관이 원고와 피고 중 어느 한쪽의 편만 든다면 그의 판결은 공정하다고 말할 수 없다. 그는 법관으로서의 권위마저 잃는다. 모두가 인정하는 어떤 원칙이 있고 이것에 따라 판결을 내린다면 원고와 피고 모두 여기에 승복할 것이다. 법은 이와 같이 모든 이해 당사자들을 승복시킬 수 있는 권위와 힘을 가지고 있어야 한다.

그러자면 이해관계와 거리를 두어야 한다. 정의도 마찬가지이다. 우람한 대법원 건물에는 정의의 여신상이 서 있다. 이 여신은 두 눈을 가린 채 저울과 칼을 들고 있다. 눈을 가렸다는 것은 이해관계자 그 어느 누구의 편도 들지 않는다는 뜻이다. 정의의 여신은 안면을 몰수하고 저울로 시비를 정확하게 가린 다음 원칙에 어긋나는 것은 가차 없이 칼로 응징한다는 것을 상징적으로 나타내고 있다.[5] 상호이익보다는 원칙이 중요하다!

정의에는 권위와 힘이 있어야 사회적 갈등을 효과적으로 해결할 수 있다. 권위와 힘을 가지기 위해서 정의는 우선 모든 이해관계를 초월하여 불편부당하고 공평무사公平無私해야 한다. 어느 한쪽에 치우침이 없어야 한다. 이럴 경우의 정의를 '불편부당으로서의 정의'라고 한다. 불편부당으로서의 정의는 사리사욕을 초월하여 누구나 인정하는 어떤 원칙에 따라 행동하는 것이 정의의 요체임을 강조한다. 비록 손해를 보더라도 공인된 원칙에 따라 행동하는 것이 정의로운 행동이다.

| 불편부당으로서의 정의

불편부당으로서 정의의 원칙을 찾아내기 위해서는 우선 이해 당사자들 각각이 개인적 손익계산을 떠나 중립적이고 객관적인 입장에서 무엇이 진정 옳은가를 생각하게 만들어야 한다. 현실에서 합의가 잘 이루어지지 않는 가장 큰 이유는 각자가 자신의 이익에 집착하기 때문이다. 그러므로 불편부당으로서 정의의 원칙을 만들어내고 합의하기 위해서는 우선 각 개인으로 하여금 사적 이해관계를 초월하게 만드는 것이 매우 중요하다.

어떻게 하면 각 개인이 사리사욕을 떠나서 초연한 마음으로 정의를 이야기하게 만들 수 있을까? 가령 대한민국의 성인들 모두가 완전히 벌거벗고 달나라에 모여서 정의에 대한 대토론회를 벌이는데, 정의의 원칙을 정하고 나서 각자가 지구의 대한민국으로 복귀할 때는 자신이 어떤 처지에 놓이게 될지 전혀 모른다고 하자. 노인이 될지 젊은이가 될지, 여자가 될지 남자가 될지, 부자가 될지 극빈자가 될지, 머리 좋은 사람이 될지 멍청한 사람이 될지, 판검사가 될지 장사꾼이 될지, 서울 사람이 될지 시골 사람이 될지 등 개인적 신상에 대해서 아무것도 모른다.

이른바 '무지의 장막' 뒤에 놓여 있다. 다만 세상 돌아가는 이치나 인류의 역사를 잘 알고 있으며 인간의 삶이 어떤 것인지도 잘 알고 있다. 유독 자기 자신의 처지에 대해서만 모를 뿐이다. 이와 같이 특정 지식만 차단한다는 점에서 '장막'이라는 말보다는 '필터'라는 말이 더 적절할 것 같다. 어떻든 자신의 처지에 대한 모든 것이 무지의 장막에 가려 있는 상황에서는 각 개인은 무엇이 자신에게 이익이고 손해인지를 알 수가 없으므로 이기적 손익계산을 초월하게 될 것이다. 따라서 정의의 원칙에 관하여 쉽사리 합의하게 될 것이다. 현대의 정의론을 확립했다는 평가를 받고 있는 존 롤스 J. Rawls는 이런 상황을 '원초적 상황 original position'이라고 불렀다. 이런 원초적 상황에서 모든 사람들이 합의한 정의의 원칙은 불편부당한 정의의 개념에 가장 가까운 원칙이 될 것이다.[6]

모든 국민이 그런 원초적 상황에서 정의에 대하여 토론한다면, 이들이 합의하게 될 원칙들은 구체적으로 어떤 내용이 될 것인가? 아마도 자유에 대한 이야기가 제일 먼저 나올 것이다. 현대인은 자유의 속박을 가장 싫어하며 개인의 자유를 최고로 중요하게 생각한다. 물론 각 개인이 마음대로 행동하게 내버려두는 것이 최고로 좋다고 말할 수 있다. 하지만 마치 신호등이 없는 교차로에서처럼 대혼란이 벌어지면 오히려 통행의 자유를 제대로 누리지 못하듯이, 자유와 자유가 충돌하는 문제가 발생할 수 있다. 따라서 개인의 자유 행사에 대하여 교통정리를 할 필요가 있는데, 자유를 어느 정도 제한할 것인지가 아마도 원초적 상황의 첫 번째 의제가 될 것이다.

사실 국민 전체가 누리는 자유의 총량에는 큰 한계가 없다. 내가 예수님을 굳게 믿고 종교 활동을 왕성하게 한다고 해서 다른 사람들의 종교의 자유에 별 지장을 주지 않는다. 내가 열심히 공부하고 마음껏 진리를 탐구한다고 해서 다른 사람들의 학문의 자유에 큰 지장을 주지 않는다. 남에게 지장을 주지 않으면서 각자 자유를 마음껏 누릴 여지는 많이 있다. 그러므로 원초적 상황에서 국민들이 자유에 관해서 토론한다면, 다른 사람들에게 지장을 주지 않는 범위 안에서 모든 사람에게 최대한의 자유를 허용하자는 원칙에 합의하게 될 것이다.

그러나 이 세상에는 가장 기본적인 것이면서도 누구나 골고루 향유할 수 없는 것이 있다. 지위 및 일자리와 소득(돈)이 바로 그것이다. 이런 것들의 총량에는 한계가 있기 때문이다. 높은 지위와 좋은 일자리는 한정되어 있는데 이것을 원하는 사람들이 많다면 갈등이 일어날 수밖에 없다. 이 갈등을 적절히 해결하지 못하면 사회는 큰 혼란에 빠진다. 그러므로 원초적 상황에서 정의에 관하여 토론할 때 또 하나의 중요한 의제는 지위나 일자리의 공정한 배분 문제일 것이다.

과연 국민들 중에서 누구에게 청와대 주인 자리를 주고 누구에게 국회의원 배지를 주며, 누구에게 회사 회장 자리를 줄 것이며 누구를 과장 자리에 앉힐 것인가? 대다수가 수긍할 수 있는 원칙에 따라 지위와 일자리 배분이 이루어져야 한다. 그 구체적인 배정 방법은 상황에 따라 달라지겠지만, 원초적 상황의 국민들은 아마도 한 가지 원칙에는 합의할 수 있다. 즉 그런 지위와 일자리를 차지할 기회를 모든 국민에게 똑같이 부여한다는 것이다. 이것이 흔히 말하는 기회균등의 원칙이다. 여자는 국회의원이 될 수 없게 한다든가, 키 작은 사람에게는 국방부 장관이 될 수 없게 하는 것은 이 원칙에 위배된다.

| 소득분배의 정의

심각한 사회적 갈등을 초래하는 또 하나의 중요한 요인은 소득분배이다. 소득은 생산에서 나오는 것이기 때문에 생산을 많이 하면 소득도 많아진다. 얼마나 많이 생산하느냐는 크게 두 가지 요인에 의해서 결정된다. 하나는 생산에 참여하는 각 개인의 노력이고, 다른 하나는 협동이다. 각 개인이 더 열심히 일하면 더 많이 생산되고 따라서 더 많은 소득이 창출된다. 각 개인이 똑같이 노력하더라도 더 많은 사람들이 더 잘 협동하면 더 많이 생산할 수 있고 따라서 더 많은 소득을 올릴 수 있다. 각 개인의 노력과 개인들 사이의 협동, 이 두 가지 요인이 인간 사회에서 소득분배의 문제를 어렵고 복잡하게 만든다.

다수의 사람들이 일정 기간 동안 협동해서 창출한 소득을 어떻게 나누어 가져야 옳은가? 이상적으로만 본다면 모두가 똑같이 나누어 가지는 것이 원칙이다. 하지만 문제는 이와 같이 똑같이 나눈다면 아무도 더 열심히 일하려는 의욕을 가지지 않게 될 우려가 있다. 열심히 일하든 농땡이를 치든 똑같은 보수를 받는다면, 누구나 농땡이 치려고 하지 열심히 일하려고 하지 않을 것이기 때문이다. 이때 보수 성향 경제학자들은 인센티브의 측면을 무척 강조한다. 더 많이 노력하는 사람에게 더 많은 소득을 주어야만 사람들이 더 열심히 일하게 되고 그 결과 더 많은 것을 더 많이 생산할 수 있다는 것이다. 근로 의욕을 높이기 위해서는 소득분배의 불평등이 불가피하다고 보수 성향 경제학자들은 입을 모은다.

소득분배의 불평등이 심해지면 불만을 품는 사람들이 많아진다. 불만이 커지면 협동이 잘 이루어질 수 없다. 진정한 협동은 흔쾌한 마음에서 나온다. 소득분배의 불평등이 심해질수록 사람들의 협동심이 위축되면서 결과적으로 생산 증가 속도가 둔화되거나 심하면 생산 자체가 줄어들게 된다. 이런 상태가 계속되면 사회적 협동은 아예 와해되어버리고 결국에는 대다수의 국민이 체제에 등을 돌리면서 사회 역시 붕괴에 이르게 된다. 결국 분배정의의 문제는 그 불평등을 어느 정도까지 허용할 것인가로 요약된다.

원초적 상황의 국민들도 이런 점을 집중적으로 토론하게 되겠지만 각 개인은 지구로 복귀할 때 자신의 처지도 생각해보지 않을 수 없다. 앞에서 전제했듯이 원초적 상황의 각 개인은 자신의 처지에 관하여 아무것도 모른다. 부자로 돌아갈 수도 있지만 극빈자로 돌아갈 수도 있다. 그렇다면 대부분의 보통 사람들은 자신이 극빈자가 될 가능성을 더 염두에 둘 것이다. 이 경우에 대비해서 무언가 최소한도의 안전장치를 마련해두려고 할 것이다. 만일 이것이 인지상정이라면,

원초적 상황에서 국민들은 한 가지 원칙에 합의할 수 있을 것이다. 즉 소득분배의 불평등을 허용하되 사회의 최약자에게도 이익이 되는 불평등만을 인정한다는 것이다. '최약자 보호의 원칙'이다.

이 원칙은 소득에 관한 한 정부의 모든 정책이 사회적 최약자에게 어떤 영향을 미치는지를 최우선적으로 검토해야 한다는 뜻을 담고 있다. 예를 들어서 세 가지 사업 A, B, C가 있다고 하자.

> A사업: 총 200억 원어치의 소득 창출, 극빈자에게 5억 원어치의 손실.
> B사업: 총 150억 원어치의 소득 창출, 극빈자에게 2억 원어치의 이익.
> C사업: 총 100억 원어치의 소득 창출, 극빈자에게 1억 원어치의 이익.

창출되는 총소득의 규모 면에서는 A사업이 가장 바람직해 보인다. 경제학자는 A사업을 적극 추천할 것이다. 하지만 최약자 보호의 원칙에 의거해서 어느 사업이 가장 바람직한지를 판단한다면 어떻게 될까? 각 사업이 사회의 최약자 계층에 미치는 효과를 보아야 한다. 세 가지 사업 중에서 사회적 최약자에게 가장 큰 이익을 주는 사업은 B사업이다. 따라서 최약자 보호의 원칙에 의하면 B사업이 가장 바람직하다.

그럼에도 불구하고 B사업을 제치고 A사업을 추진하기 위해서는 A사업의 200억 원 소득 중에서 최소한 7억 원이 극빈자에게 재분배된다는 보장이 있어야 한다. 이렇게 재분배된다면, 극빈자의 입장에서 볼 때 A사업과 B사업은 동등하다. 아마도 모든 소득 창출 사업들이 직접적으로 사회의 최약자에게 이익을 주지는 않을 것이다. 그럼에도 불구하고 그런 사업들을 사회적으로 용인하는 한 가지 방법은 창출된 소득의 일부를 정부가 회수해서 재분배한다는 조건을 첨부하는 것이다.

│ 공정으로서의 정의 │

이상에서 설명한 정의의 원칙들은 롤스가 주장한 것들이다. 롤스는 그리스 시대 이래 오랫동안 철학자의 관심에서 벗어나 있던 정의의 문제를 새롭게 부각시켜서 현대판 정의론을 확립한 철학자다. 이제는 롤스를 빼고 정의에 대한 이야기를 할 수 없을 만큼 그는 정의에 관한 한 독보적 존재다. 그는 주저인 《정의론A Theory of Justice》에서 두 가지 정의의 원칙을 제시하였다. 정의에 관한 제1원칙은, 다른 사람에게 지장을 주지 않는 범위 내에서 모든 사람에게 똑같이 기본적 자유basic liberties를 최대한 허용한다는 원칙이다. 제2원칙은 두 부분으로 구성되는데, 첫 번째 내용은 기회균등의 원칙이고 두 번째 내용은 최약자 보호의 원칙이다. 롤스 자신은 최약자 보호의 원칙을 차등의 원칙difference principle이라고 불렀다.

롤스의 정의론에 대한 이야기가 나오면 철학자나 경제학자들은 흔히 제1원칙과 제2원칙을 거론하지만, 사실 이 두 원칙은 그의 정의론에서 그리 중요한 부분은 아니다. 무엇보다 롤스는 누구나 수긍할 수 있는 어떤 확고한 근거에 입각해서 논리적으로 정의의 원칙을 끌어내고 싶어 했다. 정의의 원칙은 한 사회의 구성과 운영에 관한 기본 원칙이며, 사회 구성원 전체의 이해가 걸린 중대한 사항이다. 그러므로 정의의 원칙을 정할 때는 사회 구성원들이 공정한 과정을 거쳐 합의하는 것이 무엇보다 중요하다고 롤스는 생각하였다. 무지의 장막이나 원초적 상황은 바로 그런 합의를 가장 공정하게 도출하기 위한 방편이다. 그래서 롤스는 자신의 정의의 개념을 '공정으로서의 정의'라고 말하고 있다.

일상생활에서 '공정'이라는 말은 게임의 규칙이나 의사 결정 과정에 주로 쓰이는 말이다. 여러 명이 회식을 할 때 점심값을 누가 낼 것인가를 결정한다고 하자. 이럴 때 동전 던지기나 제비뽑기가 흔히 사용된다. 결정 과정이 어떤 특정인에게 유리하거나 불리하지 않은, 불편부당한 방법이기 때문이다. 그러나 결과적으로는 어떤 특정인이 혼자서 점심값을 몽땅 뒤집어쓰게 된다. 결과만 놓고 보면 분명히 공평하지 못하다. 그럼에도 불구하고 일상생활에서 동전 던지기나 제비뽑기를 많이 사용하는 이유는 그 과정이 공정하기 때문이지 그 결과가 공평하기 때문은 아니다. 이와 같이 공정이라는 단어는 보통 '과정'을 평가할 때 쓰이고, 공평이라는 단어는 주로 '결과'의 형평성을 이야기할 때 쓰인다. 현실에서는 공정이라는 말과 공평이라는 말이 혼용되고 있는데, 정의의 개념은 이 두 가지를 포괄하는 상위의 개념이다. 롤스는 자신이 제안한 정의의 원칙이 공정한 과정을 거쳐서 유도된 것이지만 또한 결과의 형평성도 최대한 고려한 것이라고 생각한 것 같다.

롤스는 소득분배의 불평등이 원칙적으로 용인될 수 없다고 본다. 누구나 이 세상에서 똑같이 잘살 권리가 있으며, 소득은 인간적인 삶을 영위함에 있어서 가장 기본적인 것이기 때문이다. 하지만 그는 국민경제 전체의 생산성을 높이기 위한 인센티브의 필요성도 충분히 인정하였다. 이런 측면을 감안해서 어느 정도의 불평등은 인정하자는 것이 롤스의 입장이다. 결국 그의 제2원칙은 자본주의 시장에 대한 현실적 타협안이라고 할 수 있다. 롤스에 의하면, 소득 불평등은 궁극적으로 불우한 사람들에게도 이익을 주는 범위 안에서만 정당화된다. 하지만 롤스가 인센티브의 측면을 충분히 강조하고 있지 않다고 생각하는 신자유주의자나 보수 성향 경제학자들은 그를 평등주의자로 몰아가는 경향이 있다.

평등주의는 평등을 가장 중요한 가치로 삼으면서 모든 인간을 동등하게 대우할 것을 요구하는 사상이다. 이런 사상의 밑바탕에는 모든 인간이 평등하게 태어났으며, 이성을 가지고 있다는 점에서 모든 인간은 동등하고 똑같이 존엄하다는 생각이 깔려 있다. 누구나 사람처럼 고귀한 것이 세상에 어디 있느냐고 말한다. 모든 인간이 이와 같이 동등하다면, "같은 것은 같게 대우하라"는 아리스토텔레스의 정의의 원칙에 따라 모든 인간을 동등하게 대우해야 마땅하다.

| 효율성인가, 공평성인가

평등주의에도 여러 가지 유형이 있을 수 있다. 신자유주의자와 보수 성향 경제학자들이 공격 대상으로 삼는 평등주의는 결과적 평등주의이다. 결과적 평등주의는 모든 인간이 결과적으로 평등한 상태에 있어야 함을 강조하는 사상인데, 여기에서 '평등한 상태'가 구체적으로 어떤 상태인가에 대한 해석이 좀 애매하다. 통상 평등주의라고 하면, 신자유주의자나 보수 성향 경제학자들은 생산한 것을 똑같이 나누어 가질 것을 요구하는 사상쯤으로 생각하는 경우가 많다. 똑같이 나누어 가지는 것(균등분배)은 롤스가 언급한 인센티브의 문제뿐만 아니라 또 다른 문제도 안고 있다.

예를 들어 모든 사람들에게 삼겹살과 채소를 똑같이 나누어 준다고 하자. 채소를 싫어하는 육식주의자에게는 채소가 필요 없고, 고기를 먹지 않는 채식주의자에게는 삼겹살이 필요 없다. 그러므로 이들은 자신의 몫에 만족하지 않고 서로 거래하려고 할 것이다. 채식주의자는 육식주의자에게 삼겹살을 주는 대신 채소를 받을 것이다. 이 결과 채식주의자는 채소를 더 많이 먹을 수 있고 육식주의자는 삼겹살을 더 많이 먹을 수 있으니 둘 다 더 행복해진다. 각자의 만족이 최대한 달성될 때까지 거래가 계속될 것이다. 이와 같이 주어진 여건에서 각자의 만족이 최대한 달성되는 것을 경제학에서는 '효율적'이라고 표현한다. 이 두 사람들 사이의 거래가 완료된 상태는 효율적이다. 좀 더 정확하게 말하면, 상호이익의 여지가 소진되어 버렸기 때문에 더 이상 거래를 해봐야 서로 득될 것이 없는 상태를 효율적이라고 한다.

또한 거래가 끝난 다음에는 다른 사람의 몫을 부러워하거나 탐내지 않게 된다. 각자 자신이 원하는 것을 최대한 많이 얻었기 때문이다. 이른바 '초공평이론super-fairness theory'으로 한때 경제학계에 정의에 대한 연구 바람을 일으켰던 일군의 경제학자들은 이와 같이 모든 사람이 남의 몫(남의 처지)을 탐내지도 않고 부러워하지도 않는 상태를 '공평한fair' 상태라고 정의하였다.[7] 분배를 둘러싼 대부분의 사회적 갈등이 남의 것을 탐하고 남을 부러워하는 데에서 시작된다는 점을 생각하면 이런 의미의 공평한 상태는 상당히 중요하다. 모든 것을 똑같이 나누어 가진 상태에서는 남의 몫을 내가 차지해봐야 더 행복해지지 않는다. 따라서 남을 부러워할 필요가 없으니 각자 마음은 편하고 사람들 사이에 갈등도 없다. 따라서 균등분배 상태는 공평한 상태이다. 다만, 균등분배 상태에서는 각자의 만족이 극대화되지 않는다. 달리 말하면 균등분배는 공평하지만 효율적이지 못하다.

그렇다면 어떻게 해야 효율적이면서 동시에 공평하게 분배할 수 있을까? 그 한 가지 방법은 위의 예에서 보듯이 일단 모든 것을 똑같이 나누어 주고 나서 그다음에는 서로 자유롭게 거래하도록 시장을 여는 것이다. 그러면 각자 자신이 원하는 것을 최대한 얻을 수 있을 때까지 거래할 것이다. 모든 거래가 끝난 다음에 각자는 자신이 원하는 것을 최대한 획득하면서 만족을 최대한 달성하게 됨과 동시에 남을 부러워할 필요도 없어진다. 즉 시장에서 자유롭게 거래한 결과는 효율적이고 공평하다. 이렇게 시장이 공평한 결과를 낳기 때문에 시장이 정의롭다고 주장할 수도 있다.

그러나 이런 식으로 시장을 정당화하는 주장은 오직 한정된 범위 안에서만 통한다. 시장의 자유로운 거래가 공평한 결과를 낳기 위해서는 거래의 출발점이 공평해야 한다. 위의 예에서는 출발점이 공평한 균등분배 상태였으므로 결국 공평한 상태에서 시작해서 공평한 상태에 도달한 셈이다. 만일 출발점이 공평한 상태가 아니라면 시장에서 자유로운 거래의 결과도 공평하다고 말할 수 없다.

우리나라의 경우와 같이 빈부격차가 크게 벌어진 상황에서는 거래 자체가 이루어지지 않을 수도 있다. 부자는 가난한 사람들이 가진 모든 것을 더 풍부하게 가지고 있을 뿐만 아니라 가난한 사람들이 가지지 못한 것들도 많이 가지고 있다. 따라서 부자는 가난한 사람과 거래할 동기가 별로 없다. 설령 거래를 한다고 해도 가난한 사람들은 부자를 부러워하는 상태를 벗어나기 어렵다. 경제학자들은 국민의 1%가 모든 것을 가지고 있는 반면 나머지 99%가 아무것도 가지지 않은 상태도 효율적이라고 말한다. 거래를 통해서 모두의 이익을 증진시킬 여지가 없기 때문이다. 하지만 그런 상태는 결코 공평하다고 말할 수 없다. 어떻든 출발점의 성격에 따라 시장에서의 자유로운 거래는 공평한 결과를 낳을 수도 있고 불공평한 결과를 낳을 수도 있다.

사람마다 개성이 다르고 자원이 한정되어 있는 현실에서 모든 사람을 결과적으로 평등한 상태에 도달하게 만든다는 것은 사실상 불가능하다. 그뿐만 아니라 자칫 평등주의 본래의 취지를 거스를 수도 있다. 탁월한 피아니스트와 뛰어난 테니스 선수에게 똑같이 피아노를 한 대씩 나누어 주는 것이 과연 이 두 사람을 동등하게 대우하는 것인가? 통상 말하는 평등주의는 모든 인간을 동등하게 대우함을 원칙으로 삼되 차별대우가 필요할 경우에는 차별당하는 사람들이 동등하지 않음을 증명해야 하며 이와 함께 차별대우해야 하는 이유를 분명히 제시해야 한다는 뜻을 담고 있다.[8] 즉 거증의 책임과 정당화의 책임이 차별대우를 옹호하는 사람에게 있다.

자유경쟁시장은 누구에게나 공정한가

롤스가 평등주의자로 인식되는 데에는 또 다른 이유가 있다. 그는 우연적인 것은 결코 정의의 이름으로 정당화될 수 없다고 보았다. 이를테면 복권 당첨으로 받은 거액을 정당한 소득으로 인정할 근거가 희박하다는 것이다. 복권 당첨 소득은 우연히 얻은 소득이며 사회적으로 권장할 만한 소득이 아니다. 롤스의 논리에 따르면, 부모로부터 상속받은 소득도 정당화하기 어렵다. 우연히 돈 많은 부모를 만났기 때문에 얻은 소득이기 때문이다. 이런 점에서 롤스는 자본주의 사회에서 나타나는 부의 세습을 강력히 비난하였다.

부유층 자녀들은 가난한 집안의 자녀들에 비해 좋은 교육을 받으면서 좋은 환경에서 인생을 출발한다. 경주에서 선수들이 각기 다른 출발선에서 출발한다면 결코 공정하다고 볼 수 없듯이 태어나면서부터 다른 사람들보다 더 유리한 입장에서 경쟁을 시작하는 것 역시 공정하다고 볼 수 없다. 비록 자유경쟁시장이 공식적으로는 기회의 균등을 보장하고 있다고는 하지만, 집안 배경이나 사회경제적 지위가 은근히 작용하면서 소득이나 재산이 매우 불평등하게 분배되는 것이 현실이다.

롤스는 한 걸음 더 나아가서 탁월한 능력을 지닌 사람들의 고소득 역시 정당한 것으로 보지 않았다. 비록 같은 출발선에서 출발하더라도 뛰어난 능력을 지닌 사람은 남보다 월등하게 앞설 수 있다. 그러나 탁월한 능력은 전적으로 그 개인의 것이라고 보기 어렵다. 부유한 집에서 태어난 것이 우연이듯이 탁월한 능력을 가지고 태어났다는 것도 다분히 우연이다. 타고났다는 것만이 우연이 아니다. 재능을 타고났다고 해서 무조건 돈을 많이 버는 것은 아니기 때문이다. 그 재능이 사회적으로 인정받아야 한다. 쉽게 말해 그 재능이 인기를 끌어야 한다는 것이다.

요즈음 유명 야구 선수들이 돈을 많이 버는 이유는 야구가 인기가 있기 때문이다. 인기가 없다면 아무리 야구 천재라도 야구로 돈을 벌 수 없다. 그러나 야구가 인기가 있느냐 없느냐는 다분히 우연적인 것이다. 요즈음의 유명 야구 선수들이 조선 시대에 태어났더라도 그렇게 큰 인기와 함께 많은 돈을 벌 수 있었을까? 야구 천재들이 큰돈을 버는 이유는 그들이 우연히 그런 재능을 가지고 태어났으며, 그 재능이 우연히 인기를 끌었기 때문이다. 이렇게 우연이 많이 작용하기 때문에 천부적 재능을 지닌 사람에게 그 재능만을 이유로 남보다 더 많은 소득과 재산을 허용하는 것은 공정치 못하다는 것이 롤스의 기본 입장이다.

그렇다고 유능한 사람에게 불이익을 주자는 것은 아니다. 롤스의 주장은, 유능한 사람들이 시장에서 자신의 능력을 최대한 발휘하게 하되 이로부터 얻은 것은 사회 구성원들과 나눌 생각을 해야 한다는 것이다. 예를 들어 어떤 사람이 길을 가다가 우연히 100만 원 다발을 주웠다고 하자. 이 사람이 그 100만 원을 몽땅 가져도 되는가? 그러면 어떤 사람이 등산을 하다가 우연히 금광맥을 발견하였다고 하자. 이 금을 캐서 얻은 막대한 수익을 그 사람이 독차지하는 것이 옳은가? 롤스는 고개를 가로젓는다. 금광으로부터 얻은 수익의 일부를 사회와 나누어야 한다는 것이다. 롤스에 의하면, 도덕적 관점에서 보았을 때 자유경쟁시장의 고질적인 큰 문제는 우연적인 요인에 의해서 소득이나 부의 분배가 너무 큰 영향을 받는다는 것이다. 그렇다면 자유경쟁시장에서 결정되는 분배는 공정하다고 볼 수 없다.

물론 천부적 재능이 없으면서도 큰돈 버는 사람들도 많다. 야구 전문가들이 흔히 하는 이야기로, 천재는 노력하는 사람을 이길 수 없고, 노력하는 사람은 즐기는 사람을 이길 수 없다. 그렇다면 재능을 타고나지는 않았지만 야구 실력을 기르기 위해서 꾸준히 노력하고 그러다 보니 야구를 즐기게 된 결과 탁월한 실력을 갖추게 된 야구

선수의 고액 연봉은 어떻게 보아야 할 것인가? 유명한 스포츠맨이나 연예인들은 대부분 자신의 기술을 연마하기 위해서 부단히 노력한 사람들이다.

롤스는 노력하는 성향 역시 좋은 환경에서 성장한 결과일 가능성이 많다고 보았다. 노력하는 성격은 상당한 정도로 좋은 가정이나 사회적 여건 덕분에 얻게 되는 성격이다. 가난에 찌든 집안의 아이들은 자신의 잠재력을 알아내고 이것을 살리기 위해서 노력할 정신적, 경제적 여유가 없는 경우가 많다. 물론 예외는 있다. 온갖 역경을 이겨 내고 꾸준히 실력을 쌓아서 성공한 노력파도 있다. 롤스의 말대로 노력하는 성향이 정말 우연적인지 아닌지를 둘러싸고 논쟁의 여지는 있지만, 어떻든 그의 말이 옳다고 하자. 그렇다면 사람들이 번 소득에서 상속된 것 빼고, 집안 배경 때문인 것 빼고, 천부적 능력 덕분인 것 빼고, 노력에 의한 것 빼고, 이것저것 다 빼고 나면 남는 것이 무엇인가? 결국 '평등한 소득'만 남는다. 그렇다면 롤스는 평등주의자가 아닌가?

그러나 이런 주장 역시 롤스의 참된 의도를 무시한 채 겉으로 드러난 결과만 보는 주장이다. 앞에서도 강조하였듯이 롤스는 확고한 근거를 바탕으로 정의의 원칙을 논리적으로 이야기하고 싶어 했다. 좋은 것이 좋다는 식으로 무책임하게 정의의 원칙을 들먹이기를 극히 꺼렸다. 우연한 것은 결코 정의의 원칙의 확고한 근거가 될 수 없음은 분명하지 않은가.

2장

실업과 빈부를
보는 눈

THE
CAPITALIST
MARKETS &
JUSTICE

| 노인과 명판사

미국 뉴욕시에 세 명의 손자를 돌보는 가난한 할아버지가 있었는데, 일감이 없어서 끼니를 때우기 어려웠다. 손자들이 배고파 우는 모습을 보다 못한 이 할아버지는 빵집에 들어가서 빵을 훔쳤다. 하지만 곧 주인에게 들켜서 경찰에 넘겨졌고 재판을 받게 되었다. 이 사건을 맡은 판사는 이 노인에게 벌금형을 내렸다. 사정이야 어떻든 법을 어긴 것은 분명하기 때문이다. 그러나 이 판사는 노인에 대한 단죄로 그치지 않았다. 과연 무엇이 이 불쌍하고 힘없는 노인으로 하여금 빵을 훔치게 만들었는가를 자신에게 진지하게 물었다.

그러고 나서는 자신을 포함한 뉴욕 시민 모두의 책임이라고 선언하면서 자기 자신에게 벌금을 부과하였고, 재판정에 앉아 있던 방청객들에게도 벌금을 내게 하였다. 그리고 즉석에서 벌금을 걷어서 노인에게 주었다. 노인은 벌금을 물고 남은 돈을 받아 쥐고는 눈물을 흘리며 법정을 떠났다. 이 판사가 오늘날에도 많은 사람들의 입에 오르내리는 라가디아F. LaGuadia 판사이며, 그의 판결은 미국 역사상 명판결로 꼽히고 있다. 지금도 뉴욕시에는 이 판사의 이름을 기리기 위한 동상이 서 있다. 뉴욕시에는 두 개의 큰 공항이 있는데 하나는 케네디 공항이고 다른 하나가 바로 이 판사의 이름을 딴 라가디아 공항이다.

흔히 법률가들은 "법에도 눈물이 있다"고 말하는데, 라가디아 판사의 명판결은 이 말을 실감케 한다. 법에도 눈물이 있다는 말은 정의에도 눈물이 있다는 뜻이다. 어느 원로 동양 철학자는 "시시비비만 분명하게 가리기를 좋아하는 서구적 정의의 개념만으로는 오늘의 우리 사회를 위협하는 각종 위험 요소들, 즉 양극화 현상이나 지역, 계층, 노사 간의 갈등을 해소시키기는 어렵다고 본다"라고 말하면서 사랑을 바탕으로 한 따뜻한 정의를 강조했다.[1] 그는 한국 철학계의 최고 권위자들이 모인 학술대회에서 동양에서 말하는 정의가 인仁을 바탕으로 한 개념임을 열심히 설파하였다. 그리고 오늘날 우리 한국 사회에 진정으로 필요한 정의는 바로 이 동양적 정의관이라고 외쳤다. 우리 사회가 진정으로 요구하는 정의는 시시비비만 가리는 정의가 아니라 '눈물이 있는 정의'라는 것이다.

라가디아 판사의 이 판례는 우리에게 많은 것을 생각하게 한다. 그런 가운데 우리를 의아하게 만드는 것이 한 가지 있다. 세계에서 가장 잘사는 나라이며 먹을 것이 썩어나가고 온갖 상품이 넘쳐나는 미국에서 배가 고파 빵을 훔치는 일이 어떻게 있을 수 있는가? 하지만 사실 통계상으로는 미국의 실업률이 우리나라보다 훨씬 더 높다. 2008년 세계경제 위기 이후 미국의 실업자 수는 더욱더 큰 폭으로 늘었다. 그러니 배가 고파서 빵을 훔치는 일은 얼마든지 있을 수 있다.

위의 라가디아 판례에서 만일 빵을 훔친 사람이 힘없는 늙은이가 아니라 40대의 건장한 남자 실업자였다고 하자. 아마도 라가디아 판사는 그렇게 쉽사리 판결을 내리지 못했을 것이다. 우선 피고가 진짜 실업자인지 아닌지를 알아봐야 하기 때문이다. 만일 보수 성향의 경제학자에게 자문을 구했다면 라가디아 판사는 피고에게 실형을 선고하는 것으로 재판을 간단히 끝냈을 것이다. 왜냐하면 보수 성향의 경제학자들은 이 세상에 진짜 실업자는 존재하지 않는다고 믿고 있기 때문이다. 대부분의 실업자는 자발적 실업자라는 것이다. 자발적으로 직장을 그만두고 놀고 있으면서 빵을 훔쳤다면 그것은 용납할 수 없는 일이다.

하지만 라가디아 판사가 진보 성향의 경제학자를 만났다고 하자. 이 경제학자는 대부분의 실업자가 불황이나 경기침체 때문에 일자리를 잃고 놀 수밖에 없는 사람들이며, 이들도 다른 사람들처럼 열심히 일해서 국가에 세금을 바칠 수 있기를 간절히 원하는 사람들이라는 점 등을 라가디아 판사에게 귀띔해줄 것이다. 이런 이야기를 듣고 나면, 아마도 실업자에 대한 그의 판결은 노인에 대한 판결과 크게 다르지 않을 것이다. 실업자는 게으르고 무책임한 사람이라는 인식이 특히 많이 퍼져 있던 미국 사회에서 2008년 세계경제 위기는 부지런하고 성실한 사람들도 얼마든지 무더기로 실업자가 될 수 있음을 절실히 느끼게 하였다.[2]

빈부격차의 문제는 어떨까? 학자들 사이에 견해가 크게 엇갈린다. 2008년 세계경제 위기가 오기 전만 해도 보수 성향의 경제학자들은 사회주의 색채가 짙은 유럽 여러 나라들의 경제를 실패작인 것처럼 매도하였다. 반면 시장경제가 세계에서 최고로 발달한 미국의 경제는 성공작인 것처럼 선전했다. 그러나 미국은 선진국 중에서 가장 빈부격차가 심한 나라로 알려져 있다. 미국인 7명 중에서 1명은 정부의 식비 지원이 없으면 배를 쫄쫄 곯아야 한다. 그럼에도 불구하고 다른 한쪽에서는 우리 돈으로 30억 원(270만 달러)에 달하는 고가의 손목시계가 불티나게 팔리고 있다. 이 어마어마한 가격의 손목시계 하나를 살 돈이면 154명의 미국인 극빈자와 그 가족을 1년 동안 먹여 살릴 수 있다. 그 손목시계를 생산하는 회사의 제품 중에서 가장 저렴한 손목시계는 1800만 원(1만 7,500달러)짜리인데, 이 가격은 당시 미국의 공식적 빈곤선을 벗어나기 위한 일 년 치 소득에 해당한다.[3]

한쪽에서는 수많은 사람들이 쫄쫄 굶주리는데 다른 한쪽에서는 30억 원짜리 손목시계가 불티나게 팔리며, 미국 대기업 최고경영자 한 사람이 750여 명의 최저임금 노동자들이 일 년에 받는 급여를 평균적으로 받는 미국의 현실. 그리고 우리나라도 이와 비슷하게 되어가는 현실을 과연 어떻게 볼 것인가? 대단히 정의롭지 못하다고 생각하면서 비분강개하는 사람들도 있는 반면, 전혀 그렇게 생각하지 않는 사람들도 있다.

국내 정치권에 지각변동이 나타날 정도로 양극화가 심각함에도 불구하고 과거와 비교해 우리 사회에서 불공정 사례의 총량이 상대적으로 줄어들고 있다고 주장하는 학자도 있다. 2011년 9월에는 자본주의의 상징인 뉴욕 맨해튼에서 분노한 미국 사람들이 금융회사를 비롯한 기업의 탐욕과 극심한 소득 불평등에 항의하는 시위를 벌였을 때, 고급 레스토랑에서 샴페인을 마시면서 이 시위를 내려다보고 조롱하는 사람들도 있었다.[4] 대체로 보수 성향의 경제학자들이나 신자유주의자들은 현실의 빈부격차에 대하여 정의롭지 못하다고 말하기를 무척 꺼린다. 그들 나름대로의 강력한 논리가 있기 때문이다. 어떤 논리일까? 이들은 우선 보통 말하는 빈부격차가 과장되어 있다고 주장한 다음 곧장 개미와 베짱이에 대한 이솝우화를 인용한다.

| 개미와 베짱이 이야기 I |

오늘날 대부분의 소득은 시장을 통해서 얻게 되는데, 크게 보면 근로소득(노동소득)과 자본소득이 있다. 근로소득은 봉급생활자가 직장 생활을 하면서 번 소득이다. 경제학적으로 보면 직장 생활을 하는 것은 노동시장에서 노동을 판매하는 행위이며, 근로소득은 노동시장에서 노동을 팔아서 얻는 소득이다. 자본소득은 목돈을 부동산 투자, 주식 투자, 외환 투자, 자기 사업 등의 형태로 자본시장에 투자해서 얻은 소득이다.

　우선 시장에서 근로소득이 어떻게 결정되는지에 대한 내용부터 살펴보자. 소득의 분배가 불평등하다고 말하지만 한 가지 분명한 것은 누구에게나 똑같이 하루 24시간이 주어진다는 것이다. 24시간을 사용하는 방법은 각자가 알아서 결정하기 때문에 사람마다 다르다. 어떤 사람은 하루에 6시간만 자고 나머지 시간에는 돈을 벌기 위해 일을 하는가 하면, 어떤 사람은 반대로 6시간만 일하고 나머지 시간에는 논다. 돈벌이에 너무 많은 시간을 투입하면 소득이 많아져서 좋지만 그 대신 여가를 즐기지 못하는 고통이 커진다. 반대로 돈벌이에 너무 적은 시간을 배당하면 여가가 많아져서 좋지만 소득이 적음으로 인한 고통이 커진다. 그러므로 하루 24시간을 돈벌이(노동)와 여가에 적절히 배분해야 한다. 즉 각 개인은 일하는 시간과 노는 시간을 합리적으로 조정해야 하는데, 경제학 교과서에 의하면 각 개인은 시중 임금을 지표로 삼아 일할 시간과 놀 시간을 결정한다.

시중 임금이 높으면 일하는 시간을 늘리며, 시중 임금이 낮으면 노는 시간을 더 많이 가진다. 여가의 가치가 임금보다 높으면 여가를 더 많이 가질 것(노동 공급을 줄일 것)이며, 반대로 여가의 가치가 임금보다 낮으면 노동 공급을 늘릴 것이다. 결국 각자가 생각하는 여가의 가치와 시중 임금이 일치하는 수준에서 각자의 노동 공급량이 결정된다고 경제학에서는 가르치고 있다.

각 개인의 근로소득은 각 개인의 노동 공급량에 임금을 곱한 값이다. 따라서 노동을 많이 공급하는 사람(일을 많이 하는 사람)은 많은 소득을 올리게 되지만, 그 대신 여가가 줄어들게 된다. 반면에 노동을 적게 공급하는 사람(열심히 노는 사람)은 돈은 적게 벌겠지만 여가를 풍족하게 즐기게 된다. 결과적으로 열심히 일만 하는 사람은 열심히 놀기만 하는 사람보다 더 많은 소득을 올리게 된다. 소득수준만 보면 분명히 불평등이 존재한다. 경우에 따라서는 불평등의 정도가 매우 클 수도 있다. 여가의 수준을 보면 어떤가? 열심히 놀기만 하는 사람은 열심히 일만 하는 사람보다 더 많은 여가를 누린다. 여가 수준만 보면 분명히 반대의 불평등이 존재한다. 만일 소득과 여가를 동시에 고려하면 한쪽의 불평등은 다른 쪽의 불평등과 상쇄된다. 소득도 중요하지만 여가도 중요하다. 그럼에도 불구하고 소득이라는 잣대로만 사람들의 처지를 비교한다면 현실을 크게 왜곡하게 된다는 것이 보수 성향 경제학자들의 주장이다. 소득의 잣대와 여가의 잣대를 동시에 적용해야 하며, 그렇게 되면 불평등의 문제는 훨씬 덜 심각해 보인다는 것이다.

시장은 각 개인으로 하여금 자신의 선호에 따라 소득과 여가를 적절히 조화시키도록 여건을 조성한다. 어떻게 조화시킬 것인지는 전적으로 각자가 알아서 결정할 사항이다. 누가 이래라저래라 하지 않는다. 각자 자신의 계산 아래 자신이 원하는 최선의 길을 가는 사람들을 놓고 누가 앞섰고 누가 뒤처졌는가를 굳이 따진다는 것 자체가 웃기는 일이라고 보수적 경제학자들은 말한다.

이들의 논리에 의하면 부자는 돈을 많이 벌기 위해서 여가를 희생한 사람들이고, 가난한 사람들은 여가를 많이 가지기 위해서 소득을 희생한 사람들이다. 비유적으로 말하면 부자는 뙤약볕 아래에서 땀흘려 일하는 개미에 해당하고, 가난한 사람들은 시원한 그늘에서 노래 부르며 게으름 피우는 베짱이에 해당한다. 그러므로 소득 불평등을 탓하는 것은 열심히 일하는 개미를 탓하는 것과 같다.

부자가 되느냐 가난한 사람이 되느냐는 각자 선택하기 나름이다. 경제학자들의 용어로 말하면 합리적 선택의 결과다. 각자 잘 알아서 합리적으로 선택한 결과를 놓고 제3자가 가타부타 떠들 일은 아니라는 것이다.

| 개미와 베짱이 이야기 II

그러나 열심히 일하는 것만으로 큰 부자가 될 수 있을까? 뼈 빠지게 일해봐야 평생 월급쟁이밖에 되지 못하는 것이 현실 아닌가? 부자가 되기 위해서는 우선 목돈을 손에 쥐고 있어야 하며, 이것을 잘 굴려야 한다. 목돈을 쥐고 있으면 돈 벌 기회가 확 열린다. 자기 사업을 해서 돈을 벌 수도 있고, 부동산 투기를 해서 돈을 벌 수도 있으며, 주식 투자를 해서 돈을 벌 수도 있다. 어떻든 월급쟁이 신세를 면하기 위해서는 우선 목돈을 마련해야 하는데 어떻게 해야 하나? 경제학 교과서는 열심히 저축하면 된다고 가르치고 있다.

각 개인이 자신에게 주어진 24시간을 노동과 여가에 잘 배분해야 하듯이, 각 개인은 자신이 번 소득 중에서 현재에 쓸 돈과 미래에 쓸 돈을 적절히 잘 배분해야 한다. 경제학에서는 현재를 즐기기 위한 지출을 소비라고 하며, 미래를 위해서 돈을 따로 남겨놓는 것을 저축이라고 한다. 현재를 즐기기 위해서 흥청망청 돈을 쓰다 보면 저축을 못하게 되고 그러다가 노후에는 가난의 가시밭길을 걷게 된다. 미래를 위해서 저축을 많이 하려면 오늘 허리띠를 졸라매는 고통을 감수해야 한다. 젊었을 때 저축을 많이 하면 노후가 편안해진다고는 하지만, 저축을 많이 할수록 현재의 소비를 줄임으로 인한 고통이 커진다. 그러므로 먼 미래를 내다보고 장래의 즐거움과 현재의 즐거움을 잘 비교하면서 합리적으로 저축액을 결정해야 한다. 이때 개인은 시중 금리를 지표로 삼아 자신의 저축액을 결정한다. 금리가 높으면 저축을 많이 하게 되며 금리가 낮으면 저축을 덜 하게 된다.

이렇게 각 개인이 합리적으로 결정한 저축이 쌓여서 목돈(자본)이 된다. 즉 저축이 자본의 원천이다. 자본소득을 얻기 위해서 자본을 굴리는 시장이 자본시장이다. 자본시장은 오직 목돈을 가진 사람들만 참여하는 시장이다. 물론 투자한다고 해서 무조건 돈을 버는 것은 아니다. 망할 수도 있다. 특히 투자에는 많은 불확실성이 따른다. 확률을 잘 따져보면서 합리적으로 투자를 해야 돈을 벌 수 있다고 경제학 교과서는 가르치고 있다.

보수 성향의 경제학자들은 이런 경제학 교과서의 이야기를 좀 더 부풀린다. 즉 부자는 미래를 위해서 열심히 번 돈을 아껴서 저축을 많이 한 사람들이고, 가난한 사람들은 현재의 즐거움을 더 중요하게 생각하기 때문에 저축을 하지 않기로 작정한 사람들이다. 비유적으로 말하면 부자는 겨울에 대비해서 여름에 열심히 일하고 저축한 개미에 해당하고, 가난한 사람은 여름 한철을 마음껏 즐기기 위해서 겨울의 고생을 감수한 베짱이에 해당한다. 결국 부자는 돈을 많이 벌기로 작정한 사람들이고 가난한 사람들은 빈곤을 선택한 사람들이라는 결론이 나온다.

이렇게 각자가 알아서 선택한 결과를 누가 탓할 것이냐고 보수 성향 경제학자들은 묻는다. 정의로운 사회는 개인의 자발적 선택을 존중해주는 데서부터 시작된다. 그렇다면 자발적 선택의 결과로 빚어진 빈부격차에 대하여 공정치 못하다든가 정의롭지 못하다고 시비를 걸 수 없다는 이야기가 된다. 주사위를 던져서 누가 점심값을 낼 것인지를 결정하기로 합의하였다면 주사위 던진 결과에 모두 승복하는 것이 도리라는 것이다.

│ 고학력 청년 실업

그러나 현실에서 모든 사람들이 교과서처럼 여가와 노동시간, 저축과 소비를 그렇게 자유롭게 선택할 수 있는지 극히 의심스럽다. 부자는 여가보다는 돈벌이를 선택한 사람들이고, 가난한 사람들은 돈벌이보다는 여가를 선택한 사람들이라는 주장도 너무 비현실적이다.

아무 일도 하지 않고 가만히 있는 시간을 여가라고 한다면, 실업자나 반실업자들은 이런 의미의 여가를 너무 많이 가진다. 하지만 이들의 여가는 강요된 여가이며 그야말로 무료하기 짝이 없는 여가이다. 돈 없는 여가는 고통일 뿐이다. 일자리도 없고 돈도 없어서 하는 수 없이 길거리에 무료하게 앉아서 행인들을 하루 종일 맥없이 쳐다보고 있는 사람들을 보고 이들이 여가를 즐기는 사람들이라고 말한다면 소도 웃을 일이다. 그런 사람들을 하루 24시간 중에서 노동에 0시간을 배정하기로 자발적으로 선택한 사람, 하루 24시간 몽땅 놀기를 자발적으로 선택한 사람이라고 말할 수 있을 것인가?

과연 어떤 사람이 자발적으로 그런 선택을 할 수 있을까? 먹고살 걱정도 없고 여가도 충분히 즐길 수 있을 만큼 경제적으로 넉넉한 사람일 것이다. 여가를 더 늘리기 위해서는 일하는 시간을 줄여야 하는데, 그러면 소득이 줄어든다. 먹고살기에도 바쁜 사람들에게 여가를 위해서 소득 감소를 감수할 여지는 거의 없다. 가난한 사람들에게 여가가 있다면 그 여가는 사실상 강요된 것이다. 이들에게는 오직 한 가지 선택, 즉 노동을 최대한 많이 하는 선택만 남아 있다. 입에 풀칠하기 바쁜 사람들에게는 소득과 여가를 적절히 조정할 여지는 없다. 이들에게 즐거운 여가는 우리말로 '그림의 떡'이요, 영어로 '하늘 높이 떠 있는 파이pie in the sky'다. 대체로 부자들은 돈도 많고 여가도 풍족하게 누리는 반면, 가난한 사람들은 돈도 없고 여가도 제대로 즐기지 못한다.

보수 성향 경제학자들은 대부분의 실업자가 자발적 실업자라고 주장하면서 고학력 청년 실업자를 그 예로 꼽는다. 매년 늘어나고 있는 고학력 청년 실업자가 오래전부터 우리 사회의 골칫거리이다. 보수 성향 경제학자들이 이들을 자발적 실업자라고 보는 데에는 그럴 만한 근거가 있다. 우리 사회에 실업자가 많다고는 하지만, 일손이 부족해서 쩔쩔 매는 분야도 많이 있다. 이른바 3D Difficult, Dirty, Dangerous 업종이 그런 분야들 중의 하나이다. 우리나라 대학 졸업생들이 저임금의 막노동이나 3D 업종도 감수하고 열심히 뛴다면 굳이 그 많은 외국인 노동자들을 우리나라로 불러들일 필요가 없다는 것이다. 이들이 3D 업종을 외면하였기 때문에 한쪽에서는 외국인 노동자들이 득실대고 다른 한쪽에서는 고학력 청년 실업자들이 득실대는 기현상이 벌어지고 있다고 보는 것이다. 엄연히 일자리가 있음에도 불구하고 이를 외면하는 청년은 자발적으로 실업을 선택한 사람인 것이다. 보수 성향 경제학자들의 눈에는 고학력 청년 실업자들이 정신 차리지 못한 못난이나 따끔한 교훈이 필요한 게으름뱅이 정도로 비쳐진다.

일과 노동 구별하기

이것이 고학력 청년 실업자들 개인만 탓할 일인가? 이들은 머리도 좋고, 배운 것도 많으며, 힘도 좋기 때문에 우리 사회에서 가장 생산성이 높은 사람들일 뿐만 아니라 세계 최고 수준의 우수한 인재들이다. 순전히 경제적으로만 보더라도 그런 세계 최고의 우수한 인재들이 대거 집에서 놀고 있다는 것은 엄청난 인적 자원의 낭비이다. 그렇다고 보수 성향 경제학자들의 주장대로 이들을 억지로 저임금 막

노동이나 3D 업종에 종사하게 만드는 것도 문제이다. 능력을 전혀 발휘하지 못하는 직종에서 세계 최고 수준의 인재들이 썩고 있다면, 이것 역시 막대한 인적 자원의 낭비이다. 과거 미국의 실업률이 높을 때 뉴욕시에 박사 학위를 가진 택시 운전사들이 여기저기 나타나자 많은 사람들이 혀를 끌끌 찼다.

고학력 청년 실업자에게도 자존심이 있다. 누구에게나 자존심은 중요하다. 그러나 우리나라 노동시장이 고학력 젊은이들에게 자존심을 가지고 종사할 일자리를 충분히 제공해주고 있지 못하다는 것, 바로 이것이 더 근원적인 문제이다. 여기에는 노동시장의 구조적인 요인도 작용하고 있다. 오늘날 노동시장이 공급하는 일자리의 성격을 이해하기 위해서는 우선 '노동'과 '일'의 차이를 구별해야 한다.

보통 노동이란 순전히 금전을 목적으로 육체와 정신을 사용하는 행위를 말한다. 따라서 노동의 특징은 돈을 목적으로 한다는 것이다. 노동과 달리 '일'이란 금전을 초월해서 행위자 스스로 설정한 별도의 목적을 위하여 육체와 정신을 사용하는 행위를 말한다. 예를 들어서 아프리카 오지에서 의료봉사 활동을 하는 의사는 돈보다는 보람을 찾는 사람이다. 유명 법률 회사(이른바 로펌)에서 일하다가 고액 연봉을 포기하고 가난한 시민단체의 봉사 활동을 선택한 어느 여변호사가 얼마 전에 장안의 화제가 되었는데, 이 변호사 역시 돈보다는 보람을 선택한 사람이다. 이와 같이 행위의 수행 과정에서 느끼는 가치, 그 행위가 초래하는 인간관계에서 느끼는 가치, 그 행위의 수행 그 자체가 개인의 전반적 인생 설계에서 지니는 의의 등을 목적으로 하는 행위를 내적 동기에 의한 행위라고 한다. 일은 바로 이 내적 동기에 의한 행위이다.

학자들뿐만 아니라 보통 사람들도 노동과 일을 구별한다. 때로는 남에게 노동과 일을 구별하기를 요구한다. 예를 들면 우리 국민은 국회의원들이나 정치가들이 국민을 위해 열심히 '일'할 것을 요구하지 열심히 '노동'할 것을 요구하지 않는다. 그래서 월급이 적다고 투덜대는 국회의원이나 돈을 밝히는 정치인은 욕을 얻어먹는다. 대학교수에게 연구와 교육을 열심히 하라고 요구하지 노동을 열심히 하라고 요구하지는 않는다. 그래서 돈을 쫓아다니는 교수에게 많은 사람들이 눈살을 찌푸린다. 의사와 변호사도 마찬가지이다. 치료비를 낼 능력이 없는 환자를 거절하는 의사를 악덕 의사라고 하고, 돈만 밝히는 변호사를 악덕 변호사라고 부르면서 이들에게 손가락질을 한다. 이것이 일반 국민의 정서이다.

물론 노동과 일이 두부모 자르듯이 확연하게 갈리는 것은 아니다. 대체로 보면 노동의 성격이 강한 일자리가 있고 일의 성격이 강한 일자리가 있다. 의사, 변호사, 약사, 수의사, 박사 등의 업종은 일의 성격이 강하고, 3D 업종이나 막노동은 노동의 성격이 강하다고 볼 수 있다. 대체로 고학력자들은 노동의 성격이 강한 업종보다는 일의 성격이 강한 업종을 선호한다. 그렇기 때문에 고학력 청년들은 3D 업종을 기피한다.

문제는 노동시장이 일의 성격이 강한 일자리보다는 노동의 성격이 강한 일자리를 더 많이 공급하는 경향이 있다는 것이다. 경쟁이 점차 치열해짐에 따라 생산성이 점점 더 중요해지는데, 생산성을 높이는 가장 보편적인 방법이 분업화와 기계화이다. 대체로 분업화되고 기계화될수록 작업이 단순화되고 단조로워지고 재미없어지면서 일의 성격보다는 노동의 성격이 강해진다. 그런 작업 그 자체는 큰 보람을 주지 못한다. 예컨대 옷 만드는 작업을 옷감자르기, 단추박기, 단춧구멍뚫기, 바느질하기, 다리미질하기 등으로 분업화하고 기계화하면, 확실히 작업의 능률은 크게 올라가겠지만 하루 종일 옷감만 자른다든가, 단춧구멍만 판다든가, 바느질만 한다든가, 다리미질만 하는 등 한 가지 일만 계속 반복한다는 것은 지루하기 짝이 없는 노릇이며 비인간적이다.

분업이라고 하면 경제학자들은 애덤 스미스를 제일 먼저 떠올리지만, 그는 분업이 사람을 바보 멍청이로 만든다는 경고를 잊지 않았다. 오늘날 노동시장은 그런 지루하고 비인간적이며 사람을 바보 멍청이로 만드는 일자리를 양산하면서 심지어 고학력 젊은이들에게도 그런 일자리를 강요한다. 고학력 젊은이들의 입장에서 보면, 노동시장에서 마땅한 일자리를 선택할 여지가 점점 더 줄어들고 있다.

원래 사람은 움직이고 무얼 만들기를 거의 본능적으로 좋아한다. 노동이 아닌 일은 즐거움의 원천이며, 인간은 일을 함으로써 정신적 육체적 건강을 유지할 수 있고 나아가서 보람을 느끼고 행복을 느끼게 되어 있다. 바로 이런 보람과 행복을 주는 일을 자발적으로 마음껏 할 수 있어야 진정으로 자유로운 것이지, 입에 풀칠하기 위해서 억지로 하는 노동, 남에 의해서 강제된 노동, 기계적이고 재미없는 단순 반복 노동, 이런 것들을 하는 사람은 진정으로 자유로울 수가 없다.

대부분의 서민들에게는 취직할 것인가 말 것인가를 선택할 자유가 없다. 이들은 입에 풀칠하기 위해서라도 반드시 취직해야 하지만, 그렇다고 취직이 보장되는 것도 아니다. 노동시장의 특성상 노동 대신 일을 선택할 여지는 점점 더 줄어들고 있다. 그래서 청년 실업자들이 양산되고 있다. 이것이 우리의 현실이다.

| CEO의 리더십과 대통령의 리더십 |

운 좋게 취직했다고 하자. 직장에서는 선택의 자유가 풍부하게 주어지는가? 전혀 그렇지 못하다. 노동자는 회사가 시키는 대로 노동을 하게 된다. 일거리의 내용, 노동시간, 노동조건 등이 정해져 있다. 직장이란 내가 원하는 대로 오전 근무만 하고 오후에는 쉰다든가, 일주일에 사흘만 일한다든가, 영업 부서에서 일했다가 싫증 나면 비서실에서 일했다가 심심하면 외근했다가 내근도 하면서 제멋대로 옮겨 다니는 곳이 아니다. 보수가 낮으니 그 대신 노동시간을 줄여 달라고 요구하기도 어렵다.

회사에서는 경영진이 업무의 내용이나 업무 수행 방법, 업무 수행 장소 등에 대하여 총괄적으로 지휘, 감독, 조정하는 권한을 가지고 있기 때문에 각 노동자의 일거리와 노동조건은 딱 한 가지 기준, 즉 회사 전체의 생산성을 극대화하는 방향으로 꽉 짜여 있다. 여기에 노동자가 이의를 제기하면 해고되거나 좌천된다. 정부나 시민단체에서 이의를 제기하면 경영권 침해라면서 신경질적 반응을 보인다. 통상 직장은 회사의 이윤을 위해서 개인의 자유가 희생되는 곳이다. 기업은 경영권이 신성시되는 곳이며, 최고경영자CEO가 군림하는 곳이다.

"성공한 CEO가 성공한 대통령이 되기는 힘들다"는 말이 있다.[5] 이 말은 훌륭한 대통령이 꼭 갖추어야 할 자질을 강조하기 위한 의도에서 나온 것이지만, 뒤집어보면 최고경영자가 기업 내부에서 얼마나 군림하는 존재인가를 잘 요약하는 말이기도 하다. 기업을 이끄는 리더십과 나라를 이끄는 리더십은 크게 세 가지 점에서 다르다고 한다.

첫째, 최고경영자는 자기 의사대로 불도저식으로 일을 추진할 여지가 많이 있지만, 대통령의 경우에는 그렇지 못하다. 거의 모든 정치 현안에 관해서 강력한 반대파가 늘 존재한다. 따라서 최고경영자와는 달리 대통령은 반대파의 합의를 이끌어낼 수 있는 탁월한 협상력이 있어야 하며, 반대파를 끌어안을 수 있는 참을성과 포용성도 있어야 한다. 둘째, 최고경영자는 승진, 보너스, 좌천, 해고, 각종 꼼수 등 다양한 수단을 이용해 효과적으로 직원들을 요리할 수 있지만, 대통령은 그럴 수 없다. 대통령 주위에 포진해 있는 의회, 언론, 권력기관 등 다양한 견제 세력들을 적절히 통제하기 위해서는 국민의 강력한 지지를 등에 업어야 하는데, 그러자면 국민의 사랑과 존경을 받아야 한다. 셋째, 최고경영자는 광고나 상술을 통해서 자사의 상품을 시장에 알리다가 잘 안 되면 다시 포장하거나 다른 상품으로 바꾸어버리면 그만이지만, 신뢰를 생명으로 하는 대통령은 그렇게 시험 삼아 해보았다가 잘 안 되면 집어치우는 식의 태도를 가져서는 안 된다.

대통령은 정책 수립에서부터 추진 단계에 이르기까지 온갖 공식적 비공식적 언로를 통해서 끊임없이 국민의 목소리를 듣고, 반대 의견을 경청하고, 설득함으로써 폭넓은 공감대를 바탕으로 정책을 일관성 있게 추진할 수 있어야 한다. 최고경영자는 일방적 의사소통에 많이 의존하지만, 대통령에게는 쌍방적 의사소통이 특히 중요하다. 대통령의 리더십과 최고경영자 리더십의 이런 비교는 기업 내부가 얼마나 비민주적인지를 잘 보여준다.

노동시장에 선택의 자유가 정말 있는가

물론 직장(노동시장)에서 노동자가 자유의 속박을 감수하는 대가로 임금을 받지 않느냐고 말할 수도 있다. 그렇다면 자유의 속박에 대하여 노동자가 과연 충분한 금전적 보상을 받느냐가 관건이다. 만일 구조적인 요인 때문에 충분한 보상을 받을 수 없다고 하면 노동시장의 공정성에 대한 의문은 그대로 남는다. 노동자는 회사와 명시적 혹은 묵시적 계약을 맺고 취직하게 되는데, 이 계약에는 노동시간, 노동조건, 초과근무수당과 특별수당을 포함한 보수 등이 규정되어 있을 수 있다. 만일 노동자가 여러 회사의 계약 내용을 비교한 다음 가장 마음에 드는 회사와 계약을 맺었다면, 그가 계약 내용에 동의하였음을 의미하며 따라서 계약에 적힌 노동조건, 노동시간, 보수 등을 자발적으로 선택한 것에 진배없다고 말할 수도 있다.

설령 그렇다고 해도 정의의 차원에서 중요한 것은, 그 계약이 진정 대등한 입장에서 이루어진 것인가의 문제이다. 계약 당사자 양쪽이 진정 대등한 입장에 있지 않았다면, 그 계약은 공정한 계약이라고 말할 수 없다. 1905년 대한제국과 일본 사이에 맺은 을사보호조약은 표면상 양국이 자발적으로 체결한 조약이지만, 우리는 이것을 '늑약'이라고 부르며 따라서 무효라고 말한다. 사실상 대한제국이 일본과 대등한 입장에서 체결한 것이 아니라서 공정하다고 볼 수 없기 때문이다. 이렇듯 노동시장에는 표면상으로는 자발적이지만, 사실은 입에 풀칠하기 위해서 어쩔 수 없이 계약 조건에 동의하는 경우가 얼마든지 있을 수 있다.

계약 당사자가 얼마나 대등한 입장에 서 있느냐는 각자 얼마나 많은 선택의 여지를 손에 쥐고 있느냐에 달려 있다. 선택의 여지가 많은 쪽이 선택의 여지가 적은 쪽에 비해서 흥정상의 유리한 고지를 점령할 것은 뻔하다. 통상 노동시장에서 구직자 쪽에는 선택의 여지가 매우 적고 고용자 쪽에게는 선택의 여지가 많다.

노동시장은 마치 과일을 고르듯이 요리조리 뜯어보고 구미에 맞는 직장을 선택할 수 있는 곳이 아니다. 이런 점에서 노동시장은 다른 보통 시장과 구별된다. 과일시장에 각종 과일이 수북이 쌓여 있듯이 노동시장에도 일자리가 수북이 쌓여 있는 것은 아니다. 의류시장에서 옷을 고르듯이 노동시장에서도 마음에 맞는 일자리를 마음껏 고를 수 있는 구직자가 이 세상에 몇 명이나 되겠는가? 아무리 실업률이 낮다고 해도 각 구직자마다 다수의 채용 통보를 받아놓고 그중의 하나를 골라야 할 정도로 일자리가 남아도는 사회는 아마도 이 세상에 별로 없을 것이다. 능력이 특출한 소수의 사람들을 빼고는 대부분의 보통 사람들은 직장 이곳저곳을 기웃거려봤다가 오라는 곳이 있으면 얼씨구나 달려가기 마련이다. 대부분의 보통 구직자들에게는 직장 선택의 여지가 별로 없다.

반면에 고용자 측(회사)은 마음에 드는 구직자를 고를 수 있는 여지가 비교적 풍부하다. 통상 일자리를 구하는 사람들은 얼마든지 있기 때문이다. 당장 일자리를 얻지 않고는 생계를 유지할 수 없는 노동자들은 고용자 측과 도저히 동등한 입장에서 거래할 수도 없고 그럴 처지에 있지도 못하다. 따라서 고용자 측은 배짱을 부릴 수 있다. 그렇기 때문에 고용자 측은 보수, 일감, 근무시간, 근무장소 등 노동조건을 일방적으로 정하고 구직자는 선택의 여지 없이 끌려가게 됨이 보통이다. 고용자 측에서는 최저 수준의 조건을 제시하고 싫으면

말라는 태도를 취한다. 고용자 측으로서도 그럴 수밖에 없다. 치열한 경쟁 상황에서 이윤을 최대한 뽑아내야 하기 때문에 구직자에게 넉넉한 보수를 줄 처지는 결코 못 된다. 따라서 고용자는 최소의 임금으로 노동자에게 최대한 많은 일을 시킬 수밖에 없다.

만일 보수가 낮다면 여가를 많이 가질 수 있어야 하는데, 대체로 보면 대부분의 보통 사람들에게는 최저 수준의 보수와 최장 수준의 노동시간만 허용될 뿐이다. OECD가 발표한 자료에 의하면 2010년 우리나라 노동자의 근로시간은 네덜란드의 1.6배, 독일의 1.5배로 OECD 국가 중에서 가장 길다. 선진국 중에서 가장 바쁘게 산다는 미국의 노동자보다 우리나라 노동자가 23% 더 오래 노동하며, 가장 부지런하다는 일본 노동자보다 26.6% 더 오래 일한다. 얼마 전 대법원은 퇴근 후 회식도 근무시간의 연장으로 보아야 한다는 판결을 내렸는데, 이 시간까지 합치면 아마도 우리나라는 노동시간이 세계에서 가장 긴 나라가 될 것이다. 대부분의 보통 사람들은 이런 일방적 조건 아래 취직하게 된다. 그러니 이들은 넉넉한 생활을 하기에는 크게 부족한 보수를 감수해야 한다.

아마도 경제학의 수많은 이론들 중에서 노동과 여가의 선택에 관한 이론이나 저축에 관한 이론만큼이나 현실과 동떨어진 이론은 별로 없을 것이다. 노동경제학 분야에서 미국 최고의 권위자이자 노동분야의 고위 관료를 지냈던 앨버트 리Albert Ree 교수는 자신이 일생 가르쳤던 경제학 교과서의 이론이 현실의 노동 문제 해결에 눈곱만큼도 도움이 되지 않았다고 어느 학술 모임의 초청 연설에서 솔직하게 토로한 바 있다.[6]

승자와 패자의 운명은 공정한가

일단 운이 좋아서 직장을 얻으면 그다음부터는 치열한 경쟁 속으로 들어가게 된다. 더 좋은 보수, 더 좋은 일자리, 더 높은 지위를 향해서 모두들 경쟁한다. 자본주의 시장은 경쟁을 바탕으로 삼는 체제이다. 경제학자들은 경쟁의 활성화를 늘 강조한다.

하지만 경쟁에는 늘 승자가 있고 패자가 있기 마련이다. 경쟁의 목적은 승자와 패자를 가리는 것이다. 승자와 패자가 갈리지 않는 경쟁은 사실상 경쟁이 아니다. 유능하거나 운이 좋은 사람은 승자가 된다. 노동시장에서 승자는 고소득자가 되는 반면 패자는 저소득자가 된다. 승자는 저 위로 올라가서 잘 안 보이기 때문에 우리 주위에서 흔히 보는 대부분의 보통 사람들은 패자라고 할 수 있다. 물론 직장 생활에서 패자라고 해서 인생에서도 패자가 되는 것은 절대 아니다. 그러나 자본주의 시장에서는 대부분의 경우 패자에게는 경제적으로 넉넉한 생활이 허용되지 않는 것만은 분명하다.

어떻든 대다수의 보통 사람들은 풍족한 생활을 하기에 크게 부족한 보수를 받으면서 직장 생활을 한다. 이들은 목돈을 마련할 만큼 충분한 금액을 저축하지 못한다. 잘해야 집 한 칸 마련할 수 있을 만큼 저축하는 것이 고작이고 운이 좋아야 노후 생활 자금을 마련할 수 있는 정도이다. 먹고살기에 바쁜 대다수의 보통 사람들에게는 소득 중에서 얼마를 소비하고 얼마를 저축할 것인가를 융통성 있게 조정할 수 있는 선택의 여지가 별로 없다. 가난한 사람들은 저축하고 싶어도 하지 못한다. 이들은 개미처럼 뼈 빠지게 일하지만 겨울철 베짱이처럼 늘 빈털터리이다. 대부분의 보통 서민들의 입장에서 볼 때 노동시간과 여가시간의 비율을 자유롭게 선택할 여지가 별로 없 듯이 소비와 저축의 비율 역시 자유롭게 선택할 여지가 충분하지 못하다.

반면에 소수의 승자들은 높은 수준의 소득을 받으면서 많은 돈을 저축할 수 있다. 통계적으로 보면, 소득수준이 높을수록 소득 중에서 저축되는 부분이 커진다. 그러므로 승자가 된 고소득자는 목돈을 쉽게 만들 수 있으며 이것을 굴려서 많은 자본소득을 올릴 수 있다. 소득수준이 높을수록 더 많이 저축함으로써 더 많은 자본소득을 올릴 수 있기 때문에 부자는 더욱더 부자가 된다. 자본소득은 부익부 빈익빈을 낳는 중요한 요인이 된다.

누구나 우리 국민 모두가 고르게 잘사는 것이 바람직하다고 생각하며 마땅히 그래야 한다고 생각한다. 아무리 효율을 중시하는 경제학자도 국민이 골고루 잘사는 것에 반대하지 않을 것이다. 국민 모두가 골고루 잘사는 사회를 정의로운 사회라고 본다면 자본소득은 정의로운 사회의 구축을 가로막는 중요한 요인이 된다.

보수 성향 경제학자들이 즐겨 인용하는 개미와 베짱이 이야기를 보면, 부자들은 개미처럼 열심히 일하고 근검절약해서 저축하는 사람들이다. 그러나 오늘날 대부분의 부자들은 저축을 많이 하기 위해서 굳이 근검절약할 필요가 없다. 흥청망청 돈을 써도 은행 통장에 돈이 쌓일 만큼 고소득자들이기 때문이다. 오늘날의 부자들은 개미보다는 베짱이라는 인상을 더 많이 주고 있는 것이 우리의 현실이다.

이와 같이 현실에서는 대부분의 노동자들에게 선택의 자유가 극히 제한되어 있고, 직장은 비민주적으로 운영되고 있으며, 구직자가 진정 대등한 입장에서 고용자와 거래하지 못한다. 그런 노동시장을 과연 공정한 시장이라고 볼 수 있을까? 그런 시장에서 결정되는 소득을 정당하다고 주장할 수 있을까? 우리의 현실에 '개미와 베짱이 우화'를 들이대면서 노동시장의 결과를 정당화할 수는 없다.

3장

공정한 경쟁이
과연 가능할까?

THE
CAPITALIST
MARKETS &
JUSTICE

| 부동산으로 돈 벌기

우리 사회에서 정의의 차원에서 가장 많이 오르내리는 문제가 바로 부동산과 관련된 문제일 것이다. 부동산소득에서 특히 문제가 되는 부분은 순전히 가격 상승 덕분에 얻게 되는 시세차익이다. 부동산 가격이 일정 기간 지속적으로 상승하면, 이상하게도 부동산 가격은 절대 떨어지지 않는다는 믿음이 사람들의 마음속에 자리 잡는다. 우리나라에서만 그런 것이 아니고 선진국도 마찬가지다. 2008년 미국발 세계경제 위기 직전까지 미국의 호황도 미국 국민들의 그런 믿음 때문에 가능하였다. 우리 사회에서 크게 유행하던 '부동산불패'니 '강남불패'니 하는 말들도 부동산 가격 상승에 대한 우리 국민들의 굳은 신념을 반영한다. 이런 신념을 갖게 되면, 사람들은 부동산을 매입해 두었다가 가격이 오를 때 팔아서 시세차익을 챙기려고 한다. 순전히 이 시세차익만 노리는 행위를 흔히 투기라고 하는데, 부동산 가격의 상승률이 높을수록 시세차익도 커지기 때문에 부동산 투기도 자연히 성행하게 된다. 그렇다면 우리나라의 부동산 가격 상승률은 어느 정도였을까?

토지는 가장 기본적인 부동산인데 광복 이후 50년간 우리나라 지가 추세를 보면, 세계에서 그 유례를 찾기 어려울 정도의 높은 지가상승률에 우선 놀라지 않을 수 없다.[1] 50여 년간 세 차례의 지가 폭등기가 있었다. 첫 번째는 1964부터 1971년 사이였는데, 연평균 50%의 지가상승률을 보였다. 7년 동안 땅값이 매년 50%씩 올랐다는 것이다. 두 번째 지가 폭등기는 1975~1979년에 찾아왔는데, 이 시기의 지가상승률은 연평균 30.6%에 이르렀다. 1988~1990년에 세 번째 지가 폭등기가 왔다. 앞선 두 차례 지가 폭등기의 지가상승은 높은 경제성장률과 물가상승률 탓이라고 경제학자들이 설명해주었지만, 이 기간 동안에는 경제성장률이 10% 이하로 떨어졌고 물가상승률도 상당히 낮아졌다. 그럼에도 불구하고 유독 지가상승률만은 연평균 26.7%의 높은 수준을 유지하였다.

이런 이상한 현상이 나타나자 성장이나 물가와 같은 시장 근본 요인 이외에 무언가 또 다른 요인이 작용하였으리라는 의혹이 강하게 일어나면서 그것이 과연 무엇일까에 관심이 쏠렸다. 단연 부동산 투기에 그 혐의가 집중되었다.

그렇다고 부동산 투기가 그 이전에는 없었다는 것은 아니다. 1990년 이전까지 30년 가까이 우리나라 땅값은 줄기차게 올라만 갔지 한 번도 떨어진 적이 없었다. 이처럼 오랜 세월 땅값이 줄곧 올라가기만 하다 보니 부동산을 재산 증식 수단으로 이용하는 풍조가 이미 오래전부터 우리 사회에 만연해 있었다. 다만 이 세 번째 폭등기에 '거품'이 부동산 가격에 잔뜩 끼었다는 심증을 굳히게 되었을 뿐이다.

순전히 시세차익을 노리는 부동산 구매를 흔히 '가수요'라고 부르고 시세차익과 관계없이 실제 이용을 목적으로 한 구매를 '실수요'라고 부르는데, 가수요가 실수요에 추가되면 부동산 가격은 그만큼 더 오르게 된다. 단순히 가격이 더 오르는 정도가 아니다. 토지의 경우 이 가수요가 지가를 끌어올리고 올라간 지가는 다시 가수요를 유발하는, 이른바 투기-지가 상승의 악순환이 형성된다. 즉 부동산 가격↑ → 가수요↑ → 부동산 가격↑ → 가수요↑ → …의 고리가 형성된다. 이런 악순환이 반복되면 부동산 가격이 한없이 부풀어 오르는데 이렇게 가수요로 인해서 부풀려진 가격을 흔히 '거품'이라고 한다.

거품으로 땅값이 오르면 집값도 오르고 이어서 전세와 월세가 줄줄이 오른다. 날로 오르는 집세를 감당하지 못해 수많은 세입자들이 길거리에 나앉게 되면서 심각한 사회문제가 되었다. 1990년 봄에는 자살한 세입자의 수가 17명에 이르자 토지 투기와 지가 앙등에 대한 국민의 성토는 극에 달하게 되었다.[2] 당시 정부는 부랴부랴 토지공개념위원회를 만들어서 대책 마련에 나섰다. 이 위원회는 우리나라 토지 소유자들 중 토지를 많이 가진 상위 5%가 전국 사유지의 65.2%를 소유하고 있으며, 서울시의 경우 전체 가구의 약 72%가 토지를 가지지 못하고 있다는 사실을 폭로하였다. 이 사실이 언론에 보도되면서 드디어 국민의 분노가 폭발하였고 결국 여론의 압박으로 토지공개념법이 졸속으로 제정되기에 이르렀다.[3] 수년 후에 부유층의 압력으로 슬그머니 폐기되다시피 한 이 법은 결국 일시적으로 국민의 분노를 달래기 위한 미봉책이었음이 판명되었다.

1990년 이후에는 부동산 가격이 일시 하락하는 현상이 나타나기도 했지만 전반적으로 상승 추세를 이어갔다. 1992년 경제 성장률이 5%대로 낮아졌을 때 처음으로 지가가 떨어졌고 1998년 IMF 경제위기가 터졌을 때도 부동산 가격이 일시 폭락하였다. 그러나 2000년 경기가 회복세를 보이면서 부동산 가격 역시 회복세를 보이더니 2002년에는 다시 뛰기 시작하였다. 2002년 전국의 아파트 가격은 전년 대비 22.8% 올랐으며, 특히 서울의 아파트 가격은 30.8%나 뛰었다. 이런 부동산 가격 상승 추세가 2008년 세계경제 위기가 터지기 전까지 계속되었다.

1976년부터 2003년까지 30년 동안을 조감해보면, 소비자물가지수는 6.4배, 주가지수는 7.8배 상승하였지만, 땅값은 무려 11.2배나 뛰었다([표1] 참조). 흔히 높은 지가 상승이 수도권과 대도시에 국한된 현상인 것처럼 생각하는데 사실은 그렇지 않다. 지가 상승은 전국적인 현상이었다. 특정한 기간을 제외하고는 전국 지가상승률이 서울과 대도시의 지가상승률보다 그리 낮지 않았다.[4]

소비자물가지수	6.4배
주가지수	7.8배
지가지수	11.2배

[표1] 주요 지수의 변동(1976~2003)

| 지대소득을 어떻게 볼 것인가 |

땅값상승률이 주가상승률보다 훨씬 높았으며, 물가상승률의 거의 2배에 육박할 정도로 높았다는 사실은 부동산 투기가 우리 사회에서 가장 안전하게 큰돈을 벌 수 있는 지름길이라는 속설을 뒷받침하고 있다. 실제로 부동산 가격 상승 덕분에 떼돈을 벌어서 지금도 떵떵거리며 사는 사람들이 우리 주위에 즐비하다. 문제는, 부동산 가격 상승 탓에 큰 고통을 당하는 사람들이 이보다 훨씬 더 많다는 사실이다. 부동산 가격 상승처럼 이득을 본 사람과 손해를 본 사람의 명암이 극명하게 갈리는 경우도 별로 없을 것이다. 일반 서민의 입장에서 보았을 때 부동산 가격 앙등으로 인한 가장 심각한 문제는 주거 불안이다. 너무 비싼 집값, 전세, 월세 탓에 살 곳이 없어서 이리저리 쫓겨다녀서는 결코 안정된 생활을 할 수가 없다. 심지어 자살 소동까지 벌어진다. 주거 안정은 생활 안정의 기본이다. 어느 학자는 다음과 같이 쓰고 있다.

> 집 없는 가정, 특히 다섯 평 이하의 단칸방에서 살고 있는 수백만 명의 설움은 필설로 다 표현할 수 없다. (…) 집을 두 채 이상 가지고 있는 사람은 천국이 따로 없다. 바로 이 나라가 그들의 낙원이다. (…) 집 없는 사람들에게는 지옥이 따로 없다. 바로 이 나라가 지옥인 것이다.[5]

부동산 투기가 극성을 부리면서 부동산 투기꾼에 대한 성토로 온 나라가 일 년 내내 시끄러웠던 1980년대 후반, 경제정의실천연합(경실련)이라는 시민단체가 부동산 투기를 근절함으로써 우리 사회에 경제 정의를 구현하자는 구호를 내걸고 급부상하였다. 부동산 문제가 곧장 사회정의의 핵심 문제로 비화되었다. 위에 인용한 글은 이 단체를 주도하던 경제학자들의 책에서 뽑은 것이다.

집값이 일반 서민들 가계에 얼마나 큰 경제적 부담인지를 보여주는 한 가지 지표는 연소득 대비 주택 가격의 비율·PIR: Price to Income Ratio 인데, 2003년 이 비율이 6.2였다. 다시 말해서 주택 가격이 연간 소득의 6.2배라는 것이다. 우리나라에서는 부동산 가격이 소득보다 더 빠르게 높아지기 때문에 PIR도 해마다 높아져서 2006년에는 전국 평균 6.5, 서울의 경우 9.8에 이르렀다. 유엔 산하기관인 유엔인간거주정착센터UN HABITAT는 3 내지 5를 적정 수준으로 보고 있다는데, 우리나라의 PIR은 이 기준을 훨씬 초과하고 있다. 〔표2〕를 보면, 우리나라의 PIR은 프랑스나 독일보다 상당히 높으며, 특히 미국과 영국에 비해서는 2배 이상인 것으로 나타났다. 심지어 땅값, 집값이 비싸기로 유명한 일본보다도 높다.

	한국 (2003)	미국 (2000)	영국 (2000)	프랑스 (1999)	독일 (1997)	일본 (2002)
PIR	6.2	3.3	3.4	5.1	5.1	5.8

자료: 다음 문헌에서 인용. 이정전 외(2005),《국가균형발전을 위한 토지정책방향 연구》, 한국토지공사.

[표2] 주요국의 연소득 대비 주택 가격 비율(PIR)

PIR이 높다는 것은 그만큼 주택 마련에 오랜 시간이 걸린다는 뜻이기도 하다. 대한민국의 평균 봉급생활자가 월급을 아껴서 저축한 돈을 모아 110m²(33평)형 집을 사려면 평균 18년이 걸리며, 서울에 있는 똑같은 평수의 아파트를 사려면 30년이 걸린다고 한다.[6] 집 장만을 위해서 죽도록 고생해봐야 서울에서는 검은 머리가 파뿌리가 될 즈음에야 겨우 집 한 칸 마련한다는 이야기이다.

부동산 가격이 비싸다는 것 자체도 화가 날 일이지만, 서민들을 더욱더 화나게 하는 것은 가만히 앉아서 꼼짝없이 당하기만 한다는 점이다. 서민들의 뜻과는 전혀 상관없이 부동산 가격은 미친 듯이 올라가기만 한다. 아파트값이 올라가면 집 없는 수많은 서민들은 내 집 마련의 꿈이 점점 더 멀어지면서 참담함을 느끼게 된다. 열심히 돈을 모아서 집 한 칸 마련하려고 복덕방에 가봐야 이미 턱없이 올라버린 집값에 입을 다물지 못하고 좌절감을 씹으며 맥없이 발길을 돌려야 한다. 그러기를 수없이 반복하다 보면 화가 치밀 수밖에 없다.

많은 사람들이 우리나라의 부동산 가격은 '미친 가격'이라고 말한다. 부동산 투기 열풍이 극심할 때는 우리 사회 전체가 '미친 사회'라는 말까지 나왔다. 부동산 투기의 성행은 우리 사회에서 빈부격차를 가속화시키는 주된 요인이자 서민들의 상대적 박탈감을 조장하는 주된 요인이 되었다. 국민의 대다수를 차지하는 서민들을 비참하게 만들고 죽도록 고생하게 만드는 가격이 과연 정당한 가격인가? 그런 미친 가격이 판치는 자본시장을 과연 정의롭다고 말할 수 있을 것인가? 미친 사회가 정의로울 수는 없다.

그러면 도대체 누가 부동산 가격을 그토록 올려놓았는지에 분노의 화살이 쏠리게 된다. 다른 상품과는 달리 부동산은 워낙 비싸기 때문에 상당한 재력을 지닌 사람이 아니면 부동산시장에 감히 참여할 수 없다. 오직 돈 많은 사람들만 부동산시장에 참여하게 된다. 서민들은 감히 끼지도 못한다. 부동산시장에서 일반 서민들은 기회균등의 원칙이 실종되었음을 뼈저리게 느끼게 된다. 사실 돈 많은 사람들이 부동산을 사는 것이야 별 시빗거리가 되지 않는다. 문제는 이들 중에 순전히 시세차익으로 일확천금을 노리는 투기꾼과 복부인들이 너무 많이 끼어 있다는 것이다. 대한민국의 부동산 가격은 바로 이런 사람들이 높였다는 인식이 널리 퍼져 있다. 당장 서민들은 살 집이 없어서 쩔쩔 매는데, 그런 사람들의 가수요 때문에 땅값과 집값이 천정부지로 오르고 있으니 부동산 투기꾼들이 사회적 지탄의 대상이 되지 않을 수 없다.

부동산은 일반 상품과 다르다. 예를 들어서 아이스크림 가격이 오르면 덜 사 먹거나 안 먹으면 그만이다. 소비자들이 적절히 대응할 수 있다. 그러나 땅값이나 집값에 대해서는 이야기가 완전히 달라진다. 집값이 뛰고 전세, 월세가 오른다고 해서 집을 포기하고 길거리에 나앉을 수는 없다. 전세, 월세가 오르면 대부분의 서민들은 그 경제적 부담을 꼼짝없이 당할 수밖에 없다. 빠져나갈 구멍이 없다. 물론 더 싸구려 집으로 이사 갈 수 있다. 그러나 새집을 찾기도 쉽지 않고 이사 가는 비용도 만만치 않을 뿐더러 더 비좁은 집에서 살아야 하는 불편이 이만저만이 아니다. 정든 이웃들과 헤어져야 하는 아픔도 적지 않다.

| 부자는 어떻게 더 부자가 되는가

투기꾼들 때문에 부동산 가격이 올라간 결과 엉뚱한 서민들이 피해를 보듯이 특정인들이 가격을 올림으로써 제3자가 당하는 피해를 경제학자들은 '금전적 외부효과'라고 한다. 좀 더 정확하게 말하면, 금전적 외부효과란 가격을 통해서 간접적으로 제3자에게 끼친 피해나 이득을 말한다. 경제학 교과서는 금전적 외부효과에 대하여 간단하게 언급만 할 뿐이며 경제학자들도 이를 문제 삼지 않는다. 가격 변동에 각 개인이 적절히 대응할 뿐만 아니라 당연히 그래야 한다고 보기 때문이다. 가격 변동에 적응하는 과정에서 개인이 당하는 고통은 따지지 않는다. 아마도 다른 대부분의 보통 상품의 경우 가격 변동에 적응하는 고통이 그리 크지 않을 것이다.

그러나 부동산의 경우에는 전혀 그렇지 않다. 부동산 가격 상승은 비단 개인에게 큰 경제적 부담을 줄 뿐 아니라 사회불안의 주된 요인이 된다. 그럼에도 불구하고 경제학자들, 특히 보수 성향 경제학자들은 이를 대수롭지 않게 생각한다. 대부분의 서민들이 부동산 문제를 사회정의의 차원에서 보는데 반해서 보수 성향 경제학자들은 시장원리의 차원에서 이 문제를 보면서 수요-공급의 논리를 편다.

순전히 수요-공급의 차원에서만 부동산 문제를 보면, 우리나라의 비싼 부동산 가격은 시장 원리의 당연한 결과이며 지극히 자연스런 현상이다. 비좁은 국토에 많은 인구가 몰려 있고 경제활동이 집중되어 있으니 땅값이 비싼 것은 당연하다. 땅값이 비싸다는 것은 땅을 아껴 쓰라는 신호인데 정부의 각종 부동산 규제로 땅값 상승을 억지로 끌어내리려 하는 것은 시장원리에 위배된다. 보수 성향 경제학자

들은 시장원리에 따라 자연스럽게 형성되는 땅값이나 부동산 가격을
놓고 부당하다느니 정의롭지 못하다고 떠드는 것은 감정에 치우친
비합리적 행동이라고 본다.

그러나 보수 성향 경제학자들의 이런 태도는 사회적 정서와 동떨
어진 것일 뿐만 아니라 현실적이지도 못하다. 이들의 수요-공급 논
리는 투기-지가 상승(혹은 투기-부동산 가격 상승)의 악순환을 외면하
고 있다. 전통적 수요-공급의 틀로는 가수요를 설명하기가 무척 껄
끄럽기 때문이다. 그래서 2008년 미국발 세계경제 위기가 터지기 전
까지만 해도 보수 성향 경제학자들은 거품 그 자체를 인정하지 않거
나 대수롭지 않게 보았다. 현장에서 활동하는 대부분의 부동산 전문
가들은 부동산 투기가 우리나라 부동산 가격의 고공행진을 이끌어온
주된 요인이며 이미 부동산 가격에 거품이 많이 끼었다고 생각한다.
일반인들도 그렇게 믿고 있다. 그럼에도 불구하고 정작 보수 성향 경
제학자들은 좀처럼 이런 현실을 인정하려고 하지 않았다.

1990년대 초반 일본에서 부동산 가격 거품이 갑자기 꺼지면서 기
세등등하던 일본 경제가 20년 가까운 장기정체의 늪에 빠지는 과정
을 보고도 이로부터 교훈을 얻지 못했다. 오히려 미국의 보수 성향
경제학자들은 일본을 비웃으면서 미국의 첨단 금융 제도를 도입하라
고 압력을 넣었다. 그러다가 막상 미국에서 부동산 가격의 거품이 꺼
지면서 그토록 자랑하던 미국의 금융 제도가 하루아침에 무너지고
이것이 세계경제의 위기로 이어지자 경제학계 전체가 한 치 앞도 못
보는 무능한 집단이라는 욕을 뒤집어쓰기에 이르렀다.[7]

부동산 가격 거품의 붕괴가 일본 경제를 망치고, 이어서 세계경제
위기를 몰고 왔음에도 불구하고 이를 대수롭지 않게 여겼던 보수 성

향 경제학자들의 태도는 이들이 틈만 나면 인용하는 경제학 창시자들, 이를테면 애덤 스미스와 데이비드 리카도D. Ricardo를 비롯한 고전학파 경제학자들의 가르침을 깡그리 무시하는 행동이다. 고전학파 경제학자들은 부동산소득을 불로소득으로 간주하였다. 부동산소득은 일종의 잉여로서 생산에 아무런 기여를 하지 않으면서 가만히 앉아서 얻은 소득이라는 것이다. "지주는 심지는 않고 거두기를 좋아한다."[8] 애덤 스미스가 《국부론》에서 한 말이다. 오늘날의 경제학은 자본소득을 적극 옹호하기 위한 이론적 무기가 되고 있지만, 원래 경제학은 자본소득을 비판하면서 출범하였으니 아이러니이다.

경제학에 불로소득이라는 용어는 없다. 그 대신 지대地代라는 용어가 있다. 경제학적으로 말하면, 불로소득에 해당하는 부동산소득은 일종의 지대이다. 쉽게 말해 지대란 지불하지 않아도 되는, 공연히 지불하는 돈을 말한다. 예를 들어보자. 언론에 보도된 바로는 인기 연예인들의 몸값이 수십억 원에 이른다. 왜 이들의 몸값이 이렇게 비쌀까? 인기 연예인의 수는 한정되어 있는데 이들을 놓고 온갖 연예 기획사들이 치열하게 경쟁하기 때문이다. 인기 절정의 여배우의 경우에는 드라마 한 편당 출연료가 수천만 원이라고 한다. 이런 현상을 어떻게 볼 것인가?

어떤 인기 여배우가 연 10억 원의 소득을 올리고 있다고 하자. 이 중에서 7억 원을 정부가 세금으로 징수할 경우에는 이 여배우가 종전과 다름없이 연예 활동을 계속하지만, 그 이상을 징수할 경우에는 배우 생활을 그만두고 회사원으로 취직하는 게 낫다는 결정을 내리게 되고 그때문에 일반 대중은 그녀를 다시 볼 수 없게 된다고 하자. 7억 원보다 더 많은 세금을 부과하면 여배우의 팬들과 영화를 즐기는 일반 대중들이 그녀의 연예 활동을 보지 못하는 피해를 입게 된다. 그렇다면 일반 대중에게 그런 피해를 주지 않으려면 그녀에게 7억 원보다 더 많은 세금을 부과해서는 안 된다. 뒤집어 말하면 여배우에게 7억 원의 세금을 부과해도 영화를 즐기는 일반 대중들에게 아무런 지장을 주지 않는다는 이야기이다. 그렇다면 여배우의 소득 10억 원 중에서 7억 원은 주지 않았어도 되는, 공연히 준 돈인 셈이다. 따라서 이 7억 원은 지대에 해당한다. 인기 연예인의 수가 한정되어 있을 경우에는 이들에 대한 치열한 경쟁으로 그들의 몸값이 2배, 3배 뛴다고 해도 그 수가 늘어나지 않는다. 이들의 지대소득만 불어날 뿐이다.

애덤 스미스의 뒤를 이어 경제학을 이론적 반석 위에 올려놓은 리카도는 이와 비슷한 논리를 토지에도 적용하였다. 예를 들어서 대한민국의 땅값이 2배로 뛴다고 하자. 그렇다고 대한민국의 국토가 늘어나는 것은 아니다. 1976년부터 2003년 사이에 우리나라의 땅값이 전반적으로 12배 가까이 뛰었지만, 국토 면적은 거의 늘지 않았다. 땅값이 오를 때마다 국토 면적도 늘어난다면 얼마나 좋을까. 다른 보통 상품의 경우에는 가격이 올라가면 공급이 늘어난다. 라면 가격이 오르면 라면 공급량이 늘어나고, 빵 가격이 오르면 빵 공급이 늘어나며, 채소 가격이 오르면 채소 공급량이 늘어난다. 공급이 늘어나면 소비도 늘어나기 때문에 그만큼 국민의 복지 수준도 높아진다.

하지만 토지처럼 공급량이 한정되어 있을 경우에는 가격이 올라봐야 실물적으로 국민경제에 아무런 기여하는 바가 없다. 그렇다면 땅값 상승이 무슨 의미가 있는가? 단지 투기꾼들의 재산만 불려줄 뿐이다. 부동산 가격이 오르면 부동산 투기꾼들은 국민경제에 아무런 기여하는 바 없이 가만히 앉아서 시세차익을 즐기는 반면, 수많은 서민들은 고통스런 삶을 짊어지게 된다. 그런 가격이 과연 정당한 가격인가를 심각하게 묻지 않을 수 없다.

정의의 차원에서 부동산소득에 관해서 첫 번째로 제기된 학계의 해묵은 비판은 그것이 불로소득이라는 것이다. 열심히 일하기보다는 부동산 투기가 더 큰 돈벌이가 되는 우리의 현실을 개탄하면서 어느 철학자가 질문하였다. "피땀 흘려 얻은 노력소득보다 투기를 통해서 얻은 불로소득이 몇 배나 큰 이런 경제 현상은 과연 정의로운가?" "과연 노력소득에 대한 과세율이 불로소득에 대한 과세율보다 현격하게 높은 조세정책은 정의로운 것일까?"⁹

| 리카도와 맬서스 |

애덤 스미스와 리카도는 지대소득을 불로소득이라고 낙인찍고 지주계층을 사회적 기생충으로 매도하였다. 리카도는 여기에서 한술 더 떠서 지대소득의 지속적 증가가 자본주의 경제를 망치는 주된 요인이라고 주장하였다. 이 주장이 그의 유명한 장기정체이론의 핵심이다. 일본의 장기침체나 미국발 금융위기 이후의 세계경제 침체를 보면 이 말이 그리 틀린 것은 아닌 것 같다. 보통 경제학이라고 하면 자본주의 체제를 옹호하는 이론이요 자본주의의 장래에 대하여 낙관적인 시각을 가지고 있는 학문으로 알고 있다. 그러나 아이러니하게도 애덤 스미스나 리카도 등 경제학 창시자들은 자본주의의 미래를 매우 어둡게 보았다. 리카도는 어느 누구보다도 자본주의의 몰락을 논리적으로 잘 설명하였기 때문에 그의 시각은 더 비관적으로 비쳐진다. 이런 연유로 경제학이란 학문이 '음울한 과학dismal science'이라는 별명을 얻게 되었는데 이런 별명을 얻게 만든 장본인이 바로 리카도이다. 리카도의 이야기를 들어보면, 자본시장에서 빚어지는 문제는 단순히 정의 차원의 문제가 아니라 나라의 흥망에 직결된 문제로 비쳐진다.

그러면 왜 자본주의 경제의 장래를 그렇게 비관적으로 보게 되었을까? 애덤 스미스와 리카도는 장기에 걸친 이윤율 저하에서 원인을 찾고 있다. 애덤 스미스는 이윤율 저하의 원인을 두루뭉술하게 설명하였지만, '경제학 스승의 스승'이라는 별명답게 리카도는 치밀한 이론에 입각해서 논리적으로 설명하였다.

그는 자신의 지대론과 토머스 맬서스Thomas Malthus의 인구론을 두 축으로 삼아서 자본주의의 미래를 점치는 거대 이론을 개발하였다. 이 이론에 의하면 인구와 경제활동이 계속 늘어나면 생산비가 계속 오르면서 상품의 가격도 뛴다. 거의 모든 상품이 토지에서 생산되기 때문에 상품의 가격이 뛰면 땅값도 뛰기 마련이다. 땅값이 뛴다는 것은 지대소득이 증가한다는 뜻이다. 생산비가 오르고 지대소득이 늘어나면 결과적으로 이윤율은 떨어질 수밖에 없고 자본가의 투자 의욕이 꺾이면서 드디어는 더 이상 자본 축적이 없는 상황이 오게 된다.[10] 이윤율이 0으로 떨어지면 드디어 경제성장은 멈추고 노동 수요의 증가도 없고 인구도 더 이상 늘어날 수 없는 한계 상황, 즉 장기정체 상황에 이르게 된다.

물론 경제성장이 멈춘다고 해서 자본주의 경제가 곧장 절단 나는 것은 아니다. 자본축적이 없이 단순재생산이 지속되는 자본주의가 불가능한 것은 아니다. 그러나 자본주의 속성상 경제성장이 없는 자본주의는 현실적으로 용납되지 않는다. 어쩌면 경제성장이 없는 상태를 가장 용납하지 못하는 체제가 자본주의라고 말할 수도 있다. 우선 경제성장으로 인한 물질적 풍요가 자본주의를 정당화함에 있어서 매우 유용한 구실이 되고 있으며, 자본주의 사회에 내재한 구조적 불평등과 모순을 은폐하는 효과적인 장막이 되고 있다. 경제성장을 통해서 앞으로 언젠가는 누구나 잘살게 된다는 희망을 가지게 함으로써 한편으로는 소외 계층의 불평을 무마하며, 다른 한편으로는 일부 자본가계급의 엄청난 사치와 낭비를 선망의 대상으로 미화시킨다.

또한 경제성장은 자본가들 사이의 치열한 경쟁과 이로 인한 갈등을 완화시키는 데 크게 도움이 된다. 생산과 판매가 늘어나면 각 자본가는 자신의 이윤 추구를 위해서 다른 자본가를 짓밟아야 할 절박성이 그만큼 약화되기 때문이다. 그런데 만일 이윤율이 떨어져서 자본축적이 저조해지고 경제성장이 멈춘다면, 윈-윈win-win의 상태가 제로섬의 상태로 바뀐다. 그러면 자본가들 사이의 다툼과 분열도 심해질 수밖에 없다. 자본주의를 정당화하는 구실도 없어지게 되며 계급 갈등은 심해진다. 이렇게 되면 국가는 체제 유지를 위한 각종 억압적 기제를 동원하면서 돌파구 마련에 부심하게 된다. 이 과정에서 엄청난 사회적 희생과 경제적 낭비가 발생함은 여러 자본주의 국가들이 수없이 경험해온 바이다.

리카도가 살던 당시 영국에는 땅값이 갑자기 올라서 돈방석에 앉은 사람들이 유난히 많았다. 우리나라와 비슷했던 모양이다. 리카도는 자신이 주식 투자의 귀재이자 대지주였기 때문에 지가 상승으로 톡톡히 재미를 보았다. 역대 경제학 대가들 중에서 돈을 가장 많이 벌었던 경제학자를 꼽는다면 리카도와 케인스J. M. Kenyes가 빠지지 않을 것이다. 돈을 많이 벌었다든가 유머 감각이 뛰어났다든가 사람들과 잘 어울렸다든가 상아탑에 안주하지 않았다는 점에서 이 두 사람은 아주 비슷하였지만, 출신 배경은 전혀 달랐다. 케인스는 부유한 명문가 태생인 데다가 명문 대학 출신이었지만, 리카도는 천대받던 유대인 가문 태생인 데다가 어려서부터 장바닥에서 떠돌던 장돌뱅이 출신이었다. 그러니 대학 문턱에는 가보지도 못했다.

그러나 장바닥 신세로부터 당대 최고의 부자, 최고의 석학, 그리고 열정적 정치가에 이르기까지 다양한 체험을 했던 탓인지 리카도는 왜 어떤 사람은 가난하고 어떤 사람은 부자가 되는지에 대하여 각별한 관심을 가졌다. 그래서 그는 그의 주저인 《정치경제학과 조세의 원리》의 첫머리에서부터 그 이유를 밝히는 것, 다시 말해서 소득분배를 결정하는 요인에 대하여 적절한 대답을 주는 것이 경제학이라는 학문이 반드시 풀어야 할 가장 중요한 숙제라고 주장하였다.[11]

비록 거부巨富였지만, 리카도는 거드름 피우면서 돈이나 펑펑 써대는 속물이 아니었다. 사려 깊으면서도 행동하는 부자였다. 대개의 백만장자들은 자신이 똑똑하고 유능해서 돈을 벌었다고 생각한다. 그리고 일단 돈을 번 다음에는 기득권을 지키기 위해서 기존 질서를 옹호하고 찬양하기에 바쁘기 마련이다. 리카도처럼 문제를 지적하고 개혁을 주장하기는 무척 어려운 법이다. 어느 교수의 말대로 백만장자가 사회 개혁을 부르짖고 다니는 광경은 매우 드문 일이다.[12] 리카도는 '부자 급진주의자'라는 평을 들을 만큼 사회 개혁을 열심히 지지한 정치가였고, 애덤 스미스에 이어 경제학의 기초 이론을 공고히 다진 대학자였으며, 재치 있는 유머로 주위 사람들을 늘 즐겁게 해주었던 사교계의 왕이요, 뜻을 달리하는 사람들의 말에도 귀를 기울일 줄 아는 열린 마음의 지성인이었으며, 어려움에 처한 친구를 알뜰히 보살필 줄 아는 인정미 넘치는 신사이기도 하였으니 그만큼 멋있고 인격적으로 존경받을 만한 경제학자는 아마도 다시 보기 어려울 것이다. 리카도야말로 오늘날 우리나라 부자들의 귀감이며 지성인, 특히 경제학자의 귀감이다.

리카도는 자신과 적대적인 관계에 있는 학자의 주장이라도 일리가 있다고 생각하면 과감하게 받아들였다. 맬서스와 리카도는 공적으로는 곡물조례를 비롯한 수많은 경제문제를 놓고 사사건건 심하게 언쟁하였다. 그도 그럴 수밖에 없는 것이, 리카도는 경제학의 주류를 주도하는 대가이고 맬서스는 비주류에 속한 뻐딱한 교수였기 때문이다. 리카도는 늘 맬서스의 공리공담을 비아냥거렸다. 비록 공적으로는 적대 관계에 있었지만 사적으로 이 두 사람은 이상할 만큼 평생 각별하게 가까이 지낸 친구였다.

앞에서 언급하였듯이 리카도는 맬서스의 인구론을 자신의 거대 이론의 한 축으로 삼았다. 정치가이자 사업가로서 큰손이기도 하였던 리카도는 맬서스를 경제적으로 많이 도와주었다. 한번은 리카도가 영국 정부의 채권을 대량으로 매입해서 그 절반을 맬서스에게 주었다. 나폴레옹과의 전쟁으로 영국의 경제 상황이 불안해지자 덜컥 겁이 난 멍청이 맬서스는 리카도의 만류에도 불구하고 그 채권을 팔아버렸다. 그러나 채권 가격이 떨어지기는커녕 몇 곱절 오르면서 맬서스는 땅을 쳤고 리카도는 또다시 큰돈을 벌었다. 리카도는 죽으면서 많은 유산을 맬서스에게 남기기도 하였다. 평생 편지를 주고받으며 학문적 담론을 즐겼고 따뜻한 우정을 나누었다. 이 두 사람의 관계는 관포지고管鮑之交를 연상케 한다.

| 토지 사유권 논쟁 |

부동산 문제에 관해 정의의 차원에서 거의 빠짐없이 나오는 논쟁거리는 부동산 소유, 특히 토지 소유의 극심한 불평등이다. 비록 부동산소득이 불로소득이기 때문에 사회적으로 바람직하지 못하다고 해도 만일 모든 국민이 국토를 고르게 나눠 가지고 있다면, 부동산소득도 고르게 분배될 것이니 불로소득의 문제가 좀 덜 사악해 보일 것이다. 그러나 토지의 소유가 특정인들에게 집중되어 있으면 부동산소득 역시 그 특정인들에게 집중되면서 심한 빈부격차를 낳게 된다. 그것이 불로소득이면 문제는 더욱더 심각해진다.

토지 소유는 극히 편중되어 있다. 우리나라 땅 부자 가운데 상위 10%가 우리나라 사유지의 98.3%를 가지고 있다는 말을 들으면 대부분의 서민들은 크게 놀라며 분노한다.[13] 해도 해도 너무한다는 말이 나온다. 일반적으로 재산의 불평등은 소득의 불평등보다 훨씬 더 심하다. 불평등의 정도를 나타내는 지표로 5분위 배율이라는 것이 있다. 재산 5분위 배율은 재산을 많이 가진 순서로 나열했을 때 상위 20%에 속하는 사람들이 가진 재산의 평균 금액을 하위 20%에 속하는 사람들이 가진 재산의 평균 금액으로 나눈 값이며, 소득 5분위 배율은 소득이 높은 순서로 나열했을 때 상위 20%에 속하는 고소득 계층의 평균 소득을 하위 20%에 속하는 저소득 계층의 평균 소득액으로 나눈 값이다. 2005년 우리나라의 재산 5분위 배율은 19.5였고 소득 5분위 배율은 5.4였다.[14] 즉 소득으로 따져서는 상위 20% 부자는 하위 20% 가난뱅이에 비해서 5.4배 부유하지만, 재산으로 따지면 상위 20% 부자는 하위 20% 가난뱅이에 비해서 약 20배 부유하다는 뜻이니, 재산상의 빈부격차가 소득상 빈부격차의 4배에 달하는 셈이다.

토지 소유의 편중에 대한 국민의 강한 거부감 밑바탕에는 자연적으로 주어진 대한민국 국토에 대해서는 모두가 동등한 권리를 가지고 있다는 정서가 짙게 깔려 있다.[15] 대한민국 금수강산은 하늘이 우리 국민에게 내린 은총이며 대자연의 무상공여물이라는 것이다. "주지하는 바와 같이 토지는 원래 자연 형태로 존재하는 것이며, 누구에게도 소유권이 귀속될 수 없는 유한한 공동 자원이다"라는 어느 도시계획가의 말은 이런 국민적 정서를 잘 반영하고 있다.[16] 대한민국 사람 어느 누구도 이 금수강산이 세상에 존재하도록 만드는 데에 털끝만치도 기여한 바가 없다. 토지뿐만 아니라 모든 대자연의 은총에 관해서는 모든 국민이 똑같이 즐길 자격이 있다는 원초적인 생각이 국민들의 마음속에 깊이 뿌리박고 있다.[17]

재산권에 대한 역사적 논쟁에 비추어 볼 때, 어떤 것이 내 것임을 입증하는 가장 강력한 근거는 그것이 내 노력의 산물임을 보이는 것이다. 하지만 이 세상에는 토지를 만든 사람은 없다. 기껏해야 토지의 생산성을 높였을 뿐이다. 그렇다면 생산성이 높아진 부분에 대해서만 권리를 주장할 수 있지 토지 그 자체에 대한 배타적 소유권을 요구할 수는 없다. 그러나 우리의 현실은 이런 주장과 거리가 멀다. 마치 공기가 우리에게 공짜로 주어졌듯이 사회 전체적으로 보면 토지 역시 우리에게 공짜로 주어진 것임에도 불구하고 한쪽에서는 땅이 없어서 이리저리 쫓겨 다니는 사람들이 우글거리는가 하면 다른 한쪽에서는 순전히 땅 투기로 돈을 엄청 벌어서 떵떵거리며 사는 사람이 존재하는 현상은 그 이유야 어떻든 결과적으로는 참으로 이해하기 힘들다.

그런데도 땅을 가진 사람들은 마치 그 땅을 자기가 만들거나 한 것처럼 강하게 소유권을 주장한다. 1989년 토지공개념법은 개인이나 법인이 소유할 수 있는 택지의 규모를 법적으로 제한하는 소위 택지소유상한제를 규정하고 있다. 이 법이 채택되었을 때 토지 소유 계층의 강력한 반발이 있었고 결국 위헌 시비까지 일어났다. 이때 원로경제학자이기도 했던 당시 부총리는 영국의 사상가이자 고전경제학의 완성자이기도 한 존 스튜어트 밀J. Stuart. Mill의 말을 인용하면서 위헌론을 반박하였다.[18] 밀이 말하기를, "인간이 스스로 만들어낸 것에 대한 사유재산권은 최대한 보장되어야 하나, 토지란 인간이 만들어낸 것이 아니므로 그에 대한 제한이 자유시장경제와 배치되는 것은 아니다." 그럼에도 불구하고 1997년 심한 경기 불황과 IMF 구제금융 조치 이후 경기를 활성화한다는 명목으로 택지소유상한제가 폐지되었다.

그러나 보수 성향 경제학자들은 토지의 사유권에 흠집을 내는 그 어떤 주장도 강력하게 거부한다. 국토가 대자연의 무상공여물이라는 주장에 이들은 펄쩍 뛴다. 땅을 가지고 있는 사람에게 물어보면, 피땀 흘려 고생해서 번 돈으로 땅을 샀다고 말한다. 그러니 어떻게 땅이 공짜일 수가 있는가. 물론 사회 전체의 시각에서 보면 대한민국의 땅은 분명히 하늘에서 우리에게 공짜로 떨어진 것이라고 말할 수도 있다. 그렇다고 해서 대한민국의 땅을 국민 모두가 똑같이 한 조각씩 나누어 가지는 것은 지극히 어리석은 짓이라고 보수 성향 경제학자들은 질타한다. 이들의 최대 관심사는 비좁은 대한민국의 국토를 어떻게 효율적으로 잘 이용할 것인가이다. 중요한 것은 우리의 현실이다. 토지를 이용할 수 있는 능력이 사람마다 다르다. 땅을 잘 이용할 줄 아는 유능한 사람이 있는가 하면 땅을 주어봐야 엉망으로 이용하는 무능한 사람도 있다. 그런데도 대한민국의 땅을 모두가 똑같이 나누어 가지는 것이 합리적이냐고 보수 성향 경제학자들은 묻는다.

개인의 능력도 중요하지만 보다 더 중요한 것은 이른바 규모의 경제다. 즉 한 사람이 관리할 수 있는 땅의 규모가 클수록 생산 단가가 낮아지고 생산성이 높아지는 경우가 무척 많다. 대한민국 땅을 대한민국 국민이 똑같이 나누어봐야 한 사람당 700평도 안 되는데, 이것밖에 안 되는 땅에 기계와 전문 경영 기법을 도입하여 농사를 짓는다는 것은 우스운 일이다. 적어도 수백만 평은 되어야 기계화와 전문경영을 통해서 생산 단가를 크게 낮출 수 있다. 그러므로 토지 소유의 형평성만 강조해서 국토를 똑같이 나누어 가지다 보면 토지 이용의 효율이 떨어지고 경제성장도 잘 이루어질 수 없다. 결과적으로 모든 사람이 가난해지게 된다. 그렇다면 약 3,800만 필지로 나누어진 대한민국 땅을 어떻게 하면 가장 효율적으로 이용할 수 있을까? 보수 성향 경제학자들의 대답은 간단하다. 토지를 잘 이용할 수 있는 유능한 사람들에게 그 땅을 몰아주는 것이다.

여기에서 효율과 형평 사이의 전형적인 충돌을 보게 된다. 모든 국민이 고르게 살도록 하기 위해서는 토지 소유의 편중을 막아야 하겠지만, 한정된 국토를 효율적으로 이용하기 위해서는 소수의 유능한 사람들에게 토지를 몰아주어야 한다. 두 가지 상충된 가치를 어떻게 다룰 것인가. 한 가지 현실적인 절충안은 토지세를 부과하는 것이다.

즉 토지를 잘 이용할 수 있는 유능한 사람들에게 토지를 몰아주되, 이들이 토지 이용으로부터 획득한 수익의 일부를 세금으로 징수해서 토지를 가지지 못한 사람들에게 나누어 주는 방법이다. 이것이 각종 토지세를 부과하는 중요한 원초적 목적 중의 하나이다. 대부분의 자본주의 국가에서 토지세가 징수되고 있다는 사실은 이런 식의 소득 재분배에 대하여 상당한 정도의 국민적 합의가 있음을 반영한다.

그러나 이 절충안에 있어서 가장 큰 난점은 세율의 결정이다. 대한민국 국민 모두가 동등한 권리를 가지고 있는 토지를 유능한 사람들에게 몰아준다면, 이들이 올린 수익 중에서 얼마를 세금으로 걷어야 할까? 50%? 아니면 40%? 최소한 10% 이상이어야 하지 않을까? 그러나 이것은 꿈같은 이야기이다. 토지세 세율이 1%만 넘어도 조세 저항이 강하게 일어난다. 토지를 가진 사람들은 대체로 사회적으로 영향력이 큰 사람들이기 때문이다. 이들의 조세 저항은 정권의 안위를 좌우할 만큼 크다. 과거 노무현 정부가 종합부동산세를 신설하여 부동산 보유에 높은 세금을 부과하였을 때 부동산 부자들이 얼마나 세차게 반발하였으며 이들을 옹호하는 보수 성향 일간신문들이 얼마나 집요하게 노무현 정부를 성토하였는지를 보면 부동산 세금에 대한 조세 저항의 강도를 능히 짐작할 수 있다. 사실 대부분의 국가에서 토지세의 실효 세율이 1%에도 미치지 못하며 우리나라의 경우에는 이보다 훨씬 낮음에도 불구하고 토지 소유자들은 토지세에 거세게 반발한다.[19]

인류의 3,000년 역사에서 토지의 사유화가 사회적으로 인정된 때는 자본주의 경제 체제가 도입된 이후니까 불과 200년 내지 300년에 불과하다. 그럼에도 불구하고 우리나라를 비롯한 오늘날 자본주의 사회에서는 토지의 사유화가 당연시되면서 토지세의 원래 목적조차 망각되는 지경에 이르고 있다. 어떻든 자본주의 사회에서는 조세 저항이 너무 크기 때문에 토지세를 통한 소득 재분배 효과는 사실상 미미할 수밖에 없다고 보아야 한다. 토지 소유의 편중이 가져오는 극심한 불평등이 사회적 통합을 저해하고 사회적 불안을 조성하며 결국 경제적으로도 큰 손실을 초래한다는 점을 내세워서 철학자를 비롯한 많은 학자들이 사회정의의 차원에서 고율의 토지세를 지지하고 있지만, 땅 부자들의 강력한 저항을 꺾기에는 역부족이다.[20] 이것이 우리의 엄연한 현실이다.

| 자본시장에서 공정한 경쟁이 어떻게 가능한가 |

오늘날의 경제학자들, 특히 보수 성향의 경제학자들은 애덤 스미스를 깍듯이 대부로 모시고 있다. 어떤 경제학자는 《국부론》이 나온 1776년부터 비로소 서양이 동양을 앞지르기 시작하였다고 말한다. 그만큼 《국부론》이 자본주의 시장경제를 이론적으로 뒷받침하고 전파함으로써 서양 사회의 발전에 엄청나게 기여하였음을 뜻한다. 이런 점에서 애덤 스미스와 그의 추종자들은 오늘날의 입장에서 보면 골수 보수주의자 혹은 극우파라고 할 수 있다.

흔히 미국의 레이건 대통령과 영국의 대처 수상이 1980년대에 전 세계적으로 보수주의(신자유주의) 바람을 불러일으킨 장본인으로 꼽히는데, 레이건 대통령의 당선 축하 파티에 모인 공화당원들은 모두 애덤 스미스의 옆얼굴을 새긴 넥타이를 매고 있었다고 한다.[21] 그럴 정도로 애덤 스미스는 자본주의 체제의 상징이요, 오늘날 보수주의자나 신자유주의자의 우상이다.

그러나 애덤 스미스가 활동하던 당시에는 그를 비롯하여 그의 추종자들 대부분이 오늘날로 치면 체제를 부정하는 급진주의자 내지는 극좌파였다. 그렇다면 이들은 어떤 체제에 도전하였는가? 바로 중상주의이다. 애덤 스미스는 《국부론》에서 정경유착과 담합을 통한 상공업자들의 이윤 추구를 맹렬히 비난하였다. 사업하는 사람들은 모이기만 하면 으레 음모와 담합을 일삼는다는 말이 《국부론》에 나온다.[22] 비록 중상주의가 멀게는 500여 년 전, 가깝게는 250여 년 전 서구 사회를 지배하던 케케묵은 사상이라고는 하지만, 자본주의가 고도로 발달한 오늘날에도 애덤 스미스가 그토록 경계한 중상주의는 여전히 생생하게 살아 있다.

지금도 정경유착, 기업가들의 담합과 독과점에 대한 이야기가 언론매체를 통해서 끊임없이 흘러나온다. 상공업자의 이익을 국익과 동일시하는 풍조도 여전하다. 삼성의 이익이 곧 국익이요, 현대의 이익이 곧 국익이라는 말을 모두 한두 번씩은 들어봤으리라. 재벌이 잘되어야 국가가 발전한다는 식의 주장이 주요 경제단체를 중심으로 퍼져 나오고 있고 보수 성향의 경제학자들은 이런 주장을 이론적으로 뒷받침해주고 있다. 많은 경영 전문가들이 앞으로 승자독식의 무한 경쟁의 시대가 올 것이라고 말한다. 승자독식의 무한 경쟁은 자연히 독과점을 낳게 된다. 이것은 애덤 스미스가 극히 경계하였던 바이다. 그가 진정으로 바랐던 경쟁은 선의의 공정한 경쟁이었다.

그러나 오늘날 자본주의 시장, 그중에서도 특히 자본시장은 선의의 공정한 경쟁과는 거리가 한참 멀어 보인다. 흔히 자본소득은 부익부 빈익빈의 주된 원인이라는 지탄을 받고 있지만, 더욱 심각한 문제는 자본시장이 온갖 비리와 부정부패의 온상이라는 점이다. 지난 수십 년 동안 자본소득과 관련된 온갖 부정부패와 비리가 꼬리를 물고 터지면서 온 나라가 바람 잘 날이 없었고 그때마다 국민의 분노가 폭발하였다. 비자금과 정경유착, 각종 투기, 가격 조작, 회계 부정, 내부자 거래 등 온갖 부정부패와 비리가 자본소득과 연루되어 있다.

어느 사회에서나 자본소득에는 구린 데가 많은 법인데, 여기에는 그럴 수밖에 없는 여러 가지 근원적인 이유가 있다. 물론 인간의 끝없는 탐욕이 근원적인 원인이라고 볼 수 있다. 하지만 탐욕만 탓할 수는 없다. 그런 인간의 탐욕을 충족시키기 위한 온갖 부정한 수단을 자본시장이 다른 어떤 시장보다도 더 풍부하게 제공한다는 데에도 문제가 있다. 우선 자본시장에서 유통되는 상품들은 보통 상품들과 다르다는 점을 알아야 한다.

자본시장을 이야기할 때 특히 주목해야 할 부분은 불확실성이다. 자본시장에서 거래되는 상품의 가치는 미래에 대한 전망에 대단히 민감하다. 예를 들어서 5년 후 어느 지역에 전철역이 세워진다는 소문이 나면, 이 지역의 땅값은 5년 후가 아니라 지금 당장 올라간다. 내년에 선진국의 경제가 매우 나빠진다는 예상이 나오면 주가는 내년이 아니라 지금 당장 떨어진다. 이와 같이 자본시장에서 유통되는 상품의 가치가 미래에 대한 전망에 민감하지만, 미래는 불확실한 것으로 가득 차 있다. 요즘같이 빨리 변하는 세상에서 미래는 더욱더 불확실하다.

케인스는 자본시장이 불확실성으로 가득 찬 시장임을 누구보다도 잘 설명하였다. 그는 불확실성의 문제를 본격적으로 다룬 최초의 경제학자로 꼽힌다. 케인스 경제 이론이 기존의 경제학과 구별되는 가장 근본적인 특징을 하나 꼽으라고 한다면, 아마도 불확실성의 문제를 이론의 출발점으로 삼았다는 점일 것이다. 통상 위험한 것과 불확실한 것을 혼동하는 사람들이 많은데, 위험은 어느 정도 확률이 알려진 것임에 반해서 아예 확률조차 모르는 것은 불확실한 것이다. 따라서 불확실한 것에 대해서는 보험도 없다. 케인스는 경제에 관련된 수많은 주요 변수들이 불확실한 것이라고 보았다.

자본시장이 불확실성으로 가득 차 있다고 하면, 부동산이나 주식 등 자본시장에서 유통되는 상품의 가치 역시 대단히 불확실하고 유동적일 수밖에 없다. 그러니 어느 누구도 자본시장에서 유통되는 상품의 가치를 정확하게 알 수가 없고 이에 대하여 국민들 사이에 폭넓은 공감대가 안정적으로 형성될 수도 없다.

반면에 라면의 가치에 관해서는 대략 소비자들 사이에 공감대가 형성되어 있다. 라면 한 봉지의 가치는 대략 800원 정도라는데 대부분의 사람들이 동의한다. 이 가치에 큰 변동이 없으며, 시장에서 형성되는 가격이 가치를 비교적 잘 반영한다고 말할 수 있다. 그러나 부동산이나 주식이라면 이야기가 완전히 달라진다. 이런 것들의 가치를 대부분의 사람들이 잘 모른다. 심지어 자기가 소유하고 있는 땅의 가격, 자기가 살고 있는 집의 가격도 잘 모르는 사람들이 수두룩하다. 전문가들도 잘 모르는 경우가 허다하다. 가격이 가치를 잘 반영한다는 보장도 전혀 없다.

그럼에도 불구하고 부동산 투자나 주식 투자에 관심을 가지고 있는 사람들이 너무 많다 보니 마치 일기예보 하듯이 그 가치를 예보해주고 조언해주는 투자 전문가들이 인기를 끌고 있다. 하지만 이들의 예측도 틀리기 일쑤이다. 부동산 가치 추정에 있어서 국내 최고의 권위를 자랑하는 한국건설산업연구원의 주택 가격 전망을 예로 들어보자.

	예측	실제
2005년	3~5% 하락	4% 상승
2006년	4.7% 하락	13.8% 상승
2007년	1.6% 상승	3.1% 상승
2008년	4.5% 상승	3.1% 상승
2009년	10~5% 하락	1.5% 상승

[표3] 우리나라 주택 가격 전망[23]

〔표3〕은 우리나라 주택 가격에 대하여 한국건설산업연구원이 예측한 값과 실제 값을 비교하고 있다. 이 표를 보면, 한국건설산업연구원은 2005년에 주택 가격이 하락한다고 예측하였지만 실제로는 상승하였다. 2006년에도 하락을 예측하였지만 실제로는 반대로 매우 큰 폭으로 상승하였다. 2007년에는 소폭 상승을 예측하였지만, 실제로는 예측한 것의 2배에 가까운 큰 폭으로 상승하였다. 2009년에도 예측은 큰 폭의 하락이었지만, 실제로는 주택 가격이 상승하였다. 2005년부터 2009년까지 5년을 놓고 보면, 한국건설산업연구원은 2008년 한 해에 관해서만 비슷하게 예측하였을 뿐, 나머지 3년에 대해서는 실제와 정반대로 빗나간 예측을 내놓았다. 한국건설산업연구원 외에

도 부동산 전문가들이 많이 있지만 이들의 예측이 한국건설산업연구원의 예측보다 결코 낫다고 할 수 없다.

주가의 경우에는 예측이 더 어렵다. 주가는 특히 변동이 심하다. 어떤 때에는 두서너 배 뛰었다가 또 어떤 때는 절반 이하로 뚝 떨어지기도 한다. 특정 정치인이 차기 대통령으로 유력하다는 입소문이 퍼지면 그와 관련된 주식의 가격이 급등한다. 그러다가 그 정치인이 그 소문을 부인하면 급등하던 주가는 곤두박질친다. 사람들 사이의 입소문 하나로, 정치가의 말 한마디로 춤을 추는 주식 가격이 과연 기업의 참된 가치를 반영한다고 볼 수 있을까? 이렇게 변동이 심한 주가를 증권 전문가들이 과연 잘 예측할 수 있을까? 주가 예측은 만인의 관심사라서 그 예측의 정확도를 알아보는 실험이 상당히 많다.

가장 많이 인용되는 것은 증권 전문가와 원숭이 중에서 누가 더 투자를 잘 할까를 알아보는 미국 〈월스트리트저널〉의 실험이다.[24] 증권 전문가들은 경제학 교과서에 나온 대로 증시의 모든 자료를 이용해서 높은 수익이 예상되는 주식을 매입한 반면, 경제학을 모르는 원숭이들은 주식의 종목이 적힌 나무판에 다트를 던져서 매입할 주식을 결정하였다. 1998년부터 2004년까지 총 142회에 걸쳐 실험해보니 웃어야 할지 울어야 할지 모를 해괴한 결과가 나왔다. 증권 전문가들의 투자 수익률은 평균 3.5%에 불과한 반면 원숭이들의 평균 수익률은 무려 10.2%에 이르렀다. 증권 전문가들이 이에 불복하자 재대결이 벌어졌지만, 이때에도 역시 원숭이들이 승리하였다고 한다.

우리나라에서는 2002년 4명의 증권 전문가와 2마리의 침팬지가 대결을 벌였는데, 여기에서도 침팬지가 이겼다고 한다. 영국에서는 2001년에 영국과학진흥협회가 비슷한 실험을 하였는데 증권 전문가,

점성술사, 그리고 네 살 난 어린아이가 대결을 벌였다. 어린아이의 경우에는 그가 손가락을 대는 주식이 매입 대상으로 결정되었고, 점성술사는 회사의 역사를 바탕으로 주식을 매입하였다. 결과는 어린아이의 승리였다고 한다. 이때에도 증권 전문가들은 결과에 불복했다. 하지만, 재대결의 결과는 증권 전문가에게 더 망신스러울 뿐이었다. 아이가 다시 우승했음은 물론이고 증권 전문가는 점성술사보다도 못했다고 한다. 실험 이후 영국에서는 점성술에 대한 책이 큰 인기를 누렸고 점성술사들은 증권 투자 자문까지 하느라 더욱 바빠졌다.

동전 던지기보다도 못한 전문가의 예측

이런 실험에서 나타난 또 한 가지 이해할 수 없는 현상은, 예측력이 형편없음에도 불구하고 증권 전문가들은 자신들의 예측에 대하여 늘 확신에 차 있었다는 것이다. 어떤 실험에 의하면, 증권 전문가들의 자신감이 높을수록 예측 결과가 나빠지는 경향이 있었다. 이런 점에서 증권 전문가는 경제학자와 아주 비슷하다.

경제학자들은 경제학이라는 학문에 대하여 늘 자신감을 가지고 있다. 사회과학 중에서 경제학처럼 정교하고 논리적이며 일관성이 뚜렷한 학문은 없을 것이다. 경제학자들은 이 점을 아주 자랑스럽게 생각한다. 경제학이 너무 수학적이어서 비현실적이라는 비판이 끊임없이 나돌지만, 결국 이론의 우수성은 현실에 대한 예측력에 의해서 증명된다고 경제학자들은 늘 자신만만하게 주장한다. 수학과 통계학 그리고 컴퓨터 기법이 고도로 발달한 오늘날 대부분의 경제학자들은 케인스가 불확실하다고 말한 것들을 잘 인정하지 않는다.

여기에는 나름대로 이유가 있다. 과거의 추세와 현재의 상황을 종합하면 상당한 정도로 미래를 정확하게 예측할 수 있다고 자신하기 때문이다. 미래는 과거와 현재의 그림자에 불과하다는 생각이 이런 태도의 밑바탕에 깔려 있다. 물론 미래를 잘못 예측할 수도 있다. 하지만 인간은 실패로부터 교훈을 얻을 줄 아는 합리적 존재이다. 과거의 수많은 실패로부터 그 원인을 알아냄으로써 미래를 좀 더 정확하게 예측하는 이론들을 꾸준히 개발했다. 실패한 이론은 자연도태 되고 결국 매장되기 마련이므로 현재까지 살아남은 이론은 미래를 상당히 정확하게 예측한다고 많은 경제학자들이 자부하고 있다.

그러나 이런 자부심에 타격을 가함으로써 경제학자들을 크게 망신시킨 일대 사건이 바로 2008년 세계를 덮친 미국발 금융위기이다. 잘 알려져 있듯이 미국 금융시장 붕괴의 직접적 원인은 부동산을 바탕으로 한 각종 금융상품(이른바 파생금융상품)의 대량 개발 및 유통이었는데, 이 파생금융상품들은 이른바 금융공학 귀재들의 위험관리이론에 의거해서 개발된 것들이었다. 아무리 귀재들이 고도의 수학과 통계학 그리고 컴퓨터 기법을 동원해서 개발했다고 하지만, 결국 부동산 가격 거품의 붕괴와 더불어 휴지 조각이 되면서 2008년 미국 금융시장이 붕괴되었고 이어서 세계경제 위기가 터졌다. 그럼에도 불구하고 경제학자들은 이를 예측하지 못했고, "경제학을 리콜하라"는 요구가 터져나왔다.[25] 1930년대 대공황에 관한 연구로 박사 학위를 땄으며 경기변동에 관한 한 세계 최고의 권위자로 알려진 버냉키 미국 연방준비은행FRB 의장은 미국발 세계경제 위기 직전인 2007년에 부동산 거품이 금융 붕괴를 초래하는 일은 없을 것이라고 장담했다.

하지만 그의 큰소리는 어처구니없을 정도로 빗나가고 말았다.[26]

이번뿐만 아니라 1930년대의 대공황 때에도 경제학자들이 이를 예상하지 못했다는 것은 이미 잘 알려진 일이다. 대공황 직전까지 미국은 호황을 누리고 있었는데, 미국이 낳은 최고의 경제학자로 칭송받던 예일 대학의 어빙 피셔I. Fisher는 대공황이 바로 코앞에 닥쳐왔음에도 불구하고 미국 경제가 탄탄대로를 걷고 있으며 따라서 호황이 앞으로도 계속된다고 큰소리쳤다. 이 말이 떨어지기 무섭게 주식시장의 대폭락이 시작되었다. 그는 이것이 일시적 현상이며 곧 회복기에 들어설 것이라고 수차례 예측했지만, 그때마다 주식시장은 곤두박질쳤다. 경기변동 전문가들이 모인 하버드 대학의 경제연구회는 대공황이 이제 곧 끝난다고 수차례 큰소리쳤지만, 대공황이 10년간 계속되자 자진 해산하고 말았다.

2008년 세계경제 위기나 1930년대 대공황은 너무 큰 사건이어서 경제학자들이 예상할 수 없었다고 치자. 그렇다면 좀 더 규모가 작은 경제 현상에 대한 이들의 예측은 얼마나 정확할까? 그 정확도를 알아보는 연구도 적지 않다. 경제학자의 주된 예측 대상은 경기가 앞으로 좋아질지 나빠질지, 물가가 앞으로 올라갈지 내려갈지 등 주로 경제 시국의 전환에 관한 것이다.

어느 학자가 1970년대 초반 미국의 주요 경제단체들이 발표한 예측을 종합하고 분석하여 보았다. 그에 의하면, 총 48회 중에서 제대로 알아맞힌 경우는 딱 2회에 불과하였다고 한다.[27] 미국의 경우 1970년대 초반은 경제 격변기에 해당하기 때문에 정확한 예측이 무척 어려웠을 것이다. 하지만 비교적 안정기인 1980년부터 1995년까지의 기간 동안 미국 연방준비은행의 예측 성공률은 38%에 불과하였다고 한다. 이밖에도 다른 경제단체들의 예측을 분석한 연구들이 다수 있는데, 성공률이 50%를 넘는 경우가 거의 없었다. 요컨대 그렇게 정교하고 수학적임을 자랑하는 경제학자들의 예측은 동전 던지기보다 못하다는 것이다. 동전을 던지면 두 번에 한 번은 맞히지만, 경제학자의 예측은 이보다도 못하다.

흥하는 이웃이 있어야 나도 흥한다?

전문가들조차도 예측하지 못할 정도로 자본시장에서 유통되는 상품의 가격이 오르락내리락하는 또 한 가지 이유는, 불확실성의 효과가 이른바 '떼 짓기'를 통해서 증폭되기 때문이다. 불확실성 탓으로 자본시장에서 거래되는 상품의 참된 가치를 잘 모른다면, 자연히 남의 눈치 보기가 심할 수밖에 없다. 남들의 눈치를 보다가는 남 따라 행동하기 쉽다.

예를 들어 현재의 부동산 시세가 실제 가치보다 낮기 때문에 앞으로 오른다고 생각하는 소수의 사람들이 사재기를 시작하면 다른 사람들도 우르르 따라서 사재기에 가세한다. 그러면 애당초 사재기를 한 소수의 예상이 합리적이든 아니든 상관없이 결국 부동산 가격이 폭등한다. 현재의 증권 시세가 실제 가치보다 높기 때문에 앞으로 떨어진다고 생각하는 소수의 사람들이 보유 증권을 팔기 시작하면 다른 사람들도 우르르 따라서 투매를 하면서 결국 증권 시세가 폭락한다. 애당초 투매를 시작한 소수의 예상이 합리적이든 아니든 상관없다. 이와 같이 남 따라 우르르 달려드는 현상을 흔히 '떼 짓기'라고 하는데, 이것이 거품 형성의 원인이 된다.

조지 소로스나 워렌 버핏과 같은 재테크의 세계적 귀재들은 한결같이 이런 떼 짓기가 자본시장에서 빈번히 나타나는 현상임을 증언하고 있다. 거품이 붕괴되는 순간 떼 짓기에 연루된 수많은 기업과 개인들이 막대한 피해를 당하면서 경제 전체가 침체 속으로 빠져든다. 재테크 귀재들의 체험에서 우러나온 이 증언이 2008년 미국의 금융위기 때에도 여실히 증명되었다.

요컨대 자본시장에서 유통되는 상품의 가격이 폭등과 폭락을 거듭하는 주된 이유는 현 시세를 불신하는 사람들이 있고 이들에 동조하는 떼 짓기가 성행하기 때문이라는 것이다. 만일 라면의 경우처럼 부동산과 증권의 참된 가치를 국민들 대다수가 잘 알고 있으며 이에 대하여 폭넓은 공감대가 형성되어 있다고 하면, 아마도 부동산과 증권 투자로 떼돈을 벌거나 큰 손해를 보는 사람은 별로 없을 것이다. 그럼에도 불구하고 경제학 이론은 자본시장에서 유통되는 상품의 가치를 사람들이 잘 알고 있거나 잘 알 수 있음을 전제하고 있다. 왜냐하면 경제학은 사람들이 합리적이라고 보기 때문이다. 하지만 자본시장이야말로 비합리적 행동이 판을 치는 시장이다. 그렇지 않다면 어떻게 그렇게 한쪽에서는 수많은 사람들이 하루아침에 큰돈을 날리는 반면 다른 한쪽에서는 적지 않은 사람들이 떼돈을 버는 현상이 수백년 동안 지속될 수 있단 말인가?

이렇게 자본시장이 불확실성으로 가득 차 있으며, 떼 짓기가 성행한다는 사실은 여러 가지 중요한 시사점을 던진다. 제일 먼저 생각할 수 있는 것은 자본시장에 운이 유난히 많이 작용한다는 것이다. 원숭이나 어린애가 증권 전문가보다 더 많은 돈을 벌었다면, 이것이야말로 재능이나 노력의 덕분이 아닌, 순전히 운이라고 보아야 하지 않을까? 단순히 남 따라 주식 투자를 했다가 망하면 누구나 남을 탓하면서 운이 나빴다고 생각할 것이다. 앞에서 설명한 롤스의 정의론에 의하면, 우연적인 것은 결코 정의의 이름으로 정당화될 수 없다. 그렇다면 순전히 운이 좋아서 얻은 자본소득 역시 정당화될 수 없다. 그렇게 운이 판치는 자본시장에서 부동산이나 주식으로 돈을 벌어보려고 안간힘을 쓰는 저 수많은 사람들은 결국 의도적으로 운을 쫓는 사람들이다. 그러므로 의도적으로 운을 쫓는 사람들이 판을 치는 자본시장을 결코 정의롭다고 볼 수는 없다.

보다 더 현실적으로 정의의 차원에서 짚어보아야 할 점은 자본시장에서 횡행하는 비리와 부정부패가 불확실성에 기인한다는 것이다. 불확실성 탓으로 시장에서 거래되는 상품의 가치를 잘 알 수가 없고 그래서 그 가치에 대하여 사람들 사이에 폭넓은 공감대가 형성되어 있지 않다고 할 때 제일 먼저 예상되는 사건은 사기이다. 예를 들어서 한 봉지에 8백 원인 라면을 1만 원에 팔았다면, 아마도 많은 사람들이 사기라고 말할 것이다. 라면시장에서는 이런 사기가 거의 불가능하다. 누구나 라면 한 봉지의 가치가 8백 원 정도라고 생각하고 있기 때문이다. 그러나 자본시장에서는 8백 원짜리를 1만 원에 파는 일이 아주 흔하게 벌어진다. 선진국에서 주기적으로 나타나는 경기침체는 거의 대부분 자본시장의 사기극으로부터 시작된다.

1990년대 초반 미국의 경기침체를 촉발한 텍사스주 저축은행의 각종 사기극이 그 좋은 예이다.[28] 가장 전형적인 사기극은 저축은행과 개발업자들 사이의 짜고 치기 고스톱이다. 예를 들어 A, B, C 세 사람이 한탕 벌이기로 모의했다고 하자. 우선 A가 저축은행에서 돈을 빌려서 그럴듯한 땅을 평당 2만 원에 매입한 다음 B에게 평당 10만 원에 매각한다. 그러고 나서 얼마 후 B는 이 땅을 다시 평당 20만 원에 C에게 매각한다. 결국 평당 2만 원의 지가가 10만 원을 거쳐 20만 원까지 뻥튀기가 되었지만 겉으로 보면 아무런 하자가 없다. B나 C는 그 정도의 개발 가치가 있기 때문에 그런 높은 가격을 지불했다고 우기면 할 말이 없어진다. 심지어 감정평가사도 어쩌지 못한다. 그 정도가 아니라 실제로 사기단은 전문가의 감정평가서를 얼마든지 얻어서 그런 뻥튀기된 가격을 정당화할 수 있었다.

물론, 토지 매입에 소요되는 막대한 자금은 저축은행이 빌려준다. 돈을 빌려준 저축은행과 토지를 최종 매입한 C는 그 토지가 개발 가능성이 매우 높다고 선전해댄 다음 이것을 곧이곧대로 믿는 제3자에게 평당 50만 원 이상으로 매각한다. 이것이 여의치 않으면 저축은행은 채권자들의 돈을 빼돌린 다음 파산해버린다. 사실은 저축은행이 주모자이고 개발업자 A, B, C 세 사람은 바람잡이다. 이와 같이 저축은행과 개발업자들이 담합한 사기극이 당시 미국 텍사스주에서 극성을 부렸지만, 대부분 법망을 빠져나갈 수 있었다. 그만큼 텍사스주의 금융 규제가 크게 완화되었기 때문이었다.

하지만 텍사스주에서 시작된 저축은행 파산과 기업의 줄도산이 미국 경제 전체에 악영향을 미치면서 결국 미국 국민은 1990년대 초반 경제 불황의 대가를 톡톡히 치렀다. 이처럼 사기나 장부 조작 등 비리를 통해서 수많은 사람들의 희생 위에 소수가 떼돈을 버는 일이 특히 자본시장에서는 아주 빈번히 나타난다. 그러니 자본시장이라고 하면 부정의不正義를 연상하지 않을 수 없다.

경기변동을 면밀히 분석해보면, 한 가지 규칙적인 현상을 관찰할 수 있다. 즉 경기가 호황일 때 자본시장의 비리와 부정부패가 특히 성행하며 이것이 불황을 초래하는 기폭제가 된다. 경기가 좋을 때는 아무래도 먹을 것(돈벌이)이 많고, 한탕 벌이고 싶은 욕심이 많은 사람들의 마음속에서 꿈틀거리게 되며, 사람들의 경계심도 느슨해지는데, 이 틈을 타고 비리와 부정부패가 활개를 친다. 그러나 비리와 부정부패가 어느 수준을 넘어 만연하게 되면, 소문이 퍼지면서 자본시장에 대한 국민의 신뢰가 깨지고 경기가 금방 얼어붙는다. 이래서 경기침체나 불황이 온다.

늘 세계 경제 불황의 진원지였던 미국 경제는 1990년대 이래 세 차례의 큰 경기침체를 겪었는데 세 번 모두 자본소득과 관련된 부정부패 스캔들이 발단이 되었다.[29] 1991년의 경기침체 때에는 부실 저축은행의 연쇄 파산이 기폭제가 되었으며, 2001년의 경기침체는 대형기업 부패 스캔들(이른바 엔론 사태)에 이은 주식시장 붕괴로부터 시작되었고, 2008년에 시작된 경제 위기 역시 부동산과 파생금융상품의 거래와 결부된 온갖 비리와 부정부패가 원인이었음은 이미 잘 알려진 사실이다.[30] 그러니 어느 나라에서나 자본소득이 사회적 지탄의 대상이 되지 않을 수 없다. 아무리 열심히 자본소득의 정당성을 강변하고 시장이 정의롭다고 주장해봐야 국민들이 잘 믿지 않는다. 그만큼 자본소득에서 새어 나오는 썩은 냄새가 온 세상에 진동하고 있기 때문이다. 우리나라에서도 마찬가지이다. 자본시장이 부정부패의 온상이기 때문에 부자들이 공정치 못한 방법을 통해서 부를 축적하였다는 생각이 국민들 사이에 이미 널리 퍼져 있다. 그런 판에 부자들을 존경해야만 우리나라가 더 잘살게 된다는 주장이 먹힐 리가 없다. "흥하는 이웃이 있어야 나도 흥한다"고 주장하면서 흥한 이웃을 존경할 것을 열심히 외치는 경제학자도 있지만, 썩은 냄새를 풍기는 '흥하는 이웃'들이 너무 많아서 탈이다.[31]

신그레샴의 법칙 : 부정직이 정직을 구축한다

물론, 불확실성의 문제는 자본시장에만 국한된 것이 아니라 일반 상품의 시장에도 만연해 있다. 불확실성과 위험을 엄격하게 구분하지 않는 경제학자들은 정보를 최대한 많이 수집하는 것이 불확실성에 대처하는 하나의 효과적인 방안이라고 말한다. 그러나 현실적으로 정보는 한정되어 있는 까닭에 정보를 최대한 많이 수집한다는 것이 쉬운 일이 아니다. 시장의 공정성과 관련해서 특히 문제가 되는 것은 통상 한정된 정보가 특정인에게 편중되어 있다는 것이다. 예를 들어서, 상인과는 달리 보통사람은 5년산 인삼과 6년산 인삼을 잘 구별하지 못하며, 진짜 녹용과 가짜 녹용을 잘 구별하지 못한다. 시장에서 거래되는 상품에 대한 정보가 거래 당사자 한쪽에 치우쳐 있는 현상을 경제학에서는 정보의 비대칭성이라고 한다. 시장에서 정보가 이와 같이 편중되어 있는 경우 가장 우려되는 현상은 거래의 불공정성 내지는 사기다.

자동차를 예로 들어보자. 대부분의 자동차 소유자는 자신이 소유한 자동차에 대하여 잘 모른다. 그래서 자동차 발동이 잘 안 걸리거나 운행 중에 갑자기 발동이 툭 꺼지면 어쩔 줄 몰라 쩔쩔매기 십상이다. 주부가 고장 난 자동차를 수리점에 끌고 왔다고 하자. 대체로 주부는 자동차에 대하여 무식하며 잘 속아넘어간다는 사실이 자동차 수리점들 사이에는 잘 알려져 있다. 이럴 경우에 부르는 것이 곧 값이다. 너무 비싸다고 해서 다른 곳으로 가봐야 소용이 없다.[32] 비단 주부들뿐만 아니라 보통 남자들도 자동차 수리점에서 바가지를 쓴 경험이 한두 번씩은 있을 것이다. 이런 예에서 보듯이, 정보가 매우 비대칭적일 경우에는 거짓말을 하면 돈을 벌 수 있다.

거짓말로 돈을 버는 행위는 비합리적이기 때문에 시간이 지남에 따라 시장에서 도태된다고 강변하는 경제학자도 있지만, 예나 이제나 불공정 행위 및 사기가 시장에서 늘 횡행한다는 사실은 이것이 합리적 행위임을 반증한다. 이를 뒷받침하는 이론도 있다.[33] 예를 들어보자. 중고차시장에 나온 차들은 겉으로는 멀쩡하지만 실제 성능은 천차만별이다. 차 주인이 정기적으로 점검하고 얌전하게 운행했던 탓으로 높은 성능을 유지하는 차가 있는 반면, 험하게 몰고 다녀서 속이 곯을 대로 곯은 차도 있다. 중고차시장에 나간 고객들은 이런 내력을 잘 알지 못한다. 속이 곯은 자동차의 주인은 정직하게 정보를 제공하지 않는다. 정확한 정보가 없는 상황에서 고객은 질 좋은 차나 질이 나쁜 차를 구별하지 못한 채 모두 비슷한 것으로 생각할 수밖에 없다. 그러다 보면 질 좋은 차는 제값을 받지 못하는 반면, 질 나쁜 차는 적정 수준 이상의 높은 가격을 받게 된다. 평균보다 더 높은 질의 중고차를 소유하고 있는 사람은 억울해서 이 가격에는 차를 팔지 않을 것이다. 그는 중고차시장에서 차를 회수해버린다. 결국 중고차시장에는 나쁜 차만 득실득실하게 된다. 대략 이런 내용을 수학적으로 증명한 어느 노벨경제학 수상자가 발표한 논문의 제목이 "레몬시장"이다.[34] '레몬lemon'이란 겉으로만 번지르르한 불량품을 지칭하는 속어다. 우리말로는 '개살구'라고 한다.[35]

중고차시장에서처럼 질 좋은 상품과 질 나쁜 상품이 섞여 있고 비대칭적인 정보로 인해서 상품의 질이 감추어져 있을 경우, 정보를 갖지 못한 측이 개살구를 선택하는 현상을 경제학에서는 역선택adverse selection이라고 한다. 역선택은 흔하기 때문에 많은 사람들이 피해를 본다. 중고차시장에서 보듯이 개살구가 좋은 상품을 몰아내는 현상은 오늘날 우리 사회에 광범위하게 퍼져있는 소위 '도덕적 해이moral hazard' 문제의 일단에 불과하다. 흔히 도덕적 해이의 전형적인 예로 보험시장이 꼽히는데, 이 시장에서도 역시 중고자동차시장과 비슷한 현상이 재현된다. 화재보험이나 도난보험을 예로 들어보자. 우리는 평소 화재가 나지 않도록 조심하고 도난당하지 않으려고 조심한다. 그러나 일단 화재보험이나 도난보험에 들고 나면, 화재나 도난에 더 이상 조심하지 않게 된다. 화재나 도난을 당해도 보험회사가 다 보상해주기 때문이다. 그래서 화재나 도난에 대한 보험서비스의 제공은 오히려 화재와 도난을 부추임으로써 사회적 손실을 가중시키면서 엉뚱한 사람들이 피해를 본다. 그렇다고 피보험자가 화재예방과 도난방지를 게을리 하는지 않는지를 보험회사가 일일이 알 수는 없다. 굳이 알려고 하면 알 수도 있겠지만, 돈이 많이 든다. 게을리 했는지 아닌지는 피보험자 자신이 가장 잘 안다. 보험회사의 입장에서 보면, 피보험자의 태도는 '감추어진 행동'이다. 역선택이 '감추어진 특성'으로 인한 사회적 손실을 초래한다면, 도덕적 해이는 '감추어진 행동'으로 인한 사회적 손실을 초래한다는 점에서 약간의 차이가 있다.

건강보험의 경우에도 중고자동차시장과 비슷한 현상이 나타난다. 보험회사는 각 개인의 건강상태를 정확하게 알 수 없고, 설령 알고 싶어도 돈이 많이 들어 엄두도 못 낸다. 이런 상황에서는 보험회사는 건강한 사람에게나 병약한 사람에게나 동일한 보험료를 부과할 수밖에 없다. 이렇게 되면, 평균 수준보다도 훨씬 건강한 사람들은 자신의 건강에 비해서 비싼 보험료를 지불하게 된다. 결과적으로 중고자동차시장에서처럼 의료보험시장에는 병약한 사람들이 더욱 더 늘어난다. 따라서 장기적으로는 보험료는 더욱 더 높아진다. 요즈음 흔히 보듯이 보험사기가 끼어들 때에는 보험료는 더욱 더 비싸진다. 위장사고로 보험금을 타먹는 일이 얼마나 많은가. 결국 이로 인한 비용은 엉뚱한 다른 사람들이 분담하게 된다. 중고자동차 시장의 예나 보험의 예는 정직하지 못한 행위가 결국 시장을 통해서 정직한 사람들에게 경제적 부담을 주는 수많은 사례들 중의 일부에 불과하다.[36] 역선택과 도덕적 해이는 부정직한 사람들(저질상품을 비싼 값에 팔려고 하는 사람들)이 정직한 사람들(정직한 거래를 하려는 사람들)을 몰아내는 현상이다. 자동차시장의 개살구에 대한 연구는 이런 피해를 '부정직의 사회적 비용'이라고 표현하였다. 정보의 비대칭성이 시장의 고질적인 문제라서 시장이 팽창함에 따라 부정직의 사회적 비용이 점점더 늘어나는 경향이 있다. 그래서 시장이라고 하면 많은 사람들이 거짓말과 사기를 연상하게 된다. 그런 시장을 보고 과연 공정하고 정의롭다고 말할 수 있을 것인가?

4장

누구나 정당한
자기 몫을 가질까?

THE
CAPITALIST
MARKETS &
JUSTICE

| 인정사정 보지 않는 시장의 상벌

사회에는 여러 가지 종류의 상벌 체계가 존재한다. 각종 법과 관습은 대표적인 상벌 체계이다. 도둑질이나 폭행, 사기 행각은 법에 따라 처벌받게 되어 있다. 약속을 밥 먹듯이 어기는 사람은 비록 법의 제재를 받지 않더라도 주위로부터 여러 가지 도덕적 제재나 각종 불이익을 당하게 됨이 보통이다. 그래서 법과 관습이 철저하게 적용된다는 것은 곧 상벌 체계가 잘 확립되어 있다는 뜻이고, 그만큼 정의로운 사회이다.

시장도 상벌 체계의 일종이다. 정상적인 시장에서는 좋은 상품을 값싸게 생산하는 기업이 돈을 벌게 되는 반면, 저질 상품을 비싸게 생산하는 기업은 망하게 된다. 그렇기 때문에 기업은 질 좋은 상품을 값싸게 생산하려는 경제적 동기를 갖게 된다. 돈벌이가 잘 된다고 해서 사업을 너무 크게 벌이다가는 망하기 십상이다. 따라서 방만한 경영을 조심하게 된다. 시장에서 돈을 많이 번다는 것은 사회가 시장을 통해서 상을 내린다는 뜻이고, 망한다는 것은 사회가 시장을 통해서 벌을 내린다는 뜻이다. 그래서 시장은 명백한 책임 추궁을 바탕으로 한 '정확한 보상·처벌 시스템'이며 따라서 시장은 정의롭다는 주장이 보수 성향 경제학자들의 입에서 나온다.[1]

다만 시장은 돈으로 상과 벌을 준다는 점에서 다른 상벌 체계와 다르다고 할 수 있다. 대체로 경제학자들은 돈이 사람을 움직이는 가장 효과적인 수단이라고 보는 까닭에 시장은 매우 효과적인 상벌 체계라는 데에 동의한다. 그리고 자본주의 시장경제가 인류에게 엄청난 고도의 경제성장과 물질적 풍요를 가져다주었다는 사실이 그 산 증거라고 경제학자들은 주장한다.

시장이 정확한 보상·처벌 시스템이라는 말은 정의의 여신처럼 시장이 각자의 정당한 몫을 저울로 정확하게 잰 다음 인정사정 보지 않고 칼같이 실행한다는 뜻이다. 그래서 시장은 비정한 곳이라는 말이 나온다. 보수 성향 경제학자들은 시장이 정확한 보상·처벌 시스템이며 또한 당연히 그래야 한다고 주장한다. 무능하고 게으른 사람을 과감하게 솎아내서 벌을 주고 유능하고 부지런한 사람에게는 응분의 상을 주어야만 시장이 제 기능을 다할 수 있기 때문이다.

시장이 냉혹하고 비정하지 않으면 자원이 효율적으로 이용될 수 없고 생산성도 높아질 수 없다. 때로는 가혹하다고 느낄 정도로 시장의 상벌 체계가 철저하게 실시되지 않으면 우리 모두가 가난뱅이가 된다는 것이다. 이런 점에서 보면, 시장이 정확한 보상·처벌 시스템이기 때문에 정의롭다고 주장할 때의 정의는 다분히 불편부당으로서의 정의에 가깝다.

물론 시장이 정확한 보상·처벌 시스템이라고 말할 때의 시장은 자유경쟁이 잘 보장된 이상적 시장이지 현실의 시장이 아니다. 자유경쟁이 잘 보장된 시장을 경제학에서는 '완전경쟁시장'이라고 말한다. 간단하게 말해서, 모든 사람이 충분한 정보를 가지고 있으며 구매자와 판매자가 다수이기 때문에 그 어느 누구도 자신의 이익을 위해서 시장가격을 조작하지 못하는 시장이 완전경쟁시장이다.

| 잉여가치와 한계생산이론

시장이 정확한 보상·처벌 시스템임을 강조하는 경제학자들은 시장이야말로 아리스토텔레스의 정의의 원칙이 충실히 실현되는 곳이라고 주장한다. 대체로 보수 성향 경제학자들처럼 자유를 최고로 소중하게 생각하는 사람들은 인간의 개성을 강조한다. 사람마다 능력도 다르고 성격도 다르다. 무능하고 게으른 사람들이 있는 반면 똑똑하고 부지런한 사람들이 있다. 이와 같이 사람들이 제각각 다를 경우 이들을 다르게 대우하는 것이 도리이다. 그렇다면 구체적으로 어떻게 다르게 대우할 것인가?

아리스토텔레스는 각자에게 '정당한 몫'을 주는 것이 정의라고 말한다. 하지만 '정당한 몫'이 구체적으로 무엇이며 어떤 기준에 따라 결정되는 것인지에 관해서는 의견이 분분하다. 공자와 맹자를 굳게 믿는 사람들은 어질고 의리 있는 사람들이 존경받는 사회를 만들어야 한다고 주장하는데, 이런 주장을 따른다면 어짊과 의리를 기준으로 상과 벌의 크기가 결정되어야 한다. 참된 기독교인들은 사랑을 최고의 가치로 생각하는데, 이런 생각에 따른다면 사랑과 헌신의 정도에 따라서 상과 벌이 결정되어야 한다.

경제학자들은 어떻게 말할까? 경제학은 효율 및 생산성을 전문으로 연구하는 학문이다. 따라서 효율 및 생산성이 상과 벌의 기준이 되어야 한다고 말할 것이다. 그렇다면 각자의 정당한 몫을 가늠하는 첫 번째 손쉬운 기준은 '부의 창출(생산)에 기여한 정도'가 된다. 경제학자들은 바로 시장이 각자에게 이런 의미의 정당한 몫을 배당하는 장소라고 주장한다. 오래전, 그러니까 19세기 중반에 경제학자들은 이미 이런 주장을 수학적으로 뒷받침하는 이론을 개발하였다. 이른바 '한계생산이론'이 그것인데, 이 이론의 핵심 주장은 다음 두 가지이다.

첫째, 완전한 자유경쟁시장(완전경쟁시장)에서 각 개인은 '생산에 기여한 정도'만큼을 보수로 받게 된다. 노동자는 생산에 기여한 만큼만 임금을 받으며, 호미를 가진 사람은 호미가 생산에 기여한 만큼만 보수를 받게 되고, 토지를 가진 사람은 토지가 생산에 기여한 만큼만 보수를 받게 된다. 그래서 보수주의 경제학의 기수였던 프리드먼M. Friedman 교수는 "각자에게 그가 생산에 기여한 정도 혹은 그가 소유한 생산수단이 생산에 기여한 정도에 따라 분배하는 것"이 시장의 소득 분배 원칙이라고 주장하였다.[2] 둘째, 이렇게 생산에 기여한 정도만큼을 보수로 주고 나면 기업별로 총수입과 총지출이 꼭 맞아떨어지기 때문에 남는 것(잉여)이 없다. 달리 말하면 정상이윤보다 더 큰 이윤(초과이윤)은 없으며 따라서 불로소득도 없다는 것이다. 왜냐하면 시장을 통해서 얻은 모든 소득은 생산성을 반영한 것이기 때문이다.

그렇다면 '생산에 기여한 정도'를 구체적으로 어떻게 측정하는가?

예를 들어 어떤 회사에 사원이 한 명 새로 들어온 것 빼고는 아무것도 변한 것이 없다고 하자. 그런데 결과적으로 생산액이 2,000만 원 늘어났다고 하자. 그러면 이 증가분은 순전히 그 신입사원 때문에 발생한 것이므로 그가 '생산에 기여한 정도'를 반영한 것이라고 볼 수 있다는 것이 경제학의 입장이다. 과연 이런 입장이 타당한지에 대해서는 여러 가지 견해가 있겠지만, 어떻든 경제학에서는 이 추가 생산액 2,000만 원을 노동의 '한계생산가치'라고 부른다. 어느 회사에서 새로 기계를 도입한 것 빼고는 아무것도 변한 것이 없는데 생산량이 10% 늘어났다고 하자. 그렇다면 이 추가 생산량은 순전히 그 기계가 생산에 기여한 정도를 반영한 값이다. 이 경우 이 추가 생산량 10%를 경제학에서는 기계의 '한계생산'이라고 한다.

이와 같이 노동 투입량만 한 단위 늘이거나 기계 투입량만 한 단위 늘일 때 추가되는 생산량이 한계생산이며, 이 한계생산을 금전으로 나타낸 것(한계생산에 생산물의 가격을 곱한 것)이 한계생산가치이다. 한계생산이론에 의하면, 완전한 자유경쟁시장에서는 생산에 참여한 각 생산요소가 한계생산가치에 해당하는 만큼씩 보수를 받게 된다.

이런 내용의 한계생산이론이 개발된 19세기 중반은 경제학계에 있어서 큰 분기점이다. 애덤 스미스의 《국부론》이 나온 시기부터 19세기 중반까지 약 100년간 경제학계를 지배한 경제학을 고전경제학이라고 부르며, 이 고전경제학을 대체하여 새롭게 등장한 경제학을 초기 신고전경제학이라고 부른다. 현대경제학은 이 초기 신고전경제학을 발전시킨 이론이다.

이 현대경제학에 의하면 완전경쟁시장에서 각 생산요소가 받는 한계생산가치의 크기는 시장에서 각 생산요소에 대한 수요와 공급에 의해서 결정된다. 모든 종류의 생산요소에 대한 보수가 수요-공급의 원리에 의해서 결정된다. 이 말은 모든 종류의 소득이 동일한 원리에 의해서 결정됨을 뜻한다. 고전경제학이나 마르크스경제학이 주장하듯이 임금이 결정되는 원리가 따로 있고 지대가 결정되는 원리가 따로 있지 않다.

초기 신고전경제학의 한계생산이론은 여러 가지 면에서 고전경제학과 정면으로 배치되는 시사점을 던진다. 고전경제학에 의하면 임금은 생계비 수준을 벗어나지 못한다. 이것은 자연의 법칙이며 따라서 노동자의 빈곤은 숙명적인 것이다.[3] 그러나 한계생산이론에 의하면 임금은 노동자가 생산에 기여한 대가이다. 생산에 얼마나 기여할 수 있는가(노동의 한계생산가치)는 노동자 개인의 능력에 달려 있다. 노동자가 열심히 노력해서 자신의 자질을 높이고 그래서 자신의 생산성이 높아지면 얼마든지 생계비를 훨씬 초과한 높은 보수를 받을 수 있다. 실제로 그런 일이 많이 발생하였다. 초기 신고전경제학은 빈곤이 숙명적인 것이 아니라 개인의 노력에 의해서 얼마든지 극복될 수 있는 것이라고 본다.

그렇다면 예나 지금이나 왜 수많은 노동자들이 빈곤선에서 허덕이고 있는가? 간단히 말해서 게을렀거나 무능했기 때문이라고 대답한다. 오늘날의 보수 성향 경제학자들은 초기 신고전경제학의 이런 주장을 전폭적으로 받아들여서 잘살고 못사는 것이 거의 대부분 개인의 책임이라고 본다.

부동산소득에 대해서도 초기 신고전경제학의 주장은 고전경제학의 주장과 전혀 다르다. 고전경제학에 의하면 지주들이 누리는 지대는 전형적인 불로소득이다. 생산에 아무런 기여한 바 없이 얻는 소득이다. 그러나 한계생산이론에 의하면 지대는 토지의 생산성(한계생산가치)을 반영한 소득이다. 생산에 기여한 결과로서 얻은 대가이다. 불로소득이라는 것이 존재하기 위해서는 총수입이 총지출을 현저하게 초과한 결과 남는 것이 있어야 한다. 즉 잉여가 있어야 한다. 고전경제학에서는 잉여에서 지대가 지불된다. 잉여가 크면 지대도 커지고 잉여가 작으면 지대도 작아진다. 그러나 초기 신고전경제학의 한계생산이론에 의하면 잉여란 존재하지 않으며, 완전한 자유경쟁시장에서는 원천적으로 불로소득이 발생할 여지가 없다.

초기 신고전경제학의 한계생산이론은 자본주의 시장에서 결정되는 모든 종류의 소득을 정당화하는 데 이용되었으며, 자본주의 체제를 옹호하는 데 이용되었다. 지주 계층의 호화판 생활을 유지시켜 주는 엄청난 지대소득, 어린애와 부녀자까지 혹사하며 자본가들이 갈취한 막대한 이윤, 고리대금업자의 폭리 등이 모두 생산에 기여한 정당한 대가로 인정되기에 이르렀다.

사실 초기 신고전경제학의 한계생산이론은 마르크스의 잉여이론과 헨리 조지의 지대이론에 대한 방어논리로 개발되었다는 의혹이 꾸준히 제기되었다. 초기 신고전경제학의 기수였던 클라크J. B. Clark 는 이 의혹이 사실임을 솔직히 인정하였다. 그는 생산요소의 한계생산가치가 생산 기여도를 반영할 뿐만 아니라 그 생산요소의 사회적 기여를 재는 척도이며, 따라서 완전경쟁시장에서 결정되는 소득은 도덕적으로도 정당한 소득이라고 외쳐댔다. 오늘날에도 클라크식으로 자본주의 시장에서 결정되는 모든 종류의 소득에 도덕적 의미를 부여하는 경제학자들이 많이 있다. 보수 성향 경제학자들이 바로 그들이다.

저에게 A학점을 주시면 돈을 드리겠습니다

그러나 시장이 명백한 책임 추궁을 바탕으로 한 정확한 보상·처벌 시스템이기 때문에 정의롭다는 보수 성향 경제학자들의 주장은 잘해야 교과서에서나 통할 뿐이다. 아주 비현실적인 주장이다. 교과서의 시장과는 달리 현실의 시장에서는 상과 벌이 흐리멍덩하게 주어지고 심지어 잘못 주어지는 경우가 너무나 많다. 시장의 상과 벌에 대해서 끊임없이 시비가 벌어진다.

1990년대 우리나라 IMF 경제위기 때 파산 지경에 이른 기업의 고위직 간부들이 책임을 지기는커녕 부도를 막기 위해서 투입된 국민의 세금(이른바 공적 자금)을 뒤로 빼돌려 막대한 사익을 챙겼다고 해서 사회적 물의를 일으켰다. 똑같은 일이 2008년 미국의 금융위기 때에도 있었다. 미국 금융위기를 초래한 원흉들이 벌을 받기는커녕 국민의 혈세로 두둑한 보너스를 챙겼다고 해서 미국 국민들이 분노를 터뜨렸고 오바마 대통령도 격노했다.

물론, 경제학자들은 파산 상태의 기업에게 정부가 공적 자금을 공여하는 그 자체가 시장의 원리를 어기는 잘못된 것이라고 주장한다. 자구능력이 없는 기업은 과감하게 파산시켜버려야 한다는 것이다. 그러나 이런 말은 업계의 강력하고 조직적인 저항을 간과한 순진한 공리공담에 불과하다. 그 공적 자금이 실업 방지나 기업의 회생에 쓰이기보다는 결과적으로 간부들의 보너스 잔치에 쓰이게 만드는 시장 메커니즘도 문제다.

현실의 시장에서는 상과 벌을 거꾸로 주는 경우가 잦아지고 있다. 환경오염이 대표적인 예이다. 한강을 오염시키는 상수원 부근의 매운탕집이나 러브호텔은 환경오염 행위에 대하여 벌을 받아야 함에도 불구하고 오히려 성업 중이다. 물론 경제학자들은 환경오염이 예외적인 것으로 치부한다. 그러면서 시장의 상과 벌을 바로잡으면 환경 문제는 해결될 수 있다고 말한다. 이를테면 환경을 오염시키는 행위에 대해서는 오염시키는 정도에 비례해서 돈으로 벌을 주고, 반대로 환경을 깨끗하게 만들어주는 행위에 대해서는 그 정도에 비례해서 돈으로 상을 주면 그만이라는 것이다.

설령 그렇다고 해도 상과 벌을 바로잡는 일이 사실상 점점 더 어려워지고 있다. 잘못된 상과 벌이 시장에서 너무나 성행하기 때문이다. 환경오염은 날이 갈수록 심해지고 있으며, 안심하고 먹을 수 있는 식료품을 찾기조차 어려울 정도로 우리의 건강과 생명을 위협하는 유해물질들이 시장에 범람하고 있다.

시장에서의 사기詐欺 행각도 점점 더 창궐하고 있다. 외국산 소고기를 한우로 속여 파는 일, 중국산 식품을 국산 식품으로 속여 파는 일, 손님이 남긴 음식을 재활용하는 음식점, 보이스피싱, 허위 과장 광고, 증권시장의 내부자 거래 등 이루 다 말할 수가 없다. 보수 성향 경제학자들은 이런 것들이야말로 정부가 강력하게 단속해야 한다고 말한다. 하지만 그런 것들을 일일이 정부가 바로잡자니 돈이 너무 많이 든다. 그런데도 보수 성향 경제학자들은 '작은 정부'만 계속 외치고 있다. 무언가 앞뒤가 잘 맞지 않는다.

현실의 시장도 교과서처럼 정확한 상벌 체계라고 하자. 그래도 시장이 정의롭다고 단정하기에는 주저되는 면이 있다. 시장은 돈으로 상과 벌을 주기 때문이다. 많은 사람들이 돈으로 상과 벌을 주는 행위를 치사하다고 생각한다. 아이들의 학교 성적이 오르면 용돈을 더 주고 나쁜 짓을 하면 용돈을 뺏는 부모에게는 많은 사람들이 그리 고운 시선을 보내지 않는다. 경우에 따라서는 돈으로 상과 벌을 주는 것이 오히려 모욕이 될 수가 있다. 학생이 교수에게 "저에게 A학점을 주시면 50만 원을 드리겠습니다"라고 제안한다면 틀림없이 그 교수는 모욕을 당했다고 생각하면서 몹시 화를 낼 것이다. 성관계를 할 때마다 아내가 남편에게 돈을 요구한다면 이것은 충분히 이혼 사유가 된다. 일부 보수 성향 경제학자들은 국민의 투표권도 사고 팔 수 있도록 허용하자는 주장을 오래전부터 펴왔지만, 이런 이야기를 들을 때마다 대부분의 사람들은 어처구니가 없어 한다.

　돈과 연결되는 순간 가치가 팍 떨어지는 경우도 많다. 어떤 대학교가 돈을 받고 박사 학위를 팔기 시작했다고 하자. 이런 거래는 분명히 대학교에도 이익이고 박사 학위를 산 사람에게도 이익이다. 하지만 박사 학위가 금전과 거래되는 순간 박사 학위의 가치는 땅에 떨어진다. 열심히 연구해서 박사 학위를 획득한 사람들의 자존심이나 명예도 실추된다. 올림픽위원회가 올림픽 금메달을 돈 받고 팔기 시작했다고 하자. 금메달의 판매는 전체 올림픽 금메달의 권위와 가치뿐만 아니라 올림픽 행사 그 자체의 권위를 실추시킨다. 결국 올림픽이라는 행사 자체도 없어질 것이다.

| 인센티브의 문제

위에서 언급하였듯이 경제학자들은 돈으로 적절히 상과 벌을 주는 방법을 이용해서 환경문제와 같은 사회문제를 잘 해결할 수 있다고 주장하는데, 이런 경제적 인센티브 방법이 과연 어떤 결과를 초래할까? 우선 가장 자주 지적되는 문제는, 양심이나 도덕심을 무디게 함으로써 장기적으로는 사회문제의 해결을 오히려 더 어렵고 비싸게 만든다는 것이다. 《정의란 무엇인가》의 저자, 샌델 교수도 이점을 매우 우려하였다. 유명한 실례를 하나 들어보자.

유아원에서 생기는 골치 아픈 일 중의 하나는, 아이를 맡긴 부모가 정해진 약속 시간을 어기고 늦게 아이를 찾으러 오는 것이다. 그러면 직원들은 퇴근하지 못하고 기다려야만 하는 불편을 겪어야 한다. 이 문제를 해결하기 위해서 어느 유아원에서 꾀를 하나 생각해냈다. 즉, 늦게 아이를 찾으러 오는 부모에게 벌금을 부과하는 것이다. 이 방법을 실시했더니 의외의 결과가 나왔다. 시일이 지남에 따라 지각하는 부모의 수가 오히려 더 늘어났다. 심리학자들이 그 연유를 캐보았더니 벌금부과가 부모들을 도덕적으로 무감각하게 만들었다는 사실을 알아냈다. 전에는 미안한 마음에 지각을 자제하였지만, 이제는 돈만 내면 그만 이라는 생각에 지각해도 전혀 미안한 마음을 갖지 않게 되었다는 것이다. 미안한 마음이 없어졌으니 지각이 잦아질 수밖에 없다. 경제적 인센티브 방법이 실패하였음을 알게 된 유아원은 이 제도를 취소하였다. 이제 원래의 상태로 돌아간 셈이다. 그렇다면 지각하는 부모의 수가 다시 종전 수준으로 줄어야 한다. 하지만, 지각하는 부모의 수가 줄지 않았다. 왜 그럴까? 일단 사람들의 마음이 도덕적으로 무디어지면 돌이키기 어렵기 때문이라고 심리학자들이 귀띔해준다.

이와 비슷한 실험결과들이 많이 보고되고 있는데, 종합해보면 경제적 인센티브 방법이 설령 일시적으로 탁월한 효과를 보인다고 해도 장기적으로는 양심이나 도덕심을 무디게 함으로써 오히려 위험스러운 결과를 초래할 수 있다는 것이다. 그럼에도 불구하고 경제학자들은 경제적 인센티브 방법을 고집한다. 실제로 이 방법이 많이 이용되고 있는데, 대표적인 사례가 이른바 배출부과금이다. 배출부과금이란 배출된 환경오염물질의 양에 비례해서 부과되는 일종의 벌금이다. 환경오염물질을 많이 배출할수록 부과되는 벌금의 총액이 늘어나기 때문에 자연히 환경오염업체는 환경오염물질의 배출을 적정 수준 이하로 자제하게 된다. 분명히 배출부과금의 부과는 환경오염물질의 배출량을 줄인다. 하지만, 장기적으로는 오히려 환경오염 행위가 더 심해진다고 환경운동가들은 걱정한다. 예를 들어서 배출부과금을 부과한 결과 어떤 업체가 폐수의 배출량을 1,000톤으로 감축하였다고 하자. 배출부과금을 낸 이 업체는 돈을 주고 이 1,000톤의 폐수를 배출할 권리를 구매하였다고 생각할 것이다. 따라서 폐수 배출을 당연한 것으로 여기게 된다. 폐수의 배출이 강물을 오염시킴으로써 강 하류의 불특정 다수에게 피해를 입히는 나쁜 행위임에도 불구하고 이 업체는 아무런 죄책감을 느끼지 않게 된다.

배출부과금제도보다 더 노골적인 경제적 인센티브 제도도 있다. 근래 큰 논쟁을 불러일으키고 있는 배출권거래제도가 그것이다. 이 제도는 환경오염원인자에게 환경오염물질을 배출할 권리를 부여한 다음 이 권리를 시장에서 자유롭게 거래할 수 있게 허용하는 제도를 말한다. 지구온난화가 범지구적으로 심각해지면서 이른바 탄소배출권거래제도가 많이 거론되고 있는데, 이것도 배출권거래제도의 일종이다. 잘 알려져 있듯이 화석연료의 이용에서 나오는 이산화탄소가 지구온난화의 주범이다. 탄소배출권거래제도가 실시되면, 이산화탄소를 배출하고 싶은 기업은 배출권을 구매한 다음 원하는 만큼 이산화탄소를 배출할 수 있게 된다. 과학자들이 지구온난화의 재앙을 꾸준히 경고하고 있고, 이것이 인류의 미래를 위협하고 있다고 수많은 지구인들이 우려하고 있지만, 탄소배출권을 구매한 기업은 이산화탄소의 배출을 자신의 당연한 권리로만 여길 뿐 그런 경고나 우려에 대해서는 아랑곳하지 않게 된다.

배출권이라는 단어가 함의하듯이 배출권거래제도는 환경오염원인자로 하여금 환경오염 행위를 당연한 권리행사로 간주하게 함으로써 돈만 있으면 환경을 얼마든지 마음대로 이용할 수 있다는 생각, 돈을 주고 샀는데 환경을 파괴하면 어떠냐는 생각을 널리 퍼뜨린다. 배출권거래제도에 강한 거부감을 보이는 환경운동가나 환경단체들은 환경오염 행위가 사회적으로 나쁜 행위로 명백하게 낙인찍힘으로써 우리 모두가 환경오염 행위를 자제하게 되기를 원한다.[4]

돈으로 상과 벌을 주는 상벌 체계의 더 심각한 문제는 금전만능주의를 퍼뜨림으로써 인간 타락과 인간 경시 풍조를 초래한다는 것이다. 돈으로 상과 벌을 준다는 것은 결국 돈으로 사람을 움직인다는 뜻이다. 이렇게 돈으로 사람을 움직이는 태도가 반복되면 인간을 단순히 돈벌이의 수단으로만 생각하게 되고 돈이면 안 되는 일이 없다고 생각하게 된다. 인간을 목적으로 대하라고 한 칸트의 정언명령이 실종된다. 돈을 받는 사람의 입장에서 생각해보자. 늘 돈에 따라 행동하다 보면 돈의 노예가 되고, 심지어 돈만 받으면 살인도 마다하지 않게 된다. 인간으로서의 자존심이나 존엄성이 사라진다.

자본주의 시장은 요컨대 돈으로 사람을 움직이는 체제이다. 그런 시장은 인간이 숭고하게 생각하는 가치를 손상하며, 인간을 타락시키고, 온정적 인간관계를 파괴함으로써 결국 인간을 동물보다 못한 존재로 만든다는 것이 마르크스가 자본주의 시장에 대하여 가장 혐오한 부분이다. 그런 자본주의 시장을 어떻게 정의롭다고 말할 수 있을 것인가.

| 농장주 아들의 소득

서울의 강남에 살면서 아버지로부터 상속받은 전라도의 농지에서 매년 올라오는 5억 원의 지대를 받아서 맨날 술만 퍼먹고 여자 꽁무니만 쫓아다니는 건달이 있다고 하자. 이 건달은 그 농지에 가본 적도 없고 어디에 있는지도 모른다. 다만 부모의 대에 작성된 계약에 따라 지대를 받고 있을 뿐이다. 이 건달이 생산에 기여한 것은 아무것도 없다. 생산에 기여한 것은 농지이지 소유자인 아들이 아니다. 그렇다면 이 아들은 생산에 아무런 기여함이 없이 5억 원의 지대를 받는 셈이다. 한계생산가치는 생산요소에 귀속되는 것이지 그 생산요소의 소유자에게 귀속되는 것이 아니다.

단순히 생산요소를 소유하고 있다는 사실 하나만으로 생산요소에 귀속되는 한계생산가치를 소유자가 차지하게 허용하는 소유권 제도가 과연 정당한가? 설령 그 자체로서는 정당하다고 하더라도 결과적으로 그런 소유권 제도가 극심한 빈부격차의 후유증을 낳는다면 이를 어떻게 볼 것인가? 예나 지금이나 빈부격차의 주된 원인은 재산 및 토지 소유의 편중이다. 극심한 불평등을 초래하는 소유권 제도가 정당한가를 둘러싸고 끊임없는 논쟁이 벌어진다. 근래에는 상상을 초월하는 기업 경영진의 고소득도 소득 불평등을 악화시키는 한 요인으로 지탄받고 있다. 통계자료에 의하면, 지난 수십 년 동안 기업 경영진, 특히 CEO로 불리는 고위 경영진의 임금수준은 입이 딱 벌어질 정도로 급속히 높아졌다. 자본주의 시장경제가 최고로 발달한 미국의 경우 이런 현상이 특히 심하다. 최고경영자의 평균 보수가 1976년에는 일반 직원 평균 보수의 36배였지만, 1993년에는 131배로 늘어났다.

한 가지 재미있는 사실은, 최고경영자들의 이런 보수 급상승을 비난하는 여론이 들끓고 일부 경제학자들도 여기에 가세하자 최고경영자의 보수 인상을 자제시킨다는 뜻에서 이들의 보수를 공개하는 조치를 취했지만 오히려 역효과를 냈다는 것이다. 2007년 최고경영자의 평균 보수는 일반 직원 평균 보수의 369배로 오히려 치솟았다.[5] 심리학자들은 왜 이런 역효과가 나타나게 되었는지를 설명해준다. 보수가 공개되면 다른 사람과의 비교가 더 뚜렷해지면서 보수를 인상해 달라는 요구가 더욱더 거세지기 때문이라는 것이다.

일반 시민이 들으면 놀라 자빠질 고액 보수를 받고 있음에도 불구하고 고위 경영진이 경영에 실패하여 회사가 망하더라도 이에 대하여 책임을 물을 효과적인 방법이 없다. 2009년 미국에서는 대기업들이 줄줄이 망했는데도 이 기업 고위 경영진은 엄청난 봉급에다가 보너스까지 두둑하게 챙겼다고 해서 비난의 여론이 들끓었다. 실패에 대하여 책임을 질 필요가 없는 경영은 부실을 낳을 수밖에 없다. 그러니 과다한 경영진 보수는 오히려 자본주의 경제의 활력을 떨어뜨린다고 우려하는 경제학자들이 나타나게 된다.

한계생산이론에 입각한 소득 정당화 논리 역시 교과서의 완전경쟁시장을 전제한 것이다. 그럼에도 불구하고 경제학자들, 특히 보수 성향의 경제학자들은 마치 일반적으로 현실의 시장에서 결정되는 모든 소득이 사회적으로 정당한 것처럼 주장하면서 나아가서 자본주의 시장이야말로 정의롭다고 외친다.[6] 우선 우리 주위에서 흔히 보는 독과점은 시장에서 결정되는 소득의 정당성을 훼손하는 중요한 요인이다. 자동차, TV, 세탁기, 냉장고, 에어컨, 의약품 등 우리나라에서 생산되는 수많은 상품들이 사실상 독과점 품목이다. 오늘날 막강한 영향력을 행사하고 있는 금융 산업 역시 독과점 산업이다.

우리나라 산업계의 고질적 병폐는 대기업과 중소기업의 양극화인데, 대기업은 대체로 독과점 기업이다. 경제학 교과서에 의하면 독과점 기업은 자신의 이익을 위하여 시장에서 막강한 영향력을 행사할 수 있는 기업이다. 따라서 독과점 기업은 완전경쟁시장의 경우보다 더 많은 이익을 남길 가능성이 높고, 따라서 독과점 기업에 종사하는 사람들은 더 높은 보수를 받을 가능성이 높다. 우리나라에서도 특히 대기업의 임원들은 아주 높은 보수를 받는다. 보통 직원의 20~30년치 연봉을 연말 보너스로 받는 대기업 임원들이 수두룩하다. 요컨대 대기업에 종사하는 사람들은 경제학 교과서가 정당하다고 인정하는 수준보다 훨씬 더 높은 보수를 받는 것이 엄연한 우리의 현실이다.

비유적으로 말해 완전경쟁시장은 밀폐된 진공 시험관 속의 시장이다. 한계생산이론에 입각한 소득 정당화 논리는 잘해야 그런 진공 시험관 속에서나 통하는 논리이다. 현실의 시장이 완전경쟁시장과 거리가 먼데도 불구하고 경제학자들은 진공 시험관에서나 통하는 논리를 들고 나와서 현실에 대하여 이러쿵저러쿵 여러 가지 정책들을 제안한다. 하지만 경제학자들의 그런 이야기를 듣는 정치가나 일반인들은 그들의 제안이 진공 시험관에서 나온 것임을 잘 알지 못한다. 경제학자들, 특히 보수 성향의 경제학자들은 자신들의 주장이 그런 비현실적인 상황을 전제하고 있다는 점을 아예 이야기하지 않거나, 불리한 문구를 잘 보이지 않게 조그맣게 써놓은 광고문처럼 어물어물해버리기 일쑤이다. 그러나 보통 사람들은 그저 권위 있는 전문가들의 제안으로 여기고 솔깃해한다.

물론 경제학자들은 나름대로의 변명을 마련해놓고 있다. 완전경쟁시장은 앞으로 우리가 지향해야 할 이상적 상황이요, 우리 현실의 잘못됨을 비추어보는 거울이며, 우리가 앞으로 어떻게 할 것인가를 판단함에 있어서 하나의 준거가 된다는 것이다. 과연 완전경쟁시장이 이상적인 상황인지는 둘째 치고, 그렇다면 앞으로 우리의 현실 시장이 완전경쟁시장에 점점 더 가까워질 가능성이 있는가? 예컨대 독과점은 점점 사라질 가능성은 있는가? 지금까지 세상 돌아가는 모습을 보면, 앞으로 시간이 지날수록 독과점은 줄어들기는커녕 점점 더 심해질 가능성이 농후하다. 사람들의 이상한 행동(비합리적인 행동)도 점점 더 늘어만 간다.[7] 현실의 시장은 완전경쟁시장과 점점 더 거리가 멀어지고 있다. 그렇다면 경제학자들의 주장은 점점 더 현실성을 잃게 될 것이다.

한계생산이론의 핵심인 한계생산가치 혹은 한계생산의 개념 그 자체에 대해서도 많은 의문이 제기되었다. 한계생산이론은 한계생산이 측정 가능함을 전제한다. 과연 정말 측정 가능한가? 가령 집을 지을 때를 생각해보자. 목수는 도구 없이 아무것도 생산할 수 없다. 목수와 도구는 분리해서 생각할 수 없다. 한계생산이론에 의하면 목수의 한계생산은 오직 목수 한 사람만 늘어났을 때 추가 생산량인데, 도구 없는 목수의 생산성이 무슨 의미를 가질 것인가? 도구의 한계생산은 오직 도구만 한 단위 증가시켰을 때의 추가 생산량인데 목수 없는 도구가 무엇을 생산할 것인가? 생산이란 여러 가지 생산요소가 한데 어우러져서 일구어낸 합작품이다. 목수와 도구의 경우처럼 많은 경우 생산요소들 사이의 관계는 뒤엉켜 있어서 각각의 공로를 따로 떼어서 생각하기 어렵다. 그런데 어떻게 어느 특정 생산요소의 기여도를 알아낼 수 있을 것인가?

그럼에도 불구하고 한계생산이론이 시장의 정당화에 자꾸 이용되다 보니 앞장에서 소개한 현대 정의론의 대부 롤스도 한계생산이론에 대하여 한마디 하지 않을 수 없었다. 설령 보수 성향 경제학자들이 가정하듯이 현실의 시장이 완전경쟁시장이라고 하더라도 한계생산이론에 의지해서 시장이 정의롭다고 주장할 수는 없다.

롤스는 보다 더 근원적인 문제를 지적하고 있다. 예를 들어 노동의 한계생산을 반영하는 임금은 시장에서 노동에 대한 수요와 공급에 의해서 결정된다. 노동에 대한 수요와 공급은 경제 전체의 소득분배 양태에 따라 달라진다. 빈부격차가 클 때의 노동에 대한 수요와 공급은 빈부격차가 적을 때의 그것과 달라진다. 만일 현재의 빈부격차가 정당화될 수 없을 정도로 너무 크다면 이때 시장에서 결정되는 수요와 공급 역시 정당화될 수 없으며, 시장에서 결정되는 노동의 한계생산 역시 정당화될 수 없다. 그래서 롤스는 수요와 공급의 밑바탕에 깔린 시장의 힘이 적절하지 못하다면 한계생산이론이 공정한 결과를 낳는다는 보장이 없다고 분명히 말하고 있다.[8]

한계생산이론에 입각한 소득 정당화 논리가 이렇게 많은 허점을

가지고 있었기 때문에 경제학 내부에서도 비판의 목소리가 많이 있었다.[9]

생산성에 따라 몫이 결정되는 성과주의

생산성에 따라 보수를 준다는 것은 일의 과정보다는 일의 결과를 분배의 근거로 삼는다는 것을 의미하며 일의 능률을 제1차적으로 중시함을 의미한다. 이와 같이 성취된 결과에 따라 각자의 정당한 몫이 결정되어야 한다는 주장을 성과주의라고 한다. 즉 '각자에게 그가 성취한 일의 성과에 따라' 그의 몫을 주어야 한다는 것이다. 성과보다는 능력을 기준으로 정당한 몫을 정해야 한다는 주장도 있다. 이런 주장을 능력주의라고 한다. 대체로 유능할수록 큰 성과를 낼 가능성이 높다. 따라서 현실적으로는 성과주의나 능력주의는 비슷한 취지에서 나온 것이다.

이 두 원칙 모두 사람들이 이기적이며, 경쟁과 금전적 보수가 사람을 움직이게 만드는 주된 동인이 된다는 전제 아래 주로 경제적 생산성을 최대한 높이는 데 주안점을 두는 원칙이다.

한계생산이론에 의하면, 시장은 바로 이 원칙을 실천하는 제도라고 할 수 있다. 시장은 열심히 일해서 성과를 많이 올린 사람에게는 그 성과에 비례해서 상을 주는 반면, 잔꾀나 부리고 농땡이 치는 사람에게는 이에 상응하는 벌을 준다. 성과주의야말로 경제학적 사고 방식을 가장 잘 반영하는 소득분배의 원칙이다. 성과주의는 경쟁을 유발함으로써 자원의 효율적 이용을 가능하게 하기 때문이다. 생산에 기여한 정도에 따라 대가를 지불하지 않는다면 아무도 열심히 일하려 하지도, 최선을 다하려 하지도 않을 것이며, 따라서 자원이 효율적으로 이용될 수가 없을 것이고, 생산이 극대화될 수도 없을 것이라는 생각이 대부분의 보수 성향 경제학자들의 마음을 사로잡고 있다. 경쟁과 돈벌이, 이것이야말로 발전의 원동력이라고 이들은 외친다.

물론 예외는 있다. 역사학자들이 밝혀낸 바에 의하면, 한글 창제는 기득권 세력의 엄청난 반발 때문에 세종대왕과 그의 직계 가족들이 비밀리에 추진한 일이라고 하는데, 세종대왕이 경쟁에서 이기고 돈을 벌기 위해서 한글을 만들었을까? 뉴턴과 아인슈타인이 경쟁에서 이기고 돈을 벌기 위해서 그 많은 획기적인 이론을 개발하였을까? 칼 마르크스가 돈을 벌고 경쟁에서 이기기 위해서 그토록 처절하게 연구하면서 세상과 싸웠을까? 찰스 다윈이 경쟁에서 이기고 돈을 벌기 위해서 진화론을 개발하였을까? 이런 예외에도 불구하고 보수 성향 경제학자들은 성과주의에 따라 각자에게 보수를 지불하면 각자 더 열심히 노력할 것이고, 국민경제 전체로서도 더 많은 소득이 창출되므로 결과적으로 각자의 몫이 더 커질 수 있다고 강조한다.

보수 성향 경제학자들은 성과주의야말로 아리스토텔레스의 정의의 원칙에도 부합하며, 시장에서는 이 원칙이 철저하게 지켜지므로 시장이야말로 정의로운 제도라고 강변한다. 분명 시장은 '같은 것은 같게' 대우하는 면이 분명히 있다. 정치권에서는 경상도 사람과 전라도 사람을 차별하지만 시장에서는 그렇지 않다. 예를 들어 똑같은 라면을 경상도 사람에게는 비싸게 팔고 전라도 사람에게는 싸게 파는 가게는 없다. 시장은 똑같은 사람이면 동등하게 대우하며 차별하지 않는다. 노동시장에서는 능력이 같으면 못생겼든 잘생겼든, 경상도 사람이든 전라도 사람이든 차별 없이 똑같은 보수를 받는다. 이뿐만이 아니라 노동의 이동이 자유롭고 노동시장이 활성화되어 있으면 결과적으로 동일한 능력을 가진 노동자들의 임금이 평준화되는 경향이 있다.

시장이 이와 같이 사람을 차별하지 않는다면, 왜 남자의 임금수준은 높고 여자의 임금수준은 낮은가? 이것을 놓고 시장은 성차별 한다고 말하지만 사실은 그렇지 않다. 기업의 입장에서 볼 때 평균적으로 여자는 남자에 비해서 생산성이 크게 떨어지므로 여자에게는 낮은 임금이 지급된다. 순전히 경제적으로만 보더라도 여성은 아이를 낳음으로써 우리 경제의 경쟁력 제고에 크게 기여하지 않느냐고 말하겠지만, 대체로 기업은 이와 같이 너무 큰 것은 잘 보지 못한다. 그래서 정치권이 억지로 남자와 여자에게 동일한 임금을 주라고 강요한다면, 기업은 여자의 고용을 기피하게 되므로 오히려 여성의 취업 기회가 감소한다.

그러나 한 가지는 분명하다. 아무리 여자라고 하더라도 남자보다 더 많은 성과를 올리면 당연히 남자보다 더 많은 보수를 받게 된다. 만일 남자 뺨치게 유능한 여자에게 남자보다 훨씬 낮은 보수를 주는 기업이 있다면, 이 기업은 곧 그 여자를 다른 경쟁 기업에게 빼앗기게 될 것이다.

| 다른 것은 다르게 대우하라

시장은 '다른 것은 다르게' 대우한다. 시장은 높은 성과를 올리는 사람에게는 높은 보수로 상을 주는 반면 성과가 나쁜 사람에게는 낮은 보수로 벌을 준다. 이렇게 성과에 따라 상과 벌을 주다 보면 결과적으로 차별대우를 하게 되지만, 생산성에 상응하여 정당한 몫을 배당하는 한 그 차별대우는 정당하다고 보수 성향 경제학자들은 주장한다. 이런 주장을 반박해보자. 성과주의에 입각하여 차별대우를 하다 보면 돈벌이 재능이 있는 사람들은 점점 더 많은 상을 받게 되는 반면, 그런 재능이 없는 사람들은 점차 낙오자가 될 것이다. 따라서 시장에서 성과주의에 입각한 차별대우가 누적되면 빈부격차가 벌어지면서 소득 불평등이 심화될 우려가 있다.

만일 성과주의 및 능력주의에 입각한 시장의 소득분배가 점차 저소득 계층에게 불리하게 돌아가고, 이것이 누적된 결과 대다수의 국민이 우려할 정도로 빈부격차가 극심해지고 민심이 흉흉해지며 극단적으로 사회불안이 조성된다면, 과연 그런 성과주의를 정의의 원칙이라고 추켜세울 수 있는가? 그리고 그런 결과를 초래하는 시장을 과연 정의롭다고 주장할 수 있는지 심각하게 물어보자. 정의의 1차적목적은 사회의 갈등을 원만하게 해결함으로써 사회적 안정을 도모하는 것이다. 따라서 성과주의나 능력주의와 같이 사회적 갈등을 불러일으킬 소지를 다분히 안고 있는 원칙은 정의의 원칙이 될 수 없다.

그러나 성과주의에 대한 이런 우려에 보수 성향 경제학자들은 여러 가지 강력한 변론을 준비해놓고 있다. 그 첫째는 그런 우려가 문제를 너무 과장하고 있다는 것이다. 완전경쟁시장에서는 소득 불평등이 오히려 완화될 여지도 있다. 시장에서는 가난한 집 자식들도 능력이 있고 열심히 노력한다면 얼마든지 부자가 될 수 있으며, 반대로 부잣집 자식들이라도 못나고 게으르면 어느새 거지 신세가 된다. 시장에서는 소득 계층 간의 자유로운 이동 기회가 얼마든지 보장되기 때문에 소득분배의 불평등이 고착되지 않는다. 앞에서 소개한 프리드먼 교수는 시장경제에 의존하지 않는 사회에서 오히려 소득 불평등 및 계층의 고정화 경향이 더 강하며, 시장이 활성화되어 있지 않을 때 차별대우가 더 심하다고 주장한다.

노동조합이 극성을 부린다거나 혹은 정부의 간섭이 심할 경우에는 능력을 무시한 차별대우가 성행한다. 노조 가입 여부에 따라 임금이 달라지면서 이른바 '귀족 노동자'가 나타나고, 정치적인 배경이 있느냐 없느냐에 따라 무능한 사람이 낙하산을 타고 내려와 높은 자리를 차지하면서 유능한 사람이 쫓겨나는 일이 정권 교체 때마다 나타난다. 즉 노동조합과 정치권은 비생산적 차별대우를 낳고 이를 고착시키는 경향이 있다는 것이다. 그러므로 노동조합의 횡포나 정치권의 입김을 없애고 시장을 활성화하면 오히려 소득 불평등이 완화된다는 주장이 경제학 일각에서 강력하게 대두된다.

보수 성향 경제학자들이 준비한 두 번째 변론은, 물이 아래로 흐르듯이 돈도 아래로 흐르기 때문에 시장을 통한 소득 불평등이 어느 정도 이상은 커질 수 없다는 것이다. 이런 주장을 뒷받침하는 논리 중의 하나가 이른바 낙수 효과trickling effect이다. 예를 들어서 부자들이 돈을 더 많이 벌게 되었다고 하자. 언뜻 보면 빈부격차가 더 커지는 것처럼 보인다. 그러나 이것은 일시적이다. 부자들이 돈을 많이 벌면, 이들은 이 돈을 재투자함으로써 일자리를 창출하거나 또는 시장에서 쇼핑을 많이 함으로써 내수를 늘리고 경기를 활성화한다. 그러면 서민들도 그 혜택을 보게 된다.

마치 빗물이 땅속을 깊숙이 고루 적시듯이 고소득층의 손에 들어간 돈이 아래로 흐르면서 결국 서민들의 호주머니도 두둑해진다. "흥하는 이웃이 있어야 나도 흥한다"는 말은 낙수 효과를 간략하게 표현한 것이다.[10] 여기에서 '흥하는 이웃'은 돈을 많이 벌어 출세한 부자를 뜻한다. 그러므로 이 말은 부자를 존경하고 따라다니면 나에게도 부스러기가 떨어진다는 뜻이다.

설령 성과주의가 시장에서 철저하게 실행된 결과 빈부격차가 벌어진다고 하더라도 이는 자원 이용의 효율과 부의 창출을 위해서 우리 사회가 어쩔 수 없이 치러야 하는 대가이다. 이것이 보수 성향 경제학자들이 준비한 또 하나의 변론이다.

경제학자들은 세상에 "공짜 점심은 없다"는 말을 아주 즐겨 한다. 얻는 것이 있으면 반드시 잃는 것이 있는 법이다. 시장은 경쟁을 바탕으로 하는 체제이며, 경쟁이란 불평등을 전제한 것이다. 경쟁의 결과에 대한 보상에 차이가 많으면 많을수록 경쟁은 더 활성화될 것이다. 그러므로 소득 불평등은 시장의 활력소이기도 하다. 그래서 시장은 "불평등을 불가피한 원리"로 삼는다는 말이 나온다.[11] 성과주의에 따라 시장을 활성화함으로써 파이부터 크게 하는 것이 우선이고, 커진 파이를 어떻게 나누어 먹느냐는 별개의 문제라는 것이 다수 경제학자들의 입장이다.

| 개천에서 용 나기, 가능한가 |

만일 시장에서 소득 불평등이 고착되지 않으며 오히려 완화되는 경향이 있다면, 시장이 점차 확대되고 발달함에 따라 빈부격차가 차츰

완화되어야 한다. 하지만 현실에서는 오히려 반대 현상이 지속적으로 관측되고 있다. 세계에서 시장경제가 최고로 발달하였다는 미국의 빈부격차는 날이 갈수록 걷잡을 수 없이 벌어지고 있으며, 날로 경제 규모와 수출이 증가하고 있는 우리나라의 빈부격차 역시 점차 심해지고 있다. 그렇다면 성과주의로 빚어지는 빈부격차를 완화하는 힘이 시장에서 제대로 작동하지 않는다는 이야기이다.

우선 소득 계층 간의 자유로운 이동이 시장에서 잘 이루어지지 않는 경향이 있다는 점을 우려하지 않을 수 없다. 세계 어느 나라에서나 하류 계층으로부터 상류 계층으로 올라가는 가장 효과적인 사다리는 고등교육이다. 찢어지게 가난한 집안에 태어났지만 일류 대학을 거쳐 출세하는 사람들이 옛날에는 적지 않았다. 그러나 요즈음에는 그런 '개천에서 용 나는 일'이 점점 드물어지고 있다. 우선 걱정스러운 것은 저소득 계층의 자녀들이 일류 대학으로 올라가는 사다리가 점점 좁아지고 있다는 점이다. 흔히 말하는 '교육의 사다리'가 점차 약화되고 있다. 서울대학교의 경우만 보더라도 저소득 계층 자녀들의 입학률이 부쩍 감소하고 있다.[12]

가난한 집안의 자식들이 좋은 대학에 들어가기가 점점 더 어려워지는 가장 큰 이유는 학원이나 고액 과외 등 사교육이 대학 입학에서 점점 더 중요해짐에도 불구하고 사교육비가 저소득층으로서는 감당할 수 없을 정도로 비싸지고 있기 때문이다. 사교육의 성행은 점차 상업화되어 가고 있는 교육의 한 단면이다. 고소득 계층의 자녀들은 사교육을 풍부하게 받는 반면, 저소득 계층의 자녀들은 그렇지 못하다. 고소득 계층의 자녀 교육비는 날로 증가하는 반면 저소득 계층의 자녀 교육비는 오히려 감소하고 있다. 교육에 있어서도 양극화가 진행되고 있다.

일단 대학에 들어간다고 해도 저소득 계층 자녀들이 졸업하기가 점점 더 어려워지고 있다. 등록금을 비롯한 대학 생활비가 점점 더 비싸지고 있기 때문이다. 대학 역시 돈벌이의 대상이 되면서 장삿속으로 빠져들고 있다. 많은 사립 대학들이 교육을 돈벌이 수단으로 이용하고 있다는 비난이 커지면서 사학을 규제하려는 움직임이 있었지만, 번번히 사학재단의 반발에 부딪쳐서 좌절되었다.

대학의 등록금이 물가상승률보다 훨씬 더 빠른 속도로 오르면서 저소득층뿐 아니라 중산층 자녀들에게도 큰 부담이 되고 있다. 구매력으로 따져보았을 때 우리나라 대학의 등록금이 세계에서 미국 대학 다음으로 비싸다는 보고도 있었다. 대학 등록금이 이렇게 점점 더 비싸지면, 오직 부잣집 자녀들만 대학에 들어가게 되고 중·저소득 계층 자녀들의 출셋길은 막혀버린다. 그러니 중·저소득 계층의 불평이 쏟아져 나오지 않을 수 없다. 오죽하면 보수 여당이 대학 등록금을 대폭 삭감하겠다는 선거 공약을 내걸었을까. 2011년에는 대학생들이 반값 등록금 공약의 이행을 촉구하는 대규모 시위를 벌이면서 온 나라가 시끄러웠다.

부자들은 돈이 많기 때문에 이와 같이 교육이 상업화되더라도 걱정이 없지만 가난한 사람들은 그렇지 못하다. 그러므로 교육이 상업화된다는 것은 교육시장에서 저소득 계층이 점점 밀려난다는 이야기이다. 그 결과 개천에서 용 나는 일은 점차 옛이야기가 되면서 하류 계층 사람들이 상류 계층으로 올라가는 통로는 점차 좁아지고 있다. 요컨대 시장의 원리가 점차 고등교육을 잠식하면서 교육의 사다리가 약해지고 있으며, 이것이 계층 간 순환을 가로막는 주된 원인이 되고 있다.

보수 성향 경제학자들은 시장경제가 최고로 발달한 미국을 늘 치켜세우는 반면, 사회주의 색채가 짙은 스웨덴, 노르웨이, 핀란드, 덴마크 등 북유럽 국가들은 과도한 사회복지 지출(과잉복지 혹은 복지병)로 망조가 든 나라로 매도하였다. 그러나 2008년 세계경제 위기 이후 이들은 태도를 바꾸어서 그리스, 이탈리아, 스페인 등 남유럽 국가들이 복지병으로 망해가고 있다고 주장하였다.

사실 남유럽 국가뿐만 아니라 미국과 영국 등 수많은 유럽 국가들의 경제가 휘청거리고 있다. 그런 가운데 유독 북유럽 국가들의 경제만 정정하다. 북유럽 국가들의 채무증가율은 매우 낮은 반면 경제성장률은 다른 서구 국가에 비해서 상당히 양호하다. 세계경제 위기의 회오리바람 속에서 어째서 북유럽 국가들만 건전할까? 요컨대 사회복지 지출이 교육의 사다리를 강화하는 방향으로 이루어짐으로써 계층 간의 순환이 원활하였기 때문이라고 한다.

| 부자증세 논쟁

그렇다면 보수 성향 경제학자들이 금과옥조로 생각하는 낙수 효과는 어느 정도 큰가? 여러 연구들이 우리나라에서 낙수 효과가 크게 약화되었다는 증거를 제시하고 있다. 어느 경제학자는 더 이상 낙수 효과는 존재하지 않는다고 단언하고 있다.[13] 2011년 세계 아홉 번째로 우리나라가 연간 무역 규모 1조 원 시대에 진입했다. 잘 알려져 있듯이 우리나라는 수출로 먹고사는 나라이다. 수출이 우리 경제의 원동력이다. 그러나 수출이 고용을 유발하는 효과 역시 미약하다. 수출이 10억 원 늘었을 때 늘어나는 취업자의 수가 2000년에는 15.3명이었으나 2008년에는 9.4명으로 40% 가까이 줄어들었다. 우리나라의 수출이 고용 유발 효과가 낮은 대기업에 의해서 주로 이루어지기 때문이다.

이와 같이 낙수 효과가 미약함에도 불구하고 이를 잘 인정하지 않는 보수 진영은 이명박 정부가 출범 초기 '부자감세 조치'를 감행할 때에도 낙수 효과를 내세워 이를 정당화하였다. 그러나 빈부격차가 걷잡을 수 없이 점점 더 벌어지자 부자감세 조치를 철회하기 시작하였다.

이렇게 낙수 효과가 미약하고 게다가 교육 사다리까지 약화된 결과 성과주의로 빚어지는 빈부격차의 확대를 막을 수 없다면, 정의 사회 구현을 위해서 정부가 개입해야 한다는 주장이 설득력을 지니게 된다. 빈부격차를 완화하는 한 가지 방법은 소득세이다. 그런데 우리를 의아하게 만드는 것은, 시장경제가 잘 발달한 나라에서는 소득이 높을수록 실질세율은 낮아진다는 것이다. 심지어 부자 자신들조차도 이런 현상을 이상하게 생각한다. 미국의 최고 갑부인 워렌 버핏도 그중의 한 사람이다. 버핏의 회사에 종사하는 직원들은 2010년에 연소득의 36%를 세금으로 냈는데, 사장인 버핏은 고작 17.4%만 세금으로 냈다. 한 공개 모임에서 이런 사실을 밝히면서 버핏은 부자들에게서 더 많은 세금을 걷어야 한다고 주장하였고 여기에 양식 있는 많은 갑부들이 동조하였다.

그러면 왜 부자들이 세금을 덜 내는, 이런 이상한 현상이 나타날까? 서민들의 주된 소득 원천인 근로소득에는 높은 세율이 적용되는 반면, 고소득 계층의 주된 소득 원천인 자본소득에 대해서는 낮은 세율이 적용되기 때문이다. 낮은 세율을 적용해야 투자가 활성화된다는 것이 그 표면상의 이유이다. 2011년 오바마 정부는 버핏의 제의에 따라 '버핏세'로 명명된 일종의 부유세를 걷기로 결정하였지만, 이 결정이 실행될지는 두고 볼 일이다.

최근 우리나라에서도 부유층으로부터 좀 더 많은 세금을 걷자는 취지에서 부자증세 이야기가 나오고 있지만, 찬반 논쟁으로 정치권이 시끄럽다. 낙수 효과를 믿는 보수 성향 경제학자들은 부자증세가 부유층의 투자와 소비를 위축시킴으로써 오히려 경제에 나쁜 효과를 초래하고 결국 서민층에게도 피해를 줄 것이라고 주장한다. 하지만 낙수 효과가 미약하다는 것이 이미 밝혀진 상황에서 이런 주장의 설득력은 떨어진다.

부자증세를 지지하는 측은 부자증세를 통해서 사회복지를 강화함으로써 양극화를 완화하는 것이 오히려 우리 경제의 생산성을 높이는 길이라고 주장한다. 양극화의 완화가 사회적 협동을 이끌어내기 때문이다. 정의 사회의 구현을 위해서도 부자증세는 꼭 필요하다는 주장도 유력하다. 부유층에 부과되는 실질세율이 서민층에 부과되는 실질세율보다 낮다면 이것은 명백히 아리스토텔레스의 원칙에도 어긋난다. 조세의 정의가 제대로 이루어지지 않고 있다는 불평이 우리 사회에 이미 만연해 있는 터이다. 따라서 이런 불평을 없애는 것이 정의 사회의 구축을 위한 첫걸음이다.

| 빈부격차가 시장가격에 미치는 영향 |

빈부격차는 시장에 어떤 영향을 미칠까? 대체로 경제학자들은 시장 안에서 벌어지는 현상에만 주목한 결과 빈부격차(소득분배 양태)가 시장에 미치는 영향을 간과하는 경우가 많다. 소득이 국민들 사이에 어떻게 분배되었느냐에 따라 시장에서 형성되는 각종 가격들이 달라진다는 사실을 모를 리 없음에도 불구하고 경제학자들은 이런 사실을 간과하기 일쑤이다.

경제학 교과서에 의하면, 상품의 가격은 수요와 공급에 의해서 결정되는데 수요는 소득의 영향을 많이 받는다. 소득이 늘어나면 수요가 증가한다. 그러므로 고소득 계층의 소득이 늘어나면 이들이 즐겨 찾는 상품에 대한 수요는 늘어나는 반면, 저소득 계층의 소득이 줄어들면 이들이 많이 사용하는 상품에 대한 수요는 감소한다. 이와 같이 소득이 수요에 영향을 미치기 때문에 빈부격차가 크지 않은 상태에서 결정되는 시장의 가격 체계는 빈부격차가 극심한 상태에서 결정되는 가격 체계와 달라진다.

우리나라의 1인당 국민소득이 2만 달러(3인 가족 기준으로 가구당 평균 6만 달러)라고 한다. 예를 들어, 우리나라의 빈부격차가 크지 않아서 대부분 가구의 연간 소득이 6만 달러에서 크게 벗어나지 않는다고 해보자. 6만 달러라면 우리 돈으로 연간 6,000만 원 조금 넘는 정도이고 한 달에 600만 원 정도이다. 이 소득으로는 100평짜리 아파트에 살면서 고가 자동차를 굴리고, 골프를 치고, 자녀에게 고액 과외를 시키기 어렵다. 따라서 빈부격차가 아주 작은 경우에는 고급 아파트, 고가 자동차, 골프채, 고액 과외 등에 대한 수요는 클 수가 없다.

우리나라에서 이런 것들이 큰 인기를 끌면서 시장에서 높은 가격이 형성되는 이유는 오직 소수의 사람들이 국민소득의 대부분을 차지하고 있기 때문이다. 빈부격차 없이 국민소득을 고르게 나누어 가진다면 사치품이나 부자들을 위한 상품은 빈부격차가 심할 때에 비해서 훨씬 더 적게 생산되는 반면 서민들이 즐겨 찾는 상품은 훨씬 더 많이 생산될 것이다. 그러면 서민을 위한 상품의 가격은 빈부격차가 심할 때에 비해서 낮아질 것이다. 많이 생산되면 가격은 떨어지기 마련이다.

　요컨대 한 나라의 총국민소득이 국민 각자에게 어떻게 분배되느냐가 그 나라에서 생산되는 상품의 가격에 직접적으로 영향을 미친다. 우리가 시장에서 목격하고 있는 상품 가격 체계는 우리나라의 소득분배 양태에 대응하여 나타난 결과이다. 현재의 우리나라 빈부격차에 대하여 우리 국민 대다수가 공정치 못하다고 생각하고 있으며 정치권도 이를 심각하게 받아들이고 있다. 그렇다면 그런 공정치 못한 빈부격차에 대응해서 결정되는 각종 상품의 가격도 공정치 못하다고 보아야 할 것이다. 이 말은 빵 가격, 아이스크림 가격, 우유 가격, 옷 가격 등 모든 가격이 옳지 못한 방향으로 왜곡되어 있다는 뜻이다.

　보수 성향 경제학자들은 완전경쟁시장에서 형성되는 상품의 가격이 수요-공급에 의해서 자연스럽게 결정된 것이므로 공정하다고 주장한다. 그러나 현재 시장에서 형성된 가격들이 옳다고 주장하기 위해서는 우선 현재의 소득분배 양태가 정당함을 입증해야 한다. 일부 보수 성향의 경제학자들도 걱정하듯이 우리나라의 빈부격차가 너무 심하다고 하면, 이에 대응해서 결정되는 시장의 가격 체계도 결코 정당하다고 말할 수 없다.

시장이 완전한 자유경쟁시장이든 아니든 한 가지 분명한 것은, 부자는 돈이 많기 때문에 시장에서 돈을 많이 쓰는 반면 가난한 사람들은 그렇지 못하다는 점이다. 돈이 없는 사람은 아예 시장에 가지도 못한다. 그러므로 시장에서는 돈 없는 사람이 원하는 것은 생산되지도 않는다. 달리 말하면, 돈 없는 사람은 시장에 아무런 영향을 주지 못한다. 시장은 돈 없는 사람들을 배제할 뿐만 아니라 돈 있는 사람들에 대해서도 재력에 비례해서 다르게 대우한다. 가난한 사람은 시장에 나가봐야 찬밥 신세지만, 고급 외제차를 몰고 나타나는 부잣집 마나님은 극진한 대우를 받는다. 왜 그런가?

부자들의 수요는 막강한 구매력을 배경으로 하기 때문에 이들이 원하는 상품은 잘 팔리고 돈벌이가 좋다. 반면에 가난한 사람들의 수요는 얄팍한 구매력을 바탕으로 하기 때문에 이들이 원하는 상품은 잘 안 팔리고 돈벌이가 시원치 않다. 불황 때에도 고급 백화점은 흥청대지만 서민들이 자주 찾는 재래시장은 파리를 날리는 이유도 그 때문이다.

시장에서는 잘 팔리는 상품은 많이 생산되지만 그렇지 않은 상품은 잘 생산되지 않는다. 그러므로 시장은 부자들의 요구에 더 충실할 수밖에 없다. 그 결과 부자들을 위한 상품은 잘 생산되고 많이 생산되는 반면, 가난한 사람들을 위한 상품은 잘 생산되지도 않고 많이 생산되지도 못한다. 그러면 우리가 가지고 있는 한정된 자원 역시 부자를 위한 상품의 생산에 쏠리게 된다. 빈부격차가 심해질수록 이런 쏠림 현상은 심해진다.

우리는 늘 자원의 부족을 한탄한다. 국토는 좁고 자연자원은 빈약하다. 그래서 해마다 엄청난 양의 원유와 각종 천연자원들을 수입하고 있다. 그러나 이렇게 한정된 아까운 자원들이 가난한 사람들보다는 부자들을 위해서 점점 더 많이 쓰이게 된다. 우리가 자랑하는 세계 최고 수준의 인적자원 역시 부자들을 위한 상품의 생산에 점점 더 많이 이용된다. 선진국의 과거 경험을 보면, 1인당 국민소득의 수준이 높아지고 빈부격차가 심해질수록 국민총생산에서 사치품이 차지하는 비중이 현저하게 증가한다.[16] 사치품은 주로 부자들을 위한 것들이다.

한 나라의 총국민소득이 국민들에게 어떻게 배분되어 있느냐가 한정된 자원이 시장에서 어떻게 이용되고, 어떤 상품이 생산되며 그 가격이 어느 정도가 될 것인지를 결정하는 데 중요한 요인이 된다. 달리 말해 한 나라의 소득분배 양태에 따라 시장의 결과(자원 이용 양태, 상품 생산 양태, 상품 가격)가 달라진다는 것이다. 문제는, 소득분배 양태와 이런 시장의 결과 사이에는 다음과 같이 순환고리가 형성된다는 것이다.

소득분배 양태 ⇄ 시장의 결과(자원 이용, 상품 생산, 가격)

소득분배 양태에 따라 각종 상품의 가격이 달라지지만 또한 시장에서 결정된 각종 상품의 가격은 소득분배 양태에 직접적으로 영향을 준다. 전자제품의 가격이 올라가면 전자제품 제조회사에 종사하는 직원의 연봉도 올라가며, 떡볶이의 가격이 올라가면 떡볶이 가게 아주머니의 수입도 늘어난다. 그러므로 일단 빈부격차가 벌어지면, 막강한 구매력을 행사하는 고소득 계층은 저소득 계층에 비해서 시장에서 더 큰 영향력을 행사하기 때문에 시장의 결과가 고소득 계층에 더 유리하게 바뀌게 된다. 이렇게 바뀐 시장의 결과는 다시 고소득 계층을 더욱더 부유하게 만들어줌으로써 고소득 계층의 영향력을 배가하는 결과를 초래하게 된다.

소득분배 양태와 시장의 결과 사이의 이런 악순환 때문에 보수 성향 경제학자들의 주장과는 달리 현실에서는 빈부격차가 자꾸 벌어지는 현상이 나타난다. 물론 빈부격차가 벌어지는 현상은 경제학자들이 전제하는 완전경쟁시장에서도 얼마든지 나타날 수 있다. 그러므로 현실에서 관찰되는 빈부격차의 확대를 보수 성향 경제학자들의 주장처럼 단순히 정경유착이나 불완전 경쟁의 탓으로만 돌릴 수는 없다.

| 1인 1표의 원칙과 1원 1표의 원칙

시장은 재력에 비례해서 영향력을 행사하는 장소라고 하는데, 어떤 정치학자는 시장이라는 제도도 일종의 투표 제도라고 말한다. 쉽게 말해서 시장이란 돈으로 투표하는 장소이며, 시장을 통해서 무엇을 결정한다는 것은 곧 돈으로 투표해서 결정한다는 뜻이다. 시장경제에 대해서 "소비자 주권"이라는 말을 자주 한다. 이 말은 시장에서는 소비자가 돈으로 자신의 주권을 행사한다는 뜻이다. 시장에서 800원짜리 라면이 1만 개가 팔렸다는 것은 사람들이 라면에 대하여 800만 원어치의 투표권을 행사했다는 이야기가 된다. 이렇게 각 상품에 대하여 사람들이 얼마나 많은 표를 던졌는가에 따라 그 상품의 생산량이 결정되고, 한정된 자원의 이용 양태가 결정되며, 누구에게 그 상품을 줄 것인가가 결정된다. 따라서 시장도 국민의 의사를 수렴하는 제도라고 할 수 있는데, 이때 국민의 의사는 주로 상품에 대한 국민의 선호이다.

이렇게 시장이라는 제도를 투표 제도의 일종으로 볼 수 있지만, 정치판과 시장은 한 가지 점에서 크게 다르다. 정치적 의사 결정 과정에서는 모든 사람이 똑같이 한 표의 권리만 행사하지만, 시장에서는 사람들이 경제력에 비례해서 권리를 행사한다. 정치학자들은 이 차이를 '1인 1표−人−票 원칙'과 '1원 1표 원칙'으로 요약하고 있다. 즉 정치판에서의 의사 결정 방법은 1인 1표의 원칙에 기초하고 있는 반면, 시장을 통한 의사 결정 과정은 1원 1표의 원칙에 입각하고 있다는 것이다.[15]

모든 사람이 동일한 권리를 행사한다는 점에서 1인 1표의 원칙은 철저하게 평등주의에 입각한 원칙이다. 하지만 1원 1표의 원칙은 돈 많은 사람들에게는 돈에 비례해서 더 많은 권리를 부여하는 한편, 돈 없는 사람의 의사는 아예 묵살한다는 점에서 매우 불평등한 원칙이라고 할 수 있다. 돈으로 표시되지 않으면 시장은 절실한 욕구와 하찮은 욕구를 구별할 재간이 없다. 시장은 오직 구매력을 가진 선호만을 반영하는 까닭에 가난한 사람들의 절실한 요구는 무시되기 일쑤이지만 부자들의 선호는 아무리 하찮은 것이라도 존중된다. 이렇게 보면, 시장은 국민의 의사를 공정하게 반영하는 제도가 아니다. 따라서 시장은 정의로운 제도라고 주장하기 어렵다.

1원 1표의 원칙은 내용상 불평등하기 때문에 결과적으로 현실에서도 불평등을 심화시킬 우려가 다분히 있다. 이런 점에서 보면, 1인 1표의 원칙은 시장에서 1원 1표 원칙의 강행이 초래할 불평등을 정치권에서 완화하기 위한 장치라고 할 수도 있다. 만일 시장에서 조성된 불평등을 정치권이 효과적으로 처리하지 못할 경우 불평등의 희생자라고 느끼는 국민의 다수가 길거리로 뛰쳐나와 기득권 계층을 상대로 불만을 터뜨리기 시작하면 결과적으로 온 나라가 큰 사회적 혼란에 휩싸이게 된다.

이런 일이 특히 후진국에서 자주 일어나는데, 요즈음에는 선진국에서도 나타나고 있다. 설령 이들이 길거리로 뛰쳐나오지 않더라도 정치가 매우 불안해질 수 있다. 사회정의를 원하는 다수의 국민이 정치권에서 투표권을 행사함으로써 정권을 무너뜨리기도 하는데, 그 결과 정권이 무시로 바뀌다 보면 온 나라가 정치적 혼란에 휩싸이게 된다.[16] 많은 후진국들이 이런 정치적 혼란을 겪어왔고 지금도 겪고 있다. 이렇게 정치가 불안해지는 가장 큰 이유는, 결국 시장경제의 채택이 극심한 불평등을 초래하는 경향이 있기 때문이다.

5장

공리주의자들은
뭐라고 할까?

: 벤담과 밀

THE
CAPITALIST
MARKETS &
JUSTICE

이로운 것이 옳은 것이요, 옳은 것이 이로운 것

100억 원의 재산을 가진 할아버지와 하나밖에 없는 손자가 바닷가 별장에서 다정하게 대화를 나누었다.

> 할아버지 내가 죽거든 내 재산의 반은 자선단체에 기부하고 나머지 반은 네가 가져라.
> 손자 걱정하지 마세요. 반이 아니라 80억 원을 자선단체에 기부하겠습니다.
> 할아버지 아이고 기특한 녀석! 이제야 너를 믿고 편히 눈을 감겠구나.

그리고 할아버지는 돌아가셨다. 손자는 약속을 지켰을까? 그러나 할아버지가 돌아가시기 무섭게 손자는 재산을 몽땅 독차지하였다. 손자의 이런 배신을 어떻게 보아야 하나? 공리주의를 제창한 제러미 벤담J. Bentham의 논리로 보면, 할아버지와의 약속을 어긴 손자의 행동은 정당하다. 공리주의는 이익 추구를 옳은 행동이라고 보는 사상이다. 20억 원이 아닌, 100억 원을 가지게 되었으니 손자의 즐거움은 5배가 된다. 할아버지는 이미 돌아가셨으므로 이익도 손해도 없다. 손자의 약속 위반은 두 사람의 이익을 크게 늘렸으므로 정당하다는 것이다.

공리주의는 개인의 행동뿐만 아니라 제도나 국가의 정책에도 적용된다. 수년 전 우리 사회를 한동안 시끄럽게 했던 세종시 건설 문제를 예로 들어보자. 원래 이 문제를 둘러싼 논쟁에서 핵심 쟁점은 지역 간 균형 발전 문제였다. 잘 알려져 있듯이 우리나라 수도권의 인구 집중은 세계에서 그 유례를 찾을 수 없을 정도로 극심하다. "국토 면적의 11.8%에 불과한 수도권에 전체 인구의 46.3%가 집중되어 있고, 국가 공공기관의 84.3%, 30대 대기업 본사의 88.5%가 수도권에 집중되어 있다. (…) 금융 대출의 62.2%, 예금액의 67.9%가 수도권에 집중되어 있다." 이 말은 우리나라 수도권 비대화의 심각성을 설명할 때 으레 인용된다.

이와 같이 인구와 경제활동이 수도권에 몰린 결과 수도권은 날로 번성하고 지방은 활기를 잃은 채 날로 뒤처지고 있다. 대한민국의 모든 지역이 골고루 잘살아야 한다는 이념과는 거리가 먼 상황이 수십 년 계속되고 있다. 지역 간 불균형 자체도 문제이지만, 수도권의 혼잡 및 과밀로 인한 사회적 손실도 큰 문제이다. 이런 문제를 해결하기 위한 한 방편으로 세종시 건설 계획이 추진되었다. 인구와 경제활동을 지방으로 분산시켜서 지역 간 불균형을 완화해보자는 뜻이 이 계획에 담겨 있다.

그러나 보수 성향 경제학자들은 대체로 이 계획에 강력하게 반대하였다. 이유가 무엇이었을까? 이들의 반대에는 시장의 원리가 큰 몫을 차지한다. 수도권이 비대화되는 이유는 생산성이 높고 살기 편한 곳이기 때문이다. 따라서 자연스러운 현상이다. 수도권의 비대화를 억지로 막는 것은 기업의 생산성을 떨어뜨리고 나아가서 국민경제의 경쟁력을 저해하는 짓이다. 요컨대 세종시 건설이 경제적으로도 막대한 손실을 초래한다는 것이다.

지역 간 균형 발전이냐 아니면 국가경쟁력이냐를 놓고 치열한 공방이 전개되는 가운데 여론의 눈치를 보던 이명박 대통령은 2007년 대선에서 세종시 건설 계획의 추진을 선거 공약으로 내걸었다. 하지만 3년 후 대통령은 장기적 국익을 고려해서 이 계획을 취소한다고 발표하기에 이르렀다. 이 발표로 또다시 온 나라가 술렁거렸다. 이번에는 지역 간 불균형 문제에 선거 공약 불이행의 문제까지 겹쳤다. 보수 성향 경제학자들은 이 취소를 지지하였다. 그러나 야당 인사들은 물론이고 일부 여권의 중진급 인사들마저도 국민과의 약속을 어기는 조치라고 비난하였다. 경제적 이익을 택할 것인가 아니면 국민과의 약속을 지킬 것인가?

벤담의 공리주의에 의하면, 경제적 이익이 충분히 클 경우 선거 공약 취소는 정당하다. 아무리 선거 공약이라도 국익에 어긋나면 취소해야 한다는 것이다. 그러나 중국 역사책에 나오는 관중의 이야기를 들어보자. 관중은 중국 역사상 최고의 명재상으로 추앙받고 있다. 공자도 《논어》에서 관중을 극찬하고 있다.

제나라가 노나라와 전쟁을 벌였을 때의 이야기이다. 이 전쟁에서 제나라가 승리하였다. 그래서 노나라 땅의 일부를 할양받는 조건으로 강화조약을 맺게 되었다. 양쪽 나라의 왕과 중신들이 모두 참석한 가운데 강화조약을 체결하는 회담이 열렸다. 그런데 그 회담 장소에서 노나라 장군 한 사람이 갑자기 제환공(제나라의 왕)에게 달려들어 목에 비수를 들이대며 노나라 땅을 사양할 것을 공식 선언하라고 협박하였다. 겁에 질린 제환공이 포기 선언을 하고 말았다. 그러자 그 장수는 얼른 제자리로 돌아가 시치미를 떼고 앉아 있었다.

뒤늦게 화가 난 제환공은 방금 전의 선언이 무효임을 주장하려 했으나 관중이 나서서 말렸다. 노나라 장군이 목숨을 무릅쓰고 협박한 것은 자기 나라를 사랑하는 충정에서 나온 의로운 행동일 뿐만 아니라, 아무리 협박에 의한 것이라도 군주가 한 번 선언한 약속을 어기는 것은 옳지 못하다고 간곡하게 간하였다. 영특한 제환공도 그 깊은 뜻을 알아차리고 관중의 권고에 따랐다. 이런 일이 세상에 알려지자 과연 다른 나라들도 제나라 정부의 말이라면 굳게 믿고 따라주었다. 제나라 정부의 말 한마디에는 권위가 서렸다. 신뢰를 바탕으로 한 관중의 정치 덕분에 제나라는 춘추시대(춘추전국시대의 전반부)에 중국 대륙에서 가장 번성한 나라가 되었으며, 제환공은 천하를 호령하는 첫 번째 패자가 되었다.

| 돼지철학 |

좀 더 정확하게 말하면 공리주의는 행복을 옳고 그름의 기준으로 삼는 사상이다. 공리주의 정의관은 '최대 다수의 최대 행복'으로 요약된다. 앞의 할아버지와 손자의 예에서, 손자의 약속 위반은 손자의

행복을 크게 증가시키지만, 할아버지의 행·불행에는 아무런 영향을 주지 않는다. 손자의 약속 위반은 두 사람의 행복의 합계를 크게 증가시켰으니 정당하다. 공리주의는 누구나 자신의 행복을 가장 소중하게 생각한다는 엄연한 현실을 바탕으로 한 사상이다.

행복이란 무엇인가? 철학자들이라고 해서 행복을 한마디로 시원하게 정의해주지는 않는다. 그만큼 행복은 복잡한 개념이다. 보통 사람들도 그쯤은 알고 있는데, 유명한 철학자 중에서 유독 행복을 한마디로 시원하게 정의한 인물이 있었다. 벤담이 바로 그 사람이다. 그는 행복이란 쾌락 그 이상도 그 이하도 아니라고 딱 잘라 말하였다. 쾌락이 곧 행복이고 행복이 곧 쾌락이라는 식이다. 그의 말을 좀 더 풀이한다면, 행복이란 즐거움이나 좋은 기분이 계속 유지되기를 원하는 상태이며, 반대로 불행이란 나쁜 기분이나 불쾌함이 사라지기를 원하는 상태이다. 마치 세상 만물이 중력 법칙의 지배에서 벗어날 수 없듯이 인간은 두 가지 욕구의 지배를 받고 있다. 쾌락 추구 욕구와 고통 회피 욕구가 그것이다. 행복은 쾌락의 추구나 고통 회피의 결과에 불과하다고 벤담은 주장했다.

그는 한술 더 떠서 행복은 그 자체로서 목적이며, 다른 모든 가치는 행복을 위한 수단에 불과하다고 주장했다. 자유니 평등이니 하는 것들 모두 개인의 행복을 위한 것이 아니라면 아무런 소용이 없다는 것이다. 그는 신성한 성경의 권위에도 대들었다. 과거 서구 사회에서는 하느님의 말씀과 성경이 옳고 그름을 판가름하는 근거였다. 성경에 따라 행동하는 것이 옳은 것이요 성경에 어긋나면 그른 것이다. 이 세상에 하느님의 뜻을 세우는 것이 곧 정의로운 사회를 만드는 길이다.

그러나 벤담은 하느님의 말씀이나 성경에 따라 옳고 그름을 판단할 것이 아니라 전적으로 개인의 행복에 따라 판단해야 한다고 우겼다. 행복에 도움이 되는 행동은 옳은 것이고 그렇지 않은 행동은 나쁜 것이다. 법이나 제도도 마찬가지이다. 국민을 행복하게 해주는 법이나 제도는 정당한 것이고 불행하게 하는 법이나 제도는 정당하지 못한 것이라고 외쳐댔다. 벤담의 논리를 곧이곧대로 따르면 간통을 벌하는 법은 나쁜 법이다. 서로 좋아서 간통을 하는데, 이를 벌하는 것은 두 사람의 행복을 빼앗는 짓이다.

누구에게나 행복은 좋은 것이고 이로운 것이다. 행복을 옳고 그름의 근거로 삼는다는 것은, 이로운 것이 옳은 것이고 해로운 것은 옳지 못한 것으로 본다는 뜻이다. 과연 이렇게 생각해도 되는가? 벤담은 복잡하게 생각하는 것을 질색으로 싫어했다. 이익이 되는 것(좋은 것)이 곧 정당한 것이고 정당한 것은 곧 이익이 된다고 그는 줄곧 떠들었다. 오늘날의 입장에서 보면 행복을 근거로 옳고 그름을 판단하는 것이 별로 이상할 것이 없지만 기독교 사상이 지배하던 당시로서는 획기적이면서 위험한 발상이었다.

비록 '돼지철학'이라는 비난을 받기도 했지만 벤담의 사상은 수많은 추종자들을 끌어모으면서 '공리주의'라는 고상한 이름 아래 급속하게 전파되었다. 누구나 자신의 행복을 최고로 중요하게 생각하면서 행복을 추구한다. 매일같이 회사에 출근하는 직장인들은 자신과 자기 가족의 행복을 위해서 일을 한다. 그것이 우리의 현실이다. 회사와 국가를 위해서 일할 것을 강요하면 아마도 다들 도망갈 것이다. 공리주의는 이런 현실에 바탕을 둔 세속적인 철학 사상이기 때문에 설득력이 강한 철학 사상이기도 하다. 어느 철학자는 "때로는 철학

사상이 세상 사람들의 사고방식을 근본적으로 바꾸기도 한다. (…) 공리주의가 바로 이런 사상 중의 하나이다"라고 말하고 있다.[1]

벤담은 옳고 그름의 기준, 즉 정의의 원칙을 하늘에서 땅으로 끌어내려 인간의 행복에 정초시킴으로써 당시로서는 획기적인 정의관을 제시하였다. 그가 제창한 공리주의는 오늘날 보수 성향 경제학자들이 그토록 강조하는 '부의 창조'나 성과주의를 근본적으로 되짚어보는 틀을 제시하고 있다.

| 묵자 사상과 공자·맹자 사상 |

18세기 벤담의 공리주의가 서구 사회에서 아주 획기적인 사상이었다고 하지만, 중국에서는 이미 기원전에 이와 비슷한 사상이 널리 퍼져 있었다. 춘추전국시대의 묵자墨子 사상이 바로 그것이다. 오늘날 공자와 맹자의 사상은 우리에게도 잘 알려져 있지만, 묵자 사상은 좀 생소하다. 그러나 춘추전국시대에는 묵자의 사상이 상당히 위세를 떨쳤던 모양이다. "천하의 말이 양과 묵의 말이 아닌 것이 없다(양자와 묵자의 말이 아닌 것이 없다)"라고 맹자가 개탄한 것만 보아도 그 위세를 짐작할 수 있다.

공자와 맹자는 이利와 의義를 철저하게 구분하였다. '이'란 이익 혹은 이로움을 의미하고 '의'란 옳음 혹은 정당함을 의미한다. "군자는 의에 밝고 소인은 이에 밝다君子喩於義 小人喩於利" "이익이 되는 것을 보면 그것이 정당한지를 먼저 생각하라見利思義" 등 공자의 말씀은 그의 사상이 의를 중시하고 이를 천시하였음을 단적으로 보여주고 있다.

이익 추구에 대한 공자의 부정적 시각과는 대조적으로 묵자는 이익 추구가 비도덕적이라고 보지 않았다. 얻어서 기쁜 것이 곧 이익이며, 얻어서 싫은 것이 손해라고 정의한 다음 이익이 인간 행위의 궁극적 목적이라고 묵자는 주장하였다. 옳다는 것이 무엇이며 좋다는 것은 무엇인가? 묵자에 의하면 옳다는 것은 곧 이익이 있다는 뜻이며, 좋다는 것은 위로는 하늘의 이익에 부합하고, 가운데로는 귀신의 이익에 부합하며, 아래로는 사람의 이익에 부합한다는 뜻이다. 이처럼 묵자는 이익의 관점에서 옳음과 좋음을 정리하였다.

공자와 맹자가 효孝를 그토록 강조하였지만, 묵자는 부모를 이롭게 하는 것이 곧 효라고 간단하게 정의하면서 효 역시 이익의 관점에서 보았다.[2] 나아가서 그는 이익이 되는 것이 곧 옳은 것이요 옳은 것이 곧 이익이 되는 것이라고 주장하기에 이른다.[3] 이를테면 국민에게 이익이 되는 정책이나 법은 정당한 것이다. 반대로 정당한 정책이나 법은 당연히 국민에게 이익이 되어야 한다. 이와 같이 이로움과 옳음을 한 덩어리로 보았다는 점에서 묵자의 사상과 벤담의 공리주의는 일맥상통한다.

그러나 인의仁義를 최고의 덕목으로 삼는 공자와 맹자의 입장에서 보면 묵자 사상은 천박한 정도가 아니라 매우 위험한 사상이다. 이에 관한 맹자의 입장이 《맹자》의 「양혜왕」 편에 분명히 나타나 있는데, 이 부분은 맹자의 이야기가 나올 때마다 으레 인용될 정도로 유명하다.

양혜왕은 약육강식이 판을 치던 춘추전국시대 후반(이른바 전국시대) 중국 중원의 한복판에 있던 위나라의 왕이다. 위나라는 한때 《손자병법》의 작가로 알려졌던 손빈의 파란만장한 복수극이 펼쳐졌던 역사의 무대이다. 제나라의 군사 참모였던 손빈이 위나라의 군대를 기발한 병법으로 유인해서 대파하고 자신의 동창이자 원수이기도 한 적장 방연을 자살하게 만든다는 내용이 이 복수극의 줄거리인데 중국 역사 드라마의 단골 메뉴이다. 위나라는 방연의 사후 국세가 급속히 기울었고 게다가 날로 강성해지는 서쪽 진나라에 위협을 느낀 나머지 수도를 대량(지금의 카이펑)으로 옮겼는데 그때의 왕이 바로 양혜왕이다.

위나라의 옛 영광을 되찾기 위해서 인재를 모으던 참에 맹자를 만나자 양혜왕은 "선생께서 천리 길을 멀다 않고 오셨으니 장차 우리나라를 이롭게 할 방법이 있습니까?"라고 물었다. 맹자가 대답하기를 "왕께서는 왜 하필 '이'를 말씀하십니까? 오직 '인의'만이 있을 뿐입니다." 모든 왕이 자기 나라의 이익만 생각하고 나라를 다스리면 나라들끼리의 싸움이 그치지 않으니 온 천하가 어지러워지며, 대소 신료들이 자기 가정만 생각하고 잇속 차리기에 급급하면 정치가 어지러워지니 나라가 위태로워지고, 백성들이 제각기 자기 자신만 생각하고 이익만 쫓아다니면 온 사회가 싸움판이 되니 결국 나라가 망하게 된다. 그러므로 오직 인과 의로 나라를 다스려야 한다고 맹자가 간곡하게 호소하였건만, 정글의 법칙이 지배하던 당시의 시국에서 공자와 맹자의 주장은 너무 한가롭게 들렸을 것이다.

이와 비슷한 이야기가 《맹자》의 다른 곳에도 나온다. 맹자가 이르기를, 신하 된 자가 오직 자신의 이익만 마음에 품고 왕을 섬겨서 망하지 않은 나라가 없으며, 아들이 오직 자신의 이익만 생각하고 아버지를 섬기며 아우가 오직 자신의 이익만 생각하고 형을 섬겨서 망하지 않는 가정이 없다. 그러므로 우리가 어떤 행동을 할 때는 오직 그것이 정당한지 아닌지만 생각할 뿐 이익이 되는지 아닌지는 생각하지 말아야 한다. 이런 공자와 맹자의 가르침은 공자의 살신성인殺身成仁(자신을 죽여서 인을 완성한다) 그리고 맹자의 사생취의捨生取義(생명과 의, 두 가지를 한꺼번에 얻을 수 없다면 생명을 버리고 의를 취한다)로 요약할 수 있다. 오늘날에도 공자와 맹자의 가르침을 마음에 품고 있는 사람들에게는 묵자의 사상이나 공리주의가 몹시 못마땅하게 보일 것이다.

| 기독교인과의 대화

물론 서양에도 공리주의에 강한 거부감을 보이는 지식인들이 많이 있었다. 벤담과 그의 추종자들의 말대로 인간의 쾌락을 그렇게 소중하게 떠받들어야 한다면, 다른 사람들에게 괴로움을 주고 나서 이들의 고통을 즐기는 쾌락(악의적 쾌락)도 정당한 것으로 인정해야 하는가? 로마 시대에 콜로세움에서 사자가 기독교인들을 물어 죽이는 장면을 보고 수많은 로마 시민들이 환호하며 즐겼다고 하는데 그래도 되는가? 악한들이 악한 짓을 즐기는 것은 어떻게 보아야 하는가? 설령 악의적인 쾌락은 제외한다고 하더라도 쾌락에는 여러 가지가 있다. 고상한 것으로부터 저질에 이르기까지 천차만별이다. 이들을 모두 똑같이 취급할 것인가? 할아버지와의 약속을 헌신짝처럼 내동댕이친 손자의 경우처럼 약속을 어김으로 인한 행복이 약속을 지킴으로 인한 행복보다 크다면 약속을 어겨도 좋은가? 이런 식의 수많은 질문에 벤담의 열렬한 추종자들도 난처해졌다.
  벤담의 돼지철학에 쏟아지는 수많은 비판으로부터 공리주의를 구

출하여 새롭게 단장한 사상가가 바로 밀이다. 그가 42세에 쓴 《정치
경제학 원리》는 애덤 스미스의 《국부론》, 리카도의 《정치경제학과 조
세의 원리》와 더불어 경제학이 창시된 이래 200여 년 동안 경제학계
를 지배한 다섯 권의 경제학 교과서 중의 하나로 평가받고 있다. 밀
은 경제학뿐만 아니라 철학 쪽에서도 큰 족적을 남겼다.

밀이라고 하면 '천재'라는 수식어가 늘 따라다닌다. "3세에 그리스
어를 공부했고, 8세에 라틴어를 공부했으며, 13세에 수학, 물리학,
화학에 통달하고 나서 경제학을 공부하기 시작하였고, 15세에 모든
교육과정을 끝냈으며, 20세에 정신병자가 되었음." 이것이 밀의 젊
은 시절 이력서이다.[4] 밀은 모든 교육과정을 끝낸 15세부터 약 5년간
벤담의 방대한 저서를 편집하였는데, 벤담의 저서를 읽고 나서야 비
로소 자신이 생각한 모든 것의 구심점을 찾았다면서 무척 감동하였
다고 한다. 16세에 공리주의를 전파하기 위한 사회적 모임을 결성하
였다고 하니 사회적으로도 대단히 조숙한 천재였음에 틀림없다.

밀은 공리주의에 쏟아지는 비판들 대부분이 공리주의를 제대로 이
해하지 못한 탓이라고 생각하였다. 그래서 그는 공리주의에 대한 비
판을 조목조목 반박하고 자신의 생각을 가미한 논문을 발표하였는
데, 평이 좋아서 2년 후에 이것을 《공리주의》라는 제목의 책으로 엮
어서 발간하였다. 바로 이 책이 공리주의에 대하여 가장 많이 인용되
는 고전 중의 하나이다.[5]

기독교가 서양 사회의 구석구석을 지배하던 시대였기 때문에 공리
주의에 대하여 가장 황당해하고 불쾌하게 생각하였던 사람들은 아마
도 기독교인이었을 것이다. 밀도 이 점을 상당히 의식하였는지 《공리
주의》 여기저기에서 기독교인들이 제기함 직한 비판을 적고 이에 대

한 자신의 생각을 기술하고 있다.[6]

기독교인 하느님 아버지께서 우리 인간을 창조하시고 우리 인간에게 일용할 양식을 주시었으니 우리 인간은 모름지기 하느님의 영광을 위해서 살고 성경의 말씀에 따라 행동하고 그래서 이 땅에 하느님의 나라가 구현되도록 해야 하는데, 공리주의는 기분 내키는 대로 살고 쾌락을 추구하라고 가르치고 있으니 도대체 이런 망발이 어디 있습니까?

밀 기분 내키는 대로 살라는 것이 아니라 행복하게 살라는 겁니다. 하느님께서 우리 인간이 불행하게 사는 것을 원하시겠습니까? 우리 인간이 불행하게 산다면 하느님께서 좋아하실까요?

기독교인 물론 그렇지는 않지요. 하느님도 우리 인간이 행복하게 살기를 원하시겠지요.

밀 바로 그겁니다. 하느님의 의도와 성경의 참뜻을 잘 알아야 합니다. 하느님께서 왜 생명을 창조하셨겠습니까? 우리가 불행하게 살기를 원해서 인간을 창조하셨을까요? 우리 인간을 창조하신 목적이 무엇이겠습니까? 결국 우리 인간이 행복하게 사는 것이 아닐까요?

기독교인 그러나 공리주의가 주장하듯이 인생을 즐기려고만 하고 쾌락만 추구한다면 교회 나오는 것을 귀찮아하고 성경 말씀을 멀리 하게 되지 않겠습니까?

밀 그렇지 않습니다. 행복한 삶이 하느님의 참된 뜻이라면 우리 인간은 그 뜻에 따라야 한다는 것이 공리주의의 가르침입니다. 공리주의야말로 기독교 정신에 충실한 사상이며 그런 점에서 상당히 종교적이라고 말할 수도 있습니다.

기독교인 공리주의는 즐거운 것이 옳은 것이요 즐겁지 못한 것은 옳지 않다고 가르치고 있습니다. 그렇다면 하느님의 뜻을 이 세상에 세우기 위해서 순교한 교인들이나 나라를 위해서 전쟁터에 나가서 싸우다가 죽은 사람들, 이웃을 위해서 고통을 감내하는 사람들은 자기 자신의 행복을 포기한 사람들이니 모두 나쁜 짓을 한 사람들이겠네요?

밀 다른 사람을 위한 자기희생은 인간 사회에서 볼 수 있는 최고의 미덕임에 의심의 여지가 없습니다. 하지만 우리는 순교자나 전사들 그리고 성인들이 자기 자신을 희생한 이유를 곰곰이 생각해봐야 합니다. 자신의 행복보다 더 중요한 그 무엇이 있기 때문이 아닐까요? 단순히 자기희생 그 자체를 위해서 자기희생을 했다고는 볼 수 없습니다. 이웃이나 사회에 아무런 보탬이 되지 않는다면 그들이 과연 자기희생을 감행하였을까요? 순교자나 영웅, 성인들이 왜 그토록 칭송을 받습니까? 그들의 자기희생이 사회 전체의 행복 증진에 기여했기 때문입니다. 다른 사람의 행복에 기여하지 못한 자기희생은 칭찬받을 일이 못 됩니다.

기독교인 그렇지만 순교한 교인들은 하느님의 나라를 건설하는 데 보람을 느끼고 죽어가면서도 행복해하지 않았을까요? 나라를 위해서 싸우다 쓰러진 전사들 역시 보람을 느끼면서 행복하게 죽지 않았을까요?

밀 글쎄요. 그렇게 생각할 수도 있겠지요. 그러나 공리주의 도덕관은 자기희생 그 자체가 옳다고는 보지 않습니다. 다만 그것이 다른 사람들의 행복을 증진하기 때문에 위대하다고 봅니다. 사회 전체 행복의 총량을 증가시키지 못하는 자기희생은 낭비일 뿐입니다.

기독교인 그렇게 행복이 중요하다면 다른 사람들을 괴롭히면서 자신의 행복을 추구하는 사람들은 어떻게 생각해야 합니까?

밀 남을 불행하게 하는 행위는 공리주의에서 용납되기 어렵습니다. 공리주의 입장에서 옳고 그름을 판단할 때 궁극적 근거는 개인의 행복이 아니라 이것을 전부 합친 사회 전체의 행복입니다. 바로 이 점을 다시 한 번 더 강조하고 싶습니다. 남들을 불행하게 하는 것은 사회 전체의 행복을 떨어뜨리는 짓입니다. 공리주의에서는 사회 전체의 행복이 가장 중요하기 때문에 남이 나에게 해주기를 바라는 것을 나도 남에게 해주며 이웃을 나 자신처럼 사랑하라는 성경 말씀은 공리주의 윤리가 달성할 수 있는 최고의 경지입니다.

기독교인 그렇다면 나의 큰 행복을 위해서 남을 약간 괴롭히는 이기적인 행동은 옳은 행동이겠군요. 성경 말씀에 남이 왼쪽 뺨을 때리거든 오른뺨을 내밀어라, 이웃을 사랑하기를 내 몸같이 하라고 하셨는데, 이기적인 사람들은 성경의 말씀과 정반대로 행동합니다.

밀 이기적인 사람은 그 자신이 행복하지 못할 가능성이 높은 사람입니다. 따라서 공리주의 입장에서 보아도 이기주의나 개인주의는 바람직하지 않습니다. 만족스러운 삶을 위해서는 적당량의 평온tranquility과 적당량의 활기excitement가 있어야 합니다. 대체로 이기적인 사람들은 욕심이 많아서 마음의 평온을 누리지 못합니다. 이기적인 사람은 이웃에 대한 사랑이나 공동체에 대한 애정이 결여되어 있는데 그만큼 흥겨운 일도 적어집니다. 적당량의 평온과 적당량의 활기를 가지지 못하기 때문에 이기심이 강한 사람은 행복하기 어렵습니다. 우리 주위를 보십시오. 이웃에 대한 사랑이 깊은 사람들, 공동체 의식이 강한 사람들은 대체로 활기찬 생활을 하면서 신나게 살고 있지 않습니까? 그런 사람들이 진정 행복한 사람들입니다.

| 철학자와의 대화

지금도 공리주의에 대하여 거부감을 보이는 철학자들이 많이 있는데 밀이 살던 당시에는 아마도 훨씬 더 많았을 것이다. 이들은 벤담의 공리주의를 돼지철학이라고 비아냥거렸다. 그렇지만 이들 중에서 도덕이나 정의의 원칙을 한마디로 시원하게 이야기해준 철학자가 과연 있었느냐고 밀은 반문한다. 맨날 말싸움이나 하고 공리공담이나 늘어놓다 보니 플라톤과 소크라테스가 철학을 논하던 그리스 시대에 비해서 철학에 발전이 없었다고 밀은 혹평하였다. 우리가 원하는 것은 그런 철학자들의 공리공담이 아니라 설득력 있고 현실의 문제를 해결하는 데 도움이 되는 원칙이다. 뜬구름 잡는 이야기가 아니라 구체적인 원칙이 필요하다. 아무리 공리주의에 반대하는 학자들이라도 일반인들이 사실상 가장 중요하게 생각하는 것은 자신의 행복임을 부인하지는 못할 것이다. 공리주의야말로 가장 현실적이고 많은 사람들이 공감할 수 있는 원칙을 제시하고 있다고 밀은 강변하였다.

이렇게 운을 뗀 밀은 공리주의에 대하여 철학자들이 흔히 제기하는 반론이나 비판들에 대하여 조목조목 해명을 하였는데, 여기에서 눈길을 끄는 것은 밀도 그가 동물과 구별되는 인간의 특성을 대단히 강조하고 있다는 점이다. 인간 사회는 동물 사회와 근본적으로 다르다고 말하는 사람이 있고, 기본적으로 별로 다를 것이 없다고 말하는 사람도 있다. 근본적으로 다르다고 말하는 사람들은 동물과 구별되는 인간의 특성으로 이성에 주목하면서 인간이 바로 이 이성의 힘으로 자연의 제약을 얼마든지 극복할 수 있으며 나아가서 사회문제도 잘 해결해 나갈 수 있다고 본다. 그래서 이들은 대체로 인류의 미래에 대하여 낙관적이다. 그리고 이성을 가지고 있다는 점에서 모든 인간은 동등하며 똑같이 존엄하다고 생각하는 경향이 있다. 이런 부류의 사람들 중에 가장 잘 알려진 사상가는 아마도 마르크스일 것이다. 비록 평등주의자는 아니었지만, 그는 인간의 잠재력 내지는 인간다움을 대단히 강조하였다.

반면에, 인간 사회나 동물 사회나 기본적으로 같다고 생각하는 사람들은 이성의 측면보다는 본능의 측면이 인간 사회의 움직임을 주도하는 요인이라고 보는 경향이 있다. 인간이나 동물이나 먹으려는 본능과 성적 본능에 따라 움직인다는 점에서 하등 다를 바 없다. 다만, 인간은 이런 본능을 좀 더 지능적으로 추구한다는 점에서 동물과 다를 뿐이다. 인간의 이성은 이런 본능적 욕구를 효과적으로 충족시키기 위한 한낱 도구에 불과하다. 이와 같이 욕망추구의 도구에 불과한 이성을 철학자들은 도구적 이성이라고 부른다. 인간 사회가 동물 사회와 기본적으로 같다고 보는 사람들은 대체로 진화론을 신봉하면서 자연 질서를 중요하게 생각한다. 그러다 보니 강자에 의한 약자의 지배나 불평등을 자연스럽게 생각하는 경향이 있다. 이 두 번째 부류의 사람들 중에서 가장 유명한 사상가는 아마도 《인구론》으로 널리 알려진 맬서스일 것이다. 그는 인간과 동물에 공통적인 식욕 본능과 성적 본능이라는 두 가지 관점에서 인간사회를 설명하고 예측하였다. 인간의 성욕은 너무 강해서 인구는 계속 늘어나는 반면, 인간의 식욕본능을 충족시키기 위한 수단(식량)은 자연의 힘에 의해서 절대적으로 제약된다. 이것은 거스를 수 없는 엄연한 현실이며 이로부터 인류의 비극이 시작된다고 그는 주장하였다.

이런 두 부류의 사람들 중에서 밀은 여러 가지 면에서 단연 맬서스 쪽보다는 마르크스 쪽에 훨씬 더 가까운 인물이라고 할 수 있다. 그렇다고 밀이 사회주의자라는 것은 아니다. 어떻든, 밀은 인간의 특성으로 이성을 강조하면서 쾌락의 성격에 관하여 벤담보다 진일보한 의견을 내놓았다. (*이탤릭체로 쓴 부분은 밀의 저서에서 직접 인용한 것임.)

철학도 사람이 쾌락만을 좇아 즐기려고만 한다면 돼지와 다를 것이 무엇이겠습니까?

밀 올바른 지적입니다. 쾌락을 추구하고 고통을 기피한다는 점에서 인간이나 동물이나 마찬가지입니다. 하지만 인간이나 동물이 공통적으로 느끼는 쾌락이 있고 오직 인간만이 느낄 수 있는 쾌락이 따로 있습니다. 쾌락에도 질적으로 높은 것이 있고 낮은 것이 있습니다. 따라서 똑같이 쾌락을 추구한다고 해서 인간과 돼지를 똑같이 보는 것은 타당하지 않습니다. 공리주의를 이야기할 때에는 쾌락의 종류를 구분하는 것이 중요하다고 생각합니다.

철학도 당신이 말하는 고차원 쾌락은 어떤 것입니까?

밀 동물이 갖지 못한, 인간만이 가진 우월한 능력faculty을 사용했을 때 느끼는 쾌락입니다. 인간의 가장 큰 특징은 그 탁월한 정신적 능력이지 않습니까? 이런 정신적 능력 때문에 인간은 자연의 신비를 느끼며, 진리 탐구와 예술을 즐기며, 역사를 음미합니다. 바로 이런 정신적 능력을 발휘함으로써 느낄 수 있는 즐거움이 차원 높은 즐거움이라고 할 수 있지요. 차원 높은 즐거움을 모르는 행복은 진정한 행복이라고 할 수 없습니다.

철학도 고차원의 쾌락이 저차원적 쾌락보다 더 큰 행복감을 가져다준다고 말하고 싶어 하시는 것 같은데 그걸 어떻게 압니까?

밀 저차원 쾌락과 고차원 쾌락을 모두 경험해본 사람은 차원 높은 쾌락이 더 깊고 더 크고 더 영속적인 행복감을 준다는 것을 압니다. 아무리 동물적 쾌감이 100% 보장된다고 하더라도 동물이 되고 싶은 인간은 없지 않습니까. (…) 아무리 바보나 무식자나 악동의 신세가 좋다고 설득한들 지적인 사람치고 바보가 되기를 원하는 사람은 없으며, 교육을 받은 사람치고 무식자가 되고 싶은 사람은 없고, 감정과 양심을 가진 사람치고 이기적이고 야비한 사람이 되고 싶은 사람은 없을 것입니다.

철학도 그렇지만 우리 주위를 보면 저차원적 쾌락에 빠져서 동물과 다름없는 생활을 하는 사람들도 많지 않습니까?

밀 물론 그렇습니다. 그렇다고 해도 고차원적 쾌락이 저차원적 쾌락보다는 본질적으로 더 우월하다는 사실에는 변함이 없습니다. 저차원적 쾌락에 빠져 있는 사람들도 이것을 모르지는 않을 것입니다. 고차원적 쾌락을 즐기기 위해서는 끊임없는 자기 계발이 있어야 하는데, 의지가 약해서 작심삼일 하는 사람들도 적지 않으니까요. 인간은 속성상 근시안적입니다. 그래서 멀리 내다보고 행동하지 못하는 경우가 많습니다. 이런 사람들은 일시적 유혹에 빠져서 저차원적 쾌락에 탐닉하게 됩니다.

철학도 개인의 노력에 의해서 행복해질 수 있다는 말입니까?

밀 사람이 지적 취향을 잃으면 고상한 포부도 잃는 법입니다. 사람이 저차원적 쾌락에 빠지는 것은 그것이 더 좋아서가 아니라 그것밖에는 즐길 것이 없거나 더 높은 쾌락을 즐길 능력을 이미 상실했기 때문입니다.

철학도 행복을 위한 개인의 노력이 중요하다고 말씀하셨습니다. 우리

주위를 보면 젊었을 때는 고차원적 쾌락에 대한 열정을 가지고 있다가도 늙어감에 따라 게을러지고 이기적으로 변하면서 저차원적 쾌락에 안주하는 사람들이 많은데 그것은 어떻게 된 일입니까?

밀 물론 행복한 삶을 위해서는 개인의 노력, 특히 정신적 계발을 위한 노력이 중요하지만, 이에 못지않게 사회·경제적 여건도 중요합니다. 많은 사람들이 고차원적 쾌락을 즐기지 못하고 있다고 말하셨는데, 그 사람들이 고차원적 쾌락을 모르는 것이 아니라 이를 즐길 여유를 가지지 못한 탓도 크다고 봅니다. 먹고살기에 바쁘고 생활에 지치다 보면 고차원적 쾌락을 즐기는 능력조차 쇠퇴하게 됩니다. 사람들이 처한 사회적 상황이 고차원적 쾌락을 즐길 능력을 살리지 못하게 한다는 것입니다.

| 경제성장이 멈추면 어떻게 되는가 |

우리는 흔히 행복은 순전히 개인적인 일이라고 생각한다. 그러나 국민 각자가 행복하게 살기 위해서는 사회·경제적 여건의 조성도 매우 중요하다는 밀의 주장은 왜 그가 단순한 먹물이 아니라 벤담과 마찬가지로 행동하는 지성인이 되었는지를 말해준다. 그는 노동조합의 결성, 근로시간 감축, 모든 국민에 대한 보통교육의 실시, 소득의 재분배 등 사회 개혁을 위하여 열심히 뛰었다. 특히 소득의 공평한 재분배를 강조하였는데 빈곤 때문에 어쩔 수 없이 불행하게 사는 사람들이 많다고 생각하였기 때문이다. 맬서스와는 달리 밀은 인간의 능력과 기술 진보에 관하여 비교적 낙관적이었다. 마치 의료기술의 발달로 많은 병이 치유되듯이 빈곤 역시 우리의 지혜와 노력에 의해서 얼마든지 완전 퇴치 가능하다고 보았다.

인간의 삶은 즐거운 순간과 고통의 순간으로 점철된다. 즐거움의 연속이 행복이라면 현실에서는 사실상 불가능하다. 즐거움은 순간적인 것이기 때문이다. 그래서 행복한 삶을 위해서는 오히려 고통(불행)의 방지 및 예방이 더 중요하고 이를 위해서 할 일이 더 많다고 밀은 생각하였다. 공리주의의 목표는 행복한 순간이 최대한 많고 불행한 순간이 최소화되는 삶이다. 여기에서 밀은 "대부분의 경우 그런 삶을 달성하는 데 진정한 장애는 우리의 엉망진창인 교육과 사회 제도이다"라고 강한 어조로 비판하였다. 밀의 이 말은 우리도 곱씹어볼 만하다.

우리나라의 교육 제도나 사회 제도가 과연 우리 국민 모두의 행복을 증진시키는 데 맞추어져 있는가? 우리나라의 초중등 교육이나 대학 교육이 돈벌이나 출세를 위한 교육이지 행복하게 살아가는 지혜를 가르치고 행복해질 수 있는 능력을 함양하는 교육인가? 눈 뜬 시간의 대부분을 보내는 우리의 직장은 과연 보람을 느끼면서 일하는 장소인가? 공리주의에 의하면 국민을 행복하게 만들지 못하는 교육 제도나 사회 제도는 옳지 못한 제도이며 정의로운 사회의 건설을 방해하는 주된 요인이다.

밀은 공리주의의 이상적 목표, 즉 정의로운 사회의 건설을 위한 두 가지 실천 사항을 제안하고 있다. 첫 번째는 사회 제도의 개혁이다. 각 개인의 행복이 사회 전체의 행복과 최대한 잘 조화될 수 있도록 법과 사회 제도를 고쳐나가야 한다는 것이다. 두 번째는 교육과 언론의 개혁인데 그 내용이 좀 특이하다. 잘 알려져 있듯이 교육과 여론은 개인의 인격 형성에 큰 영향을 준다. 여론을 대변하는 언론과 교육은 각 개인의 이익이 사회 전체의 이익과 불가분하게 결합되어 있음을 국민 각 개인의 마음속에 확실히 심어놓아야 한다. 그는 "관심거리도 많고 즐길 거리도 많고 개선하고 고쳐나갈 것도 많은 이 세상에서 적절한 도덕심과 지적 능력을 갖춘 사람은 누구나 얼마든지 만족스러운 삶을 영위할 수 있다"고 자신하였다.

밀은 《정치경제학 원리》에서도 행복을 이야기하고 있다. 여기에서 그는 우리의 눈을 휘둥그레지게 만드는, 아주 의미심장한 이야기를 하고 있다. 애덤 스미스에 이어서 고전경제학을 이론적 반석 위에 올려놓은 리카도의 '장기정체이론'에 대한 밀의 견해가 그것이다. 자본주의의 가장 큰 자랑거리는 높은 효율과 빠른 경제성장이다. 경제성장이 멈추면 자본주의가 빛을 잃는다. 그렇기 때문에 경제성장이 멈추면 자본주의 경제는 붕괴될 수밖에 없다.

그러나 밀은 이런 음울한 결론과는 아주 다른, 독특한 견해를 폈다. 즉 경제성장이 없는 장기정체 상태야말로 자본주의가 좀 더 완숙된 단계로 넘어갈 수 있는 아주 좋은 계기가 된다는 것이다. 궁극적으로 가장 중요한 것은 국민의 행복이며, 경제성장은 국민의 행복을 위한 수단에 불과함을 특별히 강조하고 있다. 국민을 행복하게 해주지 못하는 경제성장은 소용없다. 경제성장의 결과는 소득수준의 향상이다. 밀은 소득수준의 향상으로 얻을 수 있는 행복이 있고 그것만으로는 달성할 수 없는 행복이 있다고 보았음에 틀림없다. 돈으로 살 수 있는 행복이 있고 그럴 수 없는 행복이 있다는 것이다.

과연 소득수준이 어느 정도까지 높아져야 비로소 경제성장만으로는 국민을 더 이상 행복하게 만들 수 없게 될까? 밀은 대략 장기정체 상태가 그 한계라고 생각한 것 같다. 즉 장기정체 상태에 도달할 때쯤이면 소득수준의 향상만으로는 국민의 행복을 더 이상 증진시키지 못하게 된다는 것이다. 장기정체 상태란 경제성장의 약발이 사라지는 상태를 의미한다고 생각하였던 것 같다.

소득수준의 향상만으로는 더 이상 국민의 행복을 증진시키지 못한다면 어디에서 우리의 행복을 찾을 것인가? 생활 태도를 근본적으로 바꾸라고 밀은 가르치고 있다. 밀의 표현으로 '생계의 기술the art of getting on'이 아닌 '생활의 기술the art of living'이 필요하다. 예컨대 좋은 인간관계, 보람 있는 일, 문화생활 등을 추구하는 생활의 지혜가 우리의 행복에 점점 더 중요해진다는 것이다. 장기정체 상태에 이르면, 더 이상 경제성장을 위해서 아등바등할 필요 없이 생활의 기술을 잘 이용하면 더 행복한 삶을 영위할 수 있게 된다는 것이다.

장기정체 상태에 이르러 국민의 행복 증진을 위해서 해야 할 또 한 가지 중요한 것은 소득의 재분배이다. 경제성장 과정은 필히 소득의 불평등을 낳는다. 밀은 많은 대중이 산업혁명의 혜택에서 소외되었음을 안타깝게 생각하였다. 장기정체 상태야말로 더 이상 경제성장에 연연할 필요 없이 산업혁명의 열매를 전 국민이 나누어 가짐으로써 보다 더 살기 좋은 사회를 만드는 단계라고 밀은 주장하였다. 장기정체 상태에 도달한 다음부터 선진국은 국민의 행복을 위해서 소득 재분배에 매달려야 한다는 것이다. '최대 다수의 최대 행복'이 공리주의가 제시하는 정의의 원칙이기 때문에 경제성장의 열매를 고르게 나누어 가지는 사회가 곧 정의로운 사회이다.

오늘날 수많은 과학자들이 이러한 밀의 생각을 뒷받침하는 증거를 수없이 많이 제시하고 있다. 1인당 국민소득이 어느 수준(대략 2만 달러)에 이르면 그다음부터는 경제성장이 국민의 행복을 증진시키지 못하는 현상(이른바 '행복의 역설')을 밀은 이미 160년 전에 이야기하였다.

| 소득수준과 행복지수

밀의 행복론은 우리에게 많은 것을 생각하게 한다. 우선 기본적으로 먹고사는 문제가 해결된 다음에는 우리가 왜 경제성장을 추구해야 하는지를 다시금 곰곰이 생각해볼 것을 요구한다. 경제성장은 우리의 행복을 위한 수단이지 그 자체가 목적이 아니다. 더욱이 경제성장이 우리 인류의 생존을 위협할 정도로 환경을 파괴하고 오염시키는 주된 원인이라고 하지 않는가. 자본주의 시장은 성과주의가 철저하게 실행되는 곳이며, 그 결과 한정된 자원이 효율적으로 이용됨으로써 우리의 소득수준을 높인다. 그러나 소득수준의 향상이나 물질적 풍요가 우리에게 행복을 가져다준다는 보장이 없어지는 단계에 이른다면 자원 이용의 효율이니 생산성이니 하는 것들이 과거와 같이 큰 의미를 가지지 못한다. 그렇다면 보수 성향 경제학자들이 정의의 원칙으로 내세운 성과주의를 그토록 강조할 이유가 무엇이며, 왜 경제성장에 그렇게 집착해야 하는가?

대체로 경제학자들은 이런 질문을 잘 하지 않는다. 답이 너무 뻔한 질문이라고 생각하기 때문이다. 그들은 행복이 소득에 비례한다고 본다. 돈은 많을수록 좋다는 생각이 그들을 지배하고 있다. 사실 그들뿐만 아니라 많은 보통 사람들도 막연하게 그렇게 생각한다. 그러다 보니 모두들 경제성장과 소득증대에만 신경을 쓴다. 정말 우리가 꼼꼼히 짚어봐야 할 것은 우리 자신의 행복이며 소득수준의 향상이 우리를 얼마나 더 행복하게 해주느냐이다.

한 고승이 중생에게 꾸짖었다. "달을 보라고 손가락으로 달을 가리켰는데, 당신들은 달은 안 보고 왜 애꿎은 손가락만 보는가!" 혹시 우리는 돈에 대한 고정관념에 사로잡혀서 달(행복)은 보지 않고 손가락(경제성장)만 쳐다보고 있는 것은 아닐까? 스님은 인생이라는 것이 빈손으로 왔다가 빈손으로 가는 것空手來, 空手去이라고 가르치면서 현대그룹을 일으킨 고 정주영 회장과 삼성그룹을 일으킨 고 이병철 회장에 대한 우스갯소리를 들려준다. 정주영 회장이 황천에 도착해보니 천당에 가려면 돈을 내야 한다는 것을 알았다. 수중에는 한 푼도 없었다. 고민하다가 이병철 회장이 먼저 와 있다는 것을 생각해내고는 어렵사리 그를 찾아가서 간곡하게 부탁하였다. "이 회장, 돈 좀 빌려주시구려. 내 후하게 이자를 쳐서 꼭 갚으리다." 그랬더니 이병철 회장이 대답하기를, "아니, 당신도 빈손으로 왔단 말이오? 그것 참. 나도 그만 빈손으로 왔소이다."

이렇게 경제성장과 소득증대에 집착하다 보니 선진국들이 우리의 이정표가 되었고 우리나라는 선진국을 향해서 무작정 달려왔다. 지금도 마치 브레이크가 고장 난 기관차처럼 선진국을 향해 맹목적으로 달리고 있고 앞으로도 그럴 기세이다. 우리는 무슨 일만 생기면 선진국이 어쩌고저쩌고 하면서 선진국 이야기를 늘어놓기 일쑤이다. 그렇다면 이제 1인당 국민소득 2만 달러의 문턱을 넘어선 단계에서 우리는 선진국들을 자세히 들여다볼 필요가 있다.

우선 미국부터 살펴보자. 잘 알려져 있듯이 미국은 실질적으로 세계에서 가장 부유한 나라이다. 미국의 인구는 전 세계 인구의 5%도 안 되지만 세계총생산의 30% 이상을 미국이 차지하고 있다.[7] 2005년 미국의 1인당 국민소득은 4만 1,000달러로서 우리나라의 약 2배 정도 된다.[8] 1945년부터 2000년까지 55년 동안 미국의 1인당 국민소득은 빠른 속도로 증가하여 약 3배가 되었다. 이렇게 객관적 자료들만 보면 오늘날 미국인은 말할 수 없이 행복해야 한다. 실제로 미국인은 얼마나 행복할까? 놀라운 것은 지난 반세기 동안 미국 국민 중에서 '행복하다'고 말하는 사람들의 비율에 별 변화가 없었다는 점이다.

시카고 대학교에 있는 전국여론조사본부NORC의 조사 자료를 분석해본 결과, 자기 자신이 '매우 행복하다'고 표현하는 사람의 비율이 줄곧 감소하였다.[9] 그렇게 경제적으로 잘살게 되었으면 최소한도 행복하다고 말하는 사람의 비율이 조금이라도 높아지든가 아니면 불행하다고 말하는 사람이 줄어야 하지 않을까? 과학자들이 개발한 행복지수를 직접 적용한 연구도 있다. 이 연구에 의하면, 1945년부터 1991년까지 46년 동안 미국인의 실질 소득이 약 2.5배 증가하였음에 반해서 그동안 미국 국민의 평균 행복지수는 오히려 하락하였다.[10] 이 숫자를 곧이곧대로 받아들이면, 미국 국민은 경제적인 면에서는 엄청나게 잘살게 되었지만 행복의 면에서는 지난 반세기 동안 제자리걸음을 했다는 이야기가 된다.

행복지수뿐만 아니라 행복에 직결되는 각종 생활 영역의 지표들역시 나쁜 방향으로 동반 하락하였다. 시카고 대학교 전국여론조사본부가 수행한 일반사회조사GSS에 의하면 결혼 생활이 매우 행복하다고 응답하는 사람들의 비율뿐만 아니라 직장 생활이 매우 만족스럽다고 응답하는 사람들의 비율, 주거 환경에 매우 만족한다고 응답하는 사람들의 비율, 이 모두가 전반적으로 하락하는 추세를 보였다.[11] 이런 생활 영역의 만족도는 행복과 상관관계가 높기 때문에 지난 반세기 미국인의 행복지수가 높아지지 못했다는 것은 결코 우연이 아니다.

놀랄 만한 생활수준의 향상에도 불구하고 국민이 행복해지지 않는 이상한 현상이 미국에서만 나타나느냐 하면 그렇지 않다. 이웃의 부자 나라 일본의 경우, 1958년과 1991년 사이에 1인당 실질국민소득은 자그마치 6배나 뛰었음에도 불구하고 일본 국민의 행복지수는 높아지지 않았다. 같은 현상이 유럽 선진국에서도 반복된다. 지난 반세기, 유럽 선진국의 생활수준이 엄청나게 높아졌으며 독재도 없어졌고 전쟁의 잔재도 사라졌다. 그런데도 행복지수는 높아지지 않았다. 두어 나라에서 행복지수가 눈곱만큼 올라간 것을 빼고는 대다수의 나라에서는 행복지수에 별 변화가 없었다. 행복지수가 내려가는 나라도 있다.

전반적으로 볼 때, 결국 지난 반세기 선진국에서는 지속적 경제성장으로 인한 소득수준의 급격한 상승에도 불구하고 국민의 행복지수는 별로 올라가지 않았다는 결론에 이르게 된다. 이런 현상이 선진국에서 일관성 있게 관측되면서 '행복의 역설'이라는 말이 나왔다. 이 행복의 역설이 현대 인류사회에서 최대의 수수께끼라고 주장하는 학자도 있다.

| 경제성장 효용체감의 법칙

그렇다고 경제성장이 국민의 행복 증진에 전혀 도움이 되지 못한다고 단정적으로 말할 수는 없다. 소득수준과 행복에 관한 그간의 많은 연구 결과들을 바탕으로 로널드 잉글하트Ronald D. Inglehart 교수는 이 둘 사이의 관계를 통계적으로 분석해보았다. 이 결과에 의하면 1인당 국민소득이 높아짐에 따라 처음에는 국민의 행복지수가 급속도로 상승하지만, 어느 수준을 넘어서면 그다음부터는 행복지수가 별로 높아지지 않는다. 대체로 1인당 국민소득이 약 2만 달러 이하일 때는 소득 증대가 국민의 행복감을 급속도로 높인다. 따라서 경제성장이 매우 큰 효과를 보인다. 가난하면서 불행한 나라들은 국민의 행복을 위해서 경제성장이 매우 시급하고 절실한 나라들이다.

그러나 2만 달러대를 넘어서면, 소득수준이 높아지더라도 국민의 행복에 큰 변화가 없는 영역, 즉 경제성장의 약발이 점차 소멸하는 영역으로 들어가게 된다. 이 영역은 양보다는 질이 중요시되는 영역인데 이제는 소득을 늘리기보다는 사고방식과 생활양식을 바꾸어야만 더 행복해질 수 있는 영역이라고 할 수 있다. 선진국들은 이미 오래전부터 이 영역에 진입해 있었다. 선진국은 경제성장만으로는 국민이 행복해질 수 없는 나라이다. 국민의 행복을 증진하기 위해서 경제성장을 필요로 하는 나라는 후진국이다. 그래서 잉글하트 교수는 1인당 국민소득과 행복 사이의 관계를 '경제성장 효용체감' 곡선이라고 불렀다.[12]

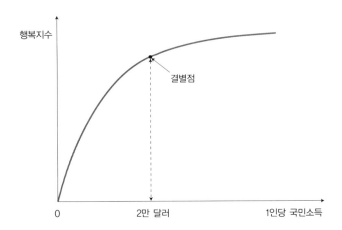

[그림] 경제성장 효용체감 곡선

잉글하트 교수가 요약한 소득-행복 관계는 개인에게도 적용된다. 소득과 행복에 관한 그간의 연구들을 종합해보면 평균적으로 대략 1만 5,000달러 내지 2만 달러의 개인소득을 기준으로, 이보다 낮은 수준에서는 소득이 늘어남에 따라 개인의 행복지수가 빠르게 높아진다. 그러나 일단 이 기준점을 넘어서면 소득이 늘어나더라도 개인의 행복이 별로 높아지지 않는다. 이와 같이 행복이 소득과 별 관계가 없어지기 시작하는 분기점이 있는데 이것을 '결별점decoupling point'이라고 부르기도 한다.

선진국 국민들 대부분의 소득은 이 결별점보다 훨씬 높다. 따라서 지속적 경제성장에도 불구하고 선진국 국민들의 행복지수가 높아지지 않았다는 설명이 나온다. 소득과 행복에 관한 지난 반세기 동안의 많은 연구들을 종합·정리해본 영국 정경대의 레이어드R. Layard 교수는 "한 가지 확실한 것은, 일단 생계가 보장된 다음에는 사람들을 더 행복하게 만드는 것이 결코 쉽지 않다"라고 결론짓고 있다.[13]

과학자들이 밝혀낸 행복의 역설

과학적 증거에도 불구하고 경제학자들은 '행복의 역설'을 믿지 않는다. 그럴 리가 없다는 것이다. 행복에 관한 연구들은 대부분 행복지수를 바탕으로 하는데 행복지수는 사람들이 느끼는 행복감을 계량화한 것이거나 행복을 표명한 사람의 비율이다. 그러나 행복감이란 주관적 느낌에 관한 것인데 그것을 어떻게 객관적 지표로 나타낼 수 있느냐고 말하면서 아예 외면해버리는 학자들이 많다. 경제학자들은 행복이 개인의 주관적 느낌에 관한 것이기 때문에 과학적 연구의 대상이 될 수 없다는 입장을 확고하게 견지하고 있다.

하지만 이런 식으로 행복지수를 부정하는 지식인들의 대부분은 인간의 육체뿐만 아니라 인간의 정신에 관해서도 그동안 눈부신 과학기술의 발전이 있었음을 잘 모르거나 믿지 않는 사람들이다. 사실 지난 반세기 행복에 관한 기초연구의 대부분은 사회과학자가 아닌, 자연과학자들에 의해서 수행되었다.

자연계에 대한 과학적 탐구가 엄청나게 많이 이루어졌듯이 인간의 주관적 세계에 대한 과학적 탐구도 엄청나게 많이 이루어졌다. 이제 두뇌과학자나 신경심리학자들은 특정 감정이 어떤 호르몬 분비와 관계되고 여기에 두뇌의 어느 부분이 어떻게 작용하는지 소상히 알게 되었다. 이들은 각 감정별로 그 크기를 정확하게 측정하게 되었을 뿐만 아니라 그것을 조절하는 방법도 개발해냈다. 이제는 우울증에도 수없이 많은 종류가 있음을 알게 되었고 그 종류에 따라 처방도 아주 다양해졌다.

첨단 과학기술과 방대한 자료를 바탕으로 자연과학자들은 인간의 감정도 얼마든지 과학적 연구의 대상이 된다고 주장하고 있다. 자연과학자들이 이렇게 과학적 근거에 입각해서 행복의 역설을 이야기하고 있는데 경제학자들은 행복의 역설이 과학적 근거를 결여하고 있다고 보고 있으니 이것이야말로 아이러니가 아닐 수 없다.《사치 열병》이라는 책을 쓴 로버트 프랭크Robert H. Frank 교수에 의하면, 돈을 전문적으로 다루는 경제학자들은 거의 대부분 돈이 행복을 가져다준다고 굳게 믿고 있지만 사람의 마음을 전문적으로 연구하는 심리학자들은 그렇게 믿지 않는다.[14] 돈을 전문적으로 연구하는 학자들의 견해와 행복을 전문적으로 연구하는 학자들의 견해가 크게 엇갈리고 있는 셈이다.

사실 돈이 행복을 가져다주지 못한다면 경제학의 많은 이론들이 그 의미를 잃게 된다. 시장은 성과주의를 바탕으로 한 '정확한 보상·처벌 시스템'이므로 정의롭다는 보수 성향 경제학자들의 주장도 빛을 잃는다. 정확한 보상·처벌 시스템이 우리에게 가져다주는 혜택은 자원 이용의 효율과 경제성장 그리고 이로 인한 소득 증대인데, 이런 것들이 우리를 행복하게 만들어주지 못한다면 과연 시장이 정의롭다고 자랑할 수 있을 것인가.

선진국의 교훈

이제 우리도 1인당 국민소득 2만 달러대에 진입하면서 서서히 경제성장 효용체감의 단계로 들어서고 있다. 그렇다고 경제성장이 전혀 필요 없다는 이야기는 아니다. 다만 막연한 경제성장이 아닌, 국민을 실질적으로 더 행복하게 만드는 경제성장을 추구해야 함을 강조할 뿐이다. 행복의 역설은 주로 소득수준이 2만 달러를 초과하는 상황에서 나타나는 현상이다. 소득수준이 그 이하일 때는 경제학자들의 말대로 소득 증대가 행복의 증진에 효과적이다.

비록 우리나라의 1인당 국민소득이 2만 달러대를 진입했다고는 하지만, 이 숫자는 평균값에 불과하다. 우리 국민의 압도적 다수는 2만 달러 수준 이하에 묶여 있다. 오직 소수만이 2만 달러 이상의 소득을 누리고 있다. 이런 점에서 보면 평균값은 양극화의 현실을 오도하는 지표이다. 한 나라의 국민이 어느 정도 더 잘사는가를 나타내는 지표로는 1인당 국민소득보다는 중위수가 더 적절해 보인다.

어떻든 과학자들이 밝혀낸 행복의 역설을 우리나라에 적용해보면, 경제성장의 결과 고소득 계층의 소득수준이 높아진다고 해도 이들의 행복지수는 별로 높아지지 않는 반면, 저소득 계층의 소득수준이 높아지면 이들의 행복지수는 크게 높아진다는 결론이 나온다. 만일 경제성장의 결과 고소득 계층의 소득만 늘어나고 저소득 계층의 소득은 제자리걸음을 한다면 국민의 행복지수는 높아지지 않을 것이다.

최근 한국개발연구원KDI은 우리나라의 '삶의 질'이 OECD 국가들 중에서 최하위권에 속한다는 연구 결과를 발표하였다.[15] 한국개발연구원이 개발한 지표에 따르면 삶의 질에서 우리나라는 OECD의 39개국 중에서 27위를 기록했다. 100명 중에서 70등인 셈이다. 국가 간 행복지수 비교에 가장 많이 인용되는 세계가치조사에 의하면 1990년 대에 우리나라는 조사 대상 65개 국가 가운데 22위로 중상위권에 속 했으며 일본보다는 조금 아래였다.[16] 1990년대 이후 우리나라는 점점 더 불행한 나라가 되었다는 뜻이 아닌가?

물론 이 두 조사에서 이용된 삶의 질 지표가 다르기 때문에 직접 비교는 어렵지만 자살률, 실업률, 상대적 박탈감 등 여러 요인들을 고려해보았을 때 우리 국민의 삶의 질이 점점 나빠지고 있는 것만은 틀림없어 보인다. 어려운 세계경제의 여건 속에서나마 지속적 경제 성장을 이루어온 덕분에 1인당 국민소득이 2만 달러를 넘어섰고, 해 마다 엄청난 무역 흑자가 쌓이며, G20 정상회의, 세계육상대회, 동 계올림픽 등 각종 굵직한 국제 행사를 개최하거나 유치하는 등 우리 나라의 국제적 위상이 크게 높아졌다. 그런데도 우리 삶의 질은 오히 려 떨어졌다면 결국 우리나라는 겉만 번지르르한 나라라는 것이 아 닌가.

만일 국민의 행복이 최고로 중요하다는 데에 모두들 동의하며, 행 복의 역설이 옳다면, 앞으로 우리나라는 고소득 계층을 제외한, 저소 득 계층의 실질적 소득수준만 높이는 경제성장을 추구해야 한다. 그 러한 경제성장만이 우리 국민을 전체적으로 더 행복하게 만들 수 있 다. 하지만 이런 경제성장을 부유층이나 업계가 찬성할 리 없다. 과 학자들이 밝혀낸 행복의 역설을 가장 강력하게 부정하는 사람들은 경제학자들뿐만 아니라 업계의 사람들이다. 이들이 행복의 역설을 부정하든 찬성하든, 자본주의 사회에서 저소득 계층만을 위한 경제 성장은 사실상 불가능하다. 경제성장에 필요한 돈의 대부분을 부자들이 거머쥐고 있기 때문이다.

그렇다면 현실적 대안은 무엇인가? 소득 재분배 정책을 적극적으로 추진하고 사회복지를 대폭 확충해야 한다. 즉 고소득 계층의 늘어난 소득의 일부를 떼어서 저소득 계층의 생활수준을 실질적으로 높이는 데 이용하는 것이다. 공리주의에 의하면 이것이 우리 사회를 정의롭게 만드는 길이기도 하다. 이에 대해서는 뒤에서 다시 살펴보기로 한다.

이와 같이 소득 재분배 정책으로 저소득 계층의 행복지수를 끌어올린다면 부자들의 행복은 어떻게 할 것인가? 행복을 전문으로 연구하는 과학자들에 의하면, 1인당 소득이 2만 달러를 넘어선 다음부터는 밀의 가르침대로 의식과 생활 태도를 바꾸어야만 더 행복해질 수 있다. 행복 전문가들이 몹시 안타깝게 생각하는 것은, 많은 사람들이 잘못된 고정관념(돈이 많으면 행복해진다는 고정관념)에 사로잡혀 있다는 것이다. 그러므로 부자들이 더 행복해지기 위해서는 우선 그들 자신부터 이런 고정관념으로부터 벗어나야 하며, 그다음에는 스스로 행복해지기 위해서 노력해야 한다. 부자들의 행복이야말로 자신들이 하기 나름이며 자신들의 책임이다.

이 세상에는 '돈으로 살 수 있는 행복'이 있고 '돈으로 살 수 없는 행복'이 있다. 시장에 나가면 얼마든지 살 수 있는 각종 전자제품들, 맛있는 음식과 술, 노래방과 오락실, 카바레 등은 우리를 행복하게 해준다. 시장에서 구매할 수 있는 소비재나 각종 서비스로부터 얻는 행복은 돈으로 살 수 있는 행복이다. 그러나 이런 것들은 많이 소비하면 소비할수록 물리거나 싫증 나서 즐거움이 점차 감소한다. 아무리 맛있는 갈비구이나 불고기도 많이 먹으면 물리고 아무리 재미있는 노래방에도 오래 앉아 있으면 싫증 난다. 경제학적으로 말하면 시장에서 거래되는 것들은 대체로 한계효용체감의 법칙이 작용한다는 것이다.

반면에 우리를 무척 행복하게 해주지만 돈으로 살 수 없는 것들도 아주 많다. 참된 사랑, 우정, 화목한 가정, 존경, 명예 등이 바로 그런 것들이다. 부모나 배우자의 헌신적 사랑처럼 우리를 한없이 행복하게 해주는 것이 이 세상에 또 있을까? 소득수준의 지속적 상승 덕분에 선진국 국민은 시장에서 돈으로 살 수 있는 것들을 물릴 정도로 즐기다 보니 이런 것들로부터의 행복이 한계에 이르렀다.

지난 반세기 자본주의 선진국에서 소득수준의 급속한 향상에도 불구하고 선진국 국민의 행복이 제자리걸음을 하게 된 이유를 설명할 때 자주 듣게 되는 주장은, 돈으로 살 수 있는 행복이 한계에 이른 데다가 돈으로 사기 어려운 행복의 주 원천이 자본주의 시장의 힘에 의해서 부단히 잠식되기 때문이라는 것이다.[17] 이 이야기는 우리나라 고소득 계층에게도 그대로 적용된다. 부유층이 더 행복해지는 길은 돈으로 살 수 없는 행복의 원천을 찾아내서 이런 것으로부터 행복을 느낄 수 있도록 부단히 노력하는 것이다.

6장

행복이 정의의 기준이 될 수 있을까?

: 칸트와 롤스

THE CAPITALIST MARKETS & JUSTICE

경제학의 철학적 뿌리

벤담에 이어 수많은 학자들이 한마디씩 거들면서 공리주의 내용도 다양하게 발전하지만, 대체로 다음과 같은 세 가지 원칙은 공통적이다. 첫째, 행동이나 제도의 옳고 그름은 오직 행복에 의거해서 판단해야 한다는 복지주의이다. 둘째, 과정이 어떠하였든 간에 행복에 미친 결과만이 중요하다는 결과주의이다. 행위나 제도에 대한 사회적 판단은 결과적으로 행복에 어떤 영향을 미쳤는지에 의해서만 이루어져야 한다는 것이다.[1] 의도는 좋았는데 결과가 나빴다는 말은 공리주의에서 통하지 않는다. 셋째, 여러 가지 정책이나 제도들을 비교하고 평가할 때는 사회 구성원 각자에게 미치는 행복과 불행을 전부 합친 총량을 근거로 삼아야 한다는 총량주의이다. 총량주의에 의하면 행복의 총량이 불행의 총량보다 큰 정책이나 제도만이 타당하다.

벤담을 비롯한 초기의 공리주의자들은 개인이 느끼는 행복의 크기를 얼마든지 측정할 수 있다고 보았다. 정말 그러한가는 여전히 논쟁거리이지만 여기에서 중요한 것은 이 세 가지 원칙들이 담고 있는 사회적 의미이다.

총량주의에서 읽을 수 있는 첫 번째 중요한 사회적 의미는 평등사상이다. 즉 사람들의 행복을 합칠 때에는 모든 사람의 행복에 똑같은 비중을 두고 합친다는 것이다. 귀족의 행복이나 서민의 행복, 부자의 행복이나 가난한 사람의 행복, 여자의 행복이나 남자의 행복, 이 모두를 똑같이 중요하게 대우해야 한다. 이런 평등 지향적인 발상은 벤담이 살았던 당시의 엄격한 신분 사회에서는 도저히 용납될 수 없는 혁명적인 것이었지만 일반 대중들에게는 눈물 나게 감격스러운 것이었다.

총량주의는 국가 정책의 결정에도 중요한 단서를 제공한다. 예를 들어 세 사람으로 구성된 사회가 있는데 교육 사업과 토목 사업 중에서 어느 것을 실시해야 할지 고민 중이라고 하자. 교육 사업을 실시할 경우 이 세 사람 각각이 누리게 될 행복감을 측정해보았더니 똑같이 100이며, 토목 사업을 실시할 경우 이 세 사람이 느끼게 될 행복감이 각각 200, 150, -100이었다고 하자.

교육 사업: (100, 100, 100) → 행복의 총량 = 300
토목 사업: (200, 150, -100) → 행복의 총량 = 250(=350-100)

교육 사업을 실시할 때에 비해서 토목 사업을 실시할 경우 두 사람의 행복은 늘어나지만, 나머지 한 사람의 행복은 크게 감소한다. 그러면 두 사람은 지지하고 다른 한 사람은 적극 반대할 것이다. 투표를 해서 결정한다면 토목 사업이 통과될 것이다. 그러나 공리주의 정신에 따라 이들 각각의 행복을 똑같이 소중하게 다룬다면, 이 세 사람이 느끼는 행복의 총량은 교육 사업의 경우 300으로 계산되며 토목 사업의 경우 250이 된다. 총량주의에 따르면 토목 사업 대신 교육 사업을 선택해야 한다. 토목 사업을 선택할 경우 세 사람이 느끼는 행복감의 총량은 교육 사업의 경우보다 50이 감소한 250에 불과하다. 즉 토목 사업은 행복의 총량을 감소시키므로 사회적으로 바람직하지 못하다.

총량주의가 던지는 두 번째 중요한 사회적 의미는 도덕적 판단의 궁극적 근거에 관한 것이다. 총량주의에 의하면 사회적으로 옳고 그름을 판단함에 있어서 가장 기본이 되는 것은 각 개인의 행복보다는 각 개인의 행복을 합친 총량, 즉 사회 전체의 행복이다. '최대 다수의 최대 행복'이 옳고 그름을 판단하는 으뜸 원칙이다. 국가적으로 국민이 누리는 행복의 총량을 증가시키는 것은 정당한 것이며 이것을 감소시키는 것은 정당하지 못한 것이다. 최대 다수의 최대 행복을 누리는 사회가 정의로운 사회이다. 이런 여러 가지 사회적 의미 때문에 공리주의는 종래의 개인주의적 쾌락주의와 근본적으로 다르다.

경제학은 공리주의의 이 세 가지 원칙 중에서 총량주의를 제외한 나머지를 철저하게 수용하고 있는 학문이다. 교과서에 의하면 경제학은 한정된 자원을 최대한 잘 이용해서 우리의 욕망을 최대한 많이 달성하는 방법을 연구하는 학문이다. 벤담이 말하는 행복이란 결국 인간의 욕망이 잘 충족되었을 때 느끼는 즐거움이라고 할 수 있다. "소비가 자본주의의 미덕"이라는 말이나 "소비자는 왕"이라는 경제학자들의 말은 소비로 인한 즐거움을 최고의 가치로 간주하는 말이다. 경제학은 결과만 따지지 과정이나 의도는 문제 삼지 않는다. 과정이야 어떻든 결과적으로 사람들이 행복해졌는지 아닌지만이 중요하다. 비록 기업가들이 순전히 돈 벌 욕심만으로 사업을 하더라도 결과적으로 상품을 더 많이 생산함으로써 국민이 더 행복해졌으면 그만이라는 입장을 취하고 있다. 사람들이 자꾸 이기적으로 행동함으로써 점점 더 이기적으로 변하고 그래서 인정이 메말라가고 사회가 삭막해지는 것에 대해서 경제학은 별 관심이 없다.

경제학은 표면상 총량주의를 배격하는데, 그 이유는 사람들의 행복을 계량화할 수 없으며 따라서 직접 비교할 수 없다고 보기 때문이다. 예컨대, A의 행복과 B의 행복을 어떻게 비교할 수 있느냐는 것이다. 비교할 수 없으면 합칠 수도 없다. 하지만 경제학은 내용적으로는 총량주의를 수용한다.

경제학이라고 하면 대부분의 사람들은 수요곡선과 공급곡선을 연상하는데 교과서가 온통 수요곡선과 공급곡선으로 도배되어 있기 때문이다. 예를 들어 피자에 대한 수요란 무엇인가? 경제학 교과서에 의하면 각 소비자는 피자를 먹을 때의 즐거움과 피자 가격을 비교한 다음 적정 구매량을 결정한다. 가격을 치를 만큼 즐거움이 클 때에만 피자를 구매한다. 갑이 1만 원어치의 피자를 샀다고 하면, 그 피자가 갑에게 최소한 1만 원어치의 즐거움을 주었다는 뜻이며, 을이 2만 원어치의 피자를 샀다고 하면 그 피자가 을에게 최소한 2만 원어치의 즐거움을 주었다는 뜻이다. 따라서 갑과 을은 총 3만 원어치의 즐거움을 얻는 셈이다. 피자에 대한 수요란 이와 같이 각 소비자들이 느끼는 행복을 돈으로 환산해서 이것을 전부 합친 값을 반영한 개념이다. 일반적으로 어떤 상품에 대한 소비자의 수요란 결국 그 상품이 모든 소비자들에게 주는 행복의 총량을 반영한 것이다. 다만 그 행복이 돈으로 환산되었을 뿐이다.

이렇게 돈으로 환산된 행복은 경제학에서 말하는 '지불용의액'에 해당한다. 사람들이 느끼는 불행의 크기는 그가 이 불행을 회피하기 위해서 얼마나 많은 돈을 치를 용의가 있는가로 추정할 수 있다. 따라서 돈으로 환산된 불행은 '회피용의액'에 해당한다. 수요곡선은 소비자들의 지불용의액의 총량을 반영한 곡선이라고 할 수 있다. 이 지불용의액의 개념은 국책 사업의 경제적 타당성을 검토할 때 사용되는 핵심 개념이기도 하다.

이명박 정부 때 4대강 사업을 둘러싸고 큰 논쟁이 있었는데, 정식으로 이 사업의 경제적 타당성을 검토한다면(4대강 사업에 대한 정식 경제적 타당성 검토는 없었음) 이 사업에 대한 국민의 지불용의액을 추정하는 작업부터 수행해야 한다. 4대강 사업이 A를 행복하게 하는 반면 B를 불행하게 한다면 A가 그 행복에 대하여 얼마나 많은 돈을 지불할 용의가 있는지, 그리고 B는 그 불행을 회피하기 위해서 얼마나 많은 돈을 지불할 용의가 있는지를 알아보는 것이다. 이 지불용의액과 회피용의액을 추정해본 결과 회피용의액이 지불용의액보다 더 크다고 하면, 결과적으로 4대강 사업은 국민에게 행복보다는 불행을 더 많이 가져다주기 때문에 경제학적으로는 타당성이 없다는 결론에 이르게 된다.

이렇게 행복과 불행을 돈으로 환산한 결과를 놓고 판단한다는 점에서 경제학은 간접적으로 총량주의를 수용하고 있다고 볼 수 있다.

어떻든 이와 같이 복지주의와 결과주의를 수용하고 간접적으로 총량주의를 택하고 있다는 점에서 경제학은 공리주의에 철학적 뿌리를 두고 있다고 볼 수 있다. 다만 공리주의에서 말하는 '행복' 혹은 '즐거움'이라는 단어 대신에 '효용'이라는 단어를 사용하고 있을 뿐이다.

| 공리주의와 소득 재분배

선진국 어디에서나 정부 지출에서 가장 큰 비중을 차지하는 부분은 사회복지 지출이다. 정부가 존재하는 가장 큰 이유를 사회복지에서 찾는 학자들도 많다.[2] 사회복지 지출의 주된 목적은 고소득 계층으로부터 저소득 계층으로 소득을 재분배하는 것이다. 그렇다면 소득 재분배는 왜 필요한가? 경제적인 차원에서 소득 재분배를 가장 체계적으로 정당화하는 주장은 아마도 공리주의에 바탕을 둔 주장일 것이다. 공리주의는 오늘날 자본주의 사회를 사실상 지배하는 사상이기 때문에 소득 재분배에 대하여 상당히 설득력이 높은 이론적 근거를 제공한다.

소득 재분배에 대한 공리주의 설명에서 핵심은 소득의 한계효용체감 법칙이다. 가난한 사람들에게 100만 원은 무척 큰 가치를 지니지만 부자에게 100만 원은 아무것도 아니라는 말을 일상생활에서도 흔히 듣는다. 이 흔한 말이 시사하듯이 소득이 많아질수록 추가되는 소득의 가치가 점차 감소하는 경향이 있다는 것이 소득의 한계효용체감 법칙의 내용이다.

날로 성업 중인 보험업은 이런 한계효용체감 현상이 얼마나 광범위하게 우리 일상생활에 퍼져 있는지를 잘 보여준다. 사람들은 경제적 여유가 있을 때 미래의 재난에 대비해서 각종 보험을 들어둔다. 재난이 터지면 경제적으로 큰 피해를 당하면서 급격하게 소득수준이 떨어진다는 것을 잘 알기 때문이다. 재난이 발생할 확률이 낮아서 보험금을 탈 확률이 매우 낮다는 것도 잘 안다. 그럼에도 불구하고 사람들이 보험을 드는 이유는 소득수준이 높을 때의 100만 원의 가치보다 소득수준이 낮을 때의 100만 원의 가치가 훨씬 더 크다는 것을 느끼기 때문이다. 다시 말해서 소득의 한계효용체감 현상을 피부로 느끼기 때문이다.

평생에 걸친 사람들의 지출 추세를 보면, 한계효용체감 현상이 우리 일상생활에서 보험보다도 더 광범위하게 나타난다는 것을 알 수 있다. 대부분의 사람들은 돈 벌 때 저축해두었다가 돈 벌지 못할 때 꺼내 쓰려고 한다. 물론 그렇지 않은 사람도 있다. 돈 많이 벌 때 흥청망청 쓰면서 살다가 돈 떨어지면 죽어버리겠다든가, 짧고 굵게 살겠다는 사람도 간혹 있겠지만 일생에 걸쳐 지출을 고르게 유지하려는 경향이 대부분의 사람들에게 뚜렷하게 나타난다. 사람들이 이렇게 하는 이유는 소득수준이 높을 때 돈의 가치가 소득수준이 낮을 때 돈의 가치보다 훨씬 낮기 때문일 것이다.

한계효용체감 현상 때문에 똑같은 100만 원이라 하더라도 그 만족감이 부자에게보다는 가난한 사람들에게 훨씬 크다고 하자. 그렇다면 부자로부터 100만 원을 받아내서 가난한 사람에게 주면, 가난한 사람이 추가적으로 느끼는 큰 행복이 부자가 느끼는 약간의 불행을 상쇄하고도 남는다. 따라서 행복의 총량은 증가한다.

이와 같이 고소득 계층으로부터 저소득 계층에게 소득을 재분배하면 사회 전체의 행복 총량은 증가한다. 그러므로 공리주의에 의하면 소득 재분배는 사회적으로 정당하다. 특히 빈부격차가 크게 벌어져 있을 때 소득 재분배와 사회복지 정책을 적극적으로 추진하는 것은 정의로운 사회를 만드는 길이다.

그러나 이런 식의 주장은 보수 진영의 강력한 반발을 사게 된다. 비록 소득의 한계효용체감 현상이 보편적으로 나타나는 현상이라고는 하지만 그것은 어디까지나 각 개인에게 개별적으로 나타나는 현상이지 사람과 사람 사이에 걸쳐서 나타나는 현상이 아니다.

사람들의 감정은 비교 불가능하다. 부자가 느끼는 100만 원의 가치와 가난한 사람이 느끼는 100만 원의 가치는 직접 비교할 수가 없다. 감정이란 사람마다 천차만별이다. 부자의 돈을 걷어서 가난한 사람에게 준다고 해서 가난한 사람의 행복이 부자의 불행을 상쇄하고도 남는다고 장담할 수는 없다. 따라서 소득의 한계효용체감 법칙은 정부에 의한 소득 재분배를 정당화하지 못한다는 주장이 제기된다.

그러나 이런 식의 반론은 현실과 거리가 멀다. 비록 사람들의 행복이나 즐거움의 크기를 직접 비교하는 것은 불가능하다고 경제학자들이 주장하지만, 우리 일상생활에서 대부분의 사람들은 마치 경제학자들의 이런 주장이 틀린 것인 양 행동한다. 우리는 늘 나와 남을 비교하면서 산다. 내가 느낄 행복을 남이 느낄 행복과 늘 비교하며 이를 바탕으로 다른 두 사람이 느낄 즐거움 및 고통을 곧잘 비교한다.

남의 감정을 잘 헤아리는 것이 처세술의 핵심이기도 하다. 인간관계가 꼬일 때마다 처지를 바꾸어놓고 생각해보라는 권고를 받는다. 역지사지易地思之라는 말이 있다. 상대방의 처지에서 그가 어떤 기분이 들었을지를 생각해보라는 뜻이다. 어떤 사람이 모진 고문으로 신음

하고 있으면 누구나 그 사람이 엄청나게 큰 고통을 당하고 있음을 직감하게 된다. 그리고 마치 자기 자신이 고문을 당하는 것처럼 전율을 느끼면서 고문에 분노한다. 그럼에도 불구하고 사람 사이의 효용 비교는 불가능하기 때문에 그가 고통을 받는지 아닌지를 제3자는 알 수 없다고 말하는 사람이 있다면 분명히 그는 이상한 사람 취급을 받게 될 것이다. 고문당하는 사람의 처지와 편안하게 낮잠을 자는 사람의 처지는 누가 보아도 아주 다르게 느껴진다.

고문의 경우는 좀 극단적인 예라고 할 수 있다. 경제학자들의 말대로 비슷한 처지에 있는 사람들이 느끼는 행복이나 불행을 정확하게 비교하는 것은 불가능할지도 모른다. 하지만 소득 재분배나 사회복지 정책의 타당성을 이야기할 때 주된 비교 대상은 처지가 비슷한 사람들이 아니라 극단적으로 다른 처지에 있는 사람들이다. 같은 중산층 사람들의 행복을 비교하는 것이 아니라 극빈자의 불행과 부자의 행복을 비교한다는 것이다. 하루에 한 끼도 먹지 못하는 극빈자들의 배고픔에 대해서는 대부분의 사람들이 몹시 가슴 아파하는 반면, 한 달 술값을 3,000만 원에서 2,900만 원으로 100만 원 줄임으로 인해서 재벌 2세가 느낄 고통은 가볍다고 생각한다. 아마도 부자들 자신도 이렇게 생각할 것이다.

어떤 상황이 아주 비참한 상황이고 어떤 상황이 무척 행복한 상황인지에 대해서는 대다수의 국민들이 대체로 공감하고 있다. 마치 고문에 대하여 많은 사람들이 분노하듯이 비참한 상황에 대해서도 분노한다. 이런 공감은 나의 경험과 다른 사람의 경험을 늘 비교하는 일상적 관행에서 나온다. 이런 일상적 공감의 결과 대다수의 국민들은 마치 한계효용체감의 법칙이 각 개인별로 나타날 뿐만 아니라 여러 계층에 걸쳐 나타나는 현상으로 느끼게 된다.

예를 들어 낮은 소득 계층으로부터 높은 소득 계층으로 올라갈수록 100만 원의 가치(100만 원의 효용)가 점차 떨어진다고 하자. 대다수의 사람들이 이렇게 느끼는데 경제학자들이 확고한 과학적 근거도 없이 그렇지 않다고 우기는 것은 이상하다. 어떻든 대다수 국민들 사이에 형성된 그런 공감대가 극빈자의 고통을 덜어주어야 한다는 주장으로 발전하게 되고 정부로 하여금 소득 재분배 정책을 추진하게 만든다.

저소득 계층으로부터 고소득 계층에 걸쳐 소득의 한계효용체감의 현상이 나타난다고 하면, 고소득 계층으로부터 저소득 계층으로의 소득 재분배는 '최대 다수의 최대 행복'을 달성하는 길이며 공리주의가 추구하는 정의로운 사회를 구현하는 길이다. 그러므로 공리주의에 의하면, 극심한 빈부격차는 정당화될 수 없으며 그런 빈부격차를 초래함으로써 소득 재분배를 불가피하게 만드는 시장은 결코 정의롭다고 말할 수 없다.

보수 성향 경제학자들이 중시하는 인센티브의 문제와 도덕적 해이의 문제가 없다면, 모든 국민의 소득이 평준화되는 '평등분배'가 최대 다수의 최대 행복을 달성하는 길이다. 이런 점에서 공리주의는 대단히 평등 지향적 사상이라고 할 수 있다.

사회복지 지출은 시혜인가, 권리인가

사회복지 제도의 필요성과 정당성이 인정된다고 하더라도 어떤 태도로 사회복지 지출을 집행할 것인지도 심각하게 생각해볼 사항이다. 사회복지 지출이 시장의 낙오자나 무능력자를 배려하기 위한 시혜인가 아니면 국민 모두가 인간답게 살 권리를 존중해주기 위한 공여인가?

이 논쟁은 사회복지 지출의 규모에 대한 언쟁으로 연결된다. 사회복지 제도를 단순히 시혜로 본다면, 최소한도의 범위 안에서만 사회복지 지출을 허용하자고 주장하게 된다. 시혜는 꼭 필요한 사람에게 한정되어야 하기 때문이다. 반면 권리의 차원에서 사회복지 제도를 본다면, 인간답게 살 권리를 침해당한 모든 사람이 대상이 되므로 사회복지 지출을 가능한 크게 늘려야 한다고 주장하게 된다. 학생들에 대한 무상급식 문제도 이런 논쟁의 연장선상에 있다. 사회복지를 시혜라고 보면 무상급식은 당연히 극빈자의 자녀들에게만 선별적으로 제공되어야 한다. 부잣집 자녀들은 시혜의 대상이 될 수 없기 때문이다.

사회복지 제도를 어떻게 생각하느냐가 우리 사회에서 보수 진영과 진보 진영을 가르는 하나의 기준이 되고 있다. 보수 성향 경제학자들을 포함한 보수 진영은 사회복지 지출을 단순한 시혜로 간주하고 싶어 한다. 성과주의가 철저하게 시행되는 시장은 냉혹한 곳이며 비정한 곳이다. 그러므로 "사회복지 제도는 (…) 본질적으로 시장의 가혹한 징벌을 보완하기 위한 장치"라고 보수 성향 경제학자들은 주장한다.[3] 그런 사회복지 제도를 권리의 차원에서 볼 수는 없다. 권리를 주장하기 위해서는 불공정이나 불공평 탓으로 개인의 권리가 침해되었다는 증거가 있어야 한다. 그러나 성과주의가 철저하게 실천되는 시장은 공정하고 정의롭기 때문에 그 어느 누구의 권리도 부당한 침해를 받지 않는다. "사회복지 제도는 시장의 불공정성을 시정하는 기제가 아니라 공정성의 비정함을 보완하는 장치로 보아야 한다. (…) 복지 혜택은 수혜자의 권리가 아니라 사회가 수혜자들에게 제공하는 배려이다."[4]

진보 진영의 생각은 아주 다르다. 자본주의 시장은 낙오자를 양산함으로써 구조적으로 빈부격차를 확대하는 경향이 있으며, 그 결과 수많은 사람들의 인간답게 살 권리를 침해하는 불공정한 제도이다. 대한민국 국민은 누구나 인간답게 살 권리가 있다. 이 권리는 기본권으로서 우리의 헌법에 명시되어 있고, 1948년 세계인권선언에도 명문화되어 있다. 만일 시장의 불공정 탓으로 이 기본권을 침해당했다면 당연히 침해당한 사람들에 대하여 응분의 보상을 주어야 하며, 시장의 불공정도 시정해야 한다. 사회복지 제도는 이 기본권을 보장해주기 위한 하나의 방안이라고 진보 진영은 주장한다. 사회복지 혜택은 대한민국 국민으로서 누구나 요구할 수 있는 당연한 권리라는 것이다.

어느 쪽의 주장이 옳은지 쉽게 답하기 어렵다. 다만 사회복지 제도가 왜 필요하며 어떠해야 하는지에 대하여 좀 더 근원적으로 생각해보자. 보수 성향 경제학자들이 말하듯이 사회복지 제도가 시혜라고 한다면, 도대체 왜 시장의 낙오자들에게 사회복지 혜택을 주어야 하는지부터 묻지 않을 수 없다. "인간적인 따뜻한 사회"를 만들기 위해서라는 대답도 있고, 어느 정도 "사회적 책임" 때문이라는 대답도 있다.[5] 바야흐로 새로운 자본주의 모델이 나왔기 때문이라는 대답도 있다. 자유방임을 기조로 하는 고전적 자본주의를 자본주의 1.0, 정부의 개입이 강조되던 수정자본주의를 자본주의 2.0, 1980년대부터 불어닥친 신자유주의를 기조로 하는 자본주의를 자본주의 3.0이라고 한다면, 이제 자본주의 4.0이 우리가 지향해야 할 자본주의라는 것이다. 자본주의 4.0은 낙오자들이나 무능력자들도 모두 끌어안고 함께 나아가는 온정적 자본주의 혹은 따뜻한 자본주의이다.

'인간적인 따뜻한 사회' '사회적 책임' '낙오자를 끌어안는 온정적 자본주의', 이 모든 것이 대한민국 국민 모두가 동포로서 함께 어울리는 것, 즉 사회적 통합을 지향하는 구호라고 볼 수 있다. 단순한 구호가 아니라 국민의 간절한 염원을 담은 구호이다. 앞에서도 강조하였듯이 정의의 목적은 사회적 갈등을 원만하게 해소함으로써 사회 구성원들이 서로 협력하는 가운데 사회적 통합을 이루는 것이다. 그렇다면 사회복지 제도는 그런 구호를 실현하는 데 도움이 되어야 하고 우리 사회를 진정 정의롭게 만들 수 있어야 한다.

사회복지를 시혜로 보는 태도는, 막말로 표현하면 거지들에게 이것이나 먹고 떨어지라는 투로 먹던 빵 조각 하나를 던져주는 태도와 본질적으로 다를 바가 없다. 그런 태도로 빵 조각을 던져주면 배고픈 거지는 일단 빵 조각을 받아먹겠지만 고마워하기는커녕 돌아서서 아니꼽고 더럽다고 욕을 할 것이다. 선심 쓰고 뺨 맞는 격이다. 과연 그런 태도로 우리 사회를 따뜻하게 만들 수 있을 것인가? 과연 그런 태도가 사회적 통합을 일구어내고 정의로운 사회를 만들 수 있을까? 오히려 사회복지를 권리로 인정하는 태도가 사회복지 수혜자들을 존중해주면서 따뜻한 사회를 만들고 사회적 통합을 이루는 데 더 효과적이지 않을까?

사회복지를 시혜의 차원에서 보는 태도는 수혜자의 감정이나 입장을 도외시한 독선적 태도이다. 이런 태도로는 사회적 통합은커녕 오히려 양극화를 영원히 고착시킬 가능성이 더 크다. 선심 쓰고 칭송받는 사회복지 지출이야말로 인간적인 따뜻한 사회를 만들고 사회적 통합을 성공적으로 일구어내는 효과적인 방법이다. 선별적 무상급식은 가난한 집 아이들과 부잣집 아이들을 편가르기 하며, 부유층과 빈곤층을 물과 기름처럼 따로 떠돌게 하는 제도이다.

| 이성과 욕망의 위치 바꿈

비록 벤담의 공리주의가 돼지철학이라는 비난을 받았지만, 사실 공리주의는 그의 생존 당시 크게 발흥하기 시작한 자본주의의 시대적 정신을 아주 잘 대변하는 사상이다. 공리주의가 말하는 행복이란 결국 인간의 욕망이 충족되었을 때 느끼는 즐거움이다. 그러므로 최대 다수의 최대 행복을 정의의 원칙으로 삼는다는 것은 곧 욕망이 충족되는 정도에 따라 정의로운지 아닌지를 판단함을 의미한다. 다시 말해서 욕망 충족의 정도가 정의로움을 판단하는 근본적 잣대가 된다는 것이다. 자본주의 시장이야말로 인간의 욕망을 최대한 잘 충족시키는 제도로 알려져 있다.

자본주의 이전의 서구 사회는 매우 오랫동안 인간의 욕망이 이성에 의해서 적절히 통제되어야 할 대상으로 보았다. 이성이 주인의 위치에 있었고 욕망은 종속적인 위치에 있었다. 하지만 자본주의 시대에 들어와서 이성과 욕망의 위치가 바뀌기 시작하였다. 이성은 욕망을 가장 잘 달성하는 수단을 찾는 역할을 맡는다. 즉 욕망이 주인의 위치로 올라갔고 이성은 그 욕망에 봉사하는 일꾼의 위치로 전락하게 된다. 경제학은 자본주의 시장에서 벌어지고 있는 이러한 위치 바꿈을 잘 대변하고 있다. 왜냐하면 경제학은 시장을 주된 연구 대상으로 삼는 학문이기 때문이다. 앞에서도 말했듯이 경제학은 사람들이 시장에서 합리적으로 행동한다고 가정한다. 여기에서 '합리적으로 행동'한다는 것은 주어진 목적을 가장 잘 달성하는 수단을 알고 이를 선택한다는 뜻이다. 이때의 목적은 물론 인간의 욕망이다. 어떤 수단이 이 목적을 가장 잘 달성하는가를 알아내는 일은 이성이 해야 할 일이다.

이성의 통제로부터 벗어난 욕망은 고삐 풀린 욕망이다. 이 고삐 풀린 욕망을 돈벌이에 최대한 이용하는 시대가 자본주의 시대이다. 실업으로 많은 사람들이 굶주리고 있는 미국에서 30억 원짜리 손목시계가 왜 불티나게 팔리나? 단순히 남들 앞에서 으스대고 싶어 하는 사람들이 너무 많기 때문이다. 자본주의 시장은 그런 고삐 풀린 온갖 욕망을 최대한 충족시켜 준다. 자본주의 시장은 돈벌이가 되는 것은 무엇이든 생산한다. 시장에 나가보면 그야말로 없는 것이 없다. 돈이 있으면 무엇이든지 살 수 있다. 비아그라, 성형수술, 온갖 애완동물, 마약, 성, 대리모, 인간의 장기 등.

자본주의 시장이 이와 같이 인간의 욕망에 봉사하다 보니 시장을 주된 연구 대상으로 삼는 경제학 역시 인간의 욕망을 절대시하고 신성시한다. 그 욕망이 어떻게 형성되었는지, 그 욕망이 옳은지 그른지 일체 묻지 않는다. 한쪽에서는 수많은 사람들이 먹을 것이 없어서 굶어 죽는 판에 단순히 피부 미용을 위해서 우유로 목욕을 하는 부잣집 마나님의 욕망을 어떻게 생각해야 할 것인가. 아마도 많은 서민들은 눈살을 찌푸리겠지만, 보수 성향 경제학자들은 그런 것에 개의치 않는다. 집 한 칸 없는 사람들이 수두룩한데, 단순히 남들 앞에서 으스대고 싶어서 27억 원짜리 시계를 사고 싶어 하는 속물 욕망에 대해서도 경제학은 아무런 탓도 하지 않는다. 다만 자본주의 사회에서 '소비자는 왕'이라고 말할 뿐이다.

사실 과학자의 입장에서 보면 소비자는 왕이라는 말이나 자본주의 시장이 인간의 욕망에 봉사한다는 말은 정확한 말이 아니다. 자본주의 시장이 인간의 욕망을 조작하는 면도 많이 있기 때문이다. 인간의 욕망이 손쉽게 조작된다는 증거를 과학자들은 무수히 많이 제시하고 있다.

한 가지 예를 들어보자. 요즈음 살 빼기가 크게 유행하면서 음료수의 당분 함량에 사람들이 신경을 쓴다. 그래서 어떤 재벌회사가 당분의 농도를 5%로 낮춘 새로운 주스를 개발한 다음 '5%의 당분 포함'이라는 딱지를 붙여서 시중에 내놓고 시장을 장악하게 되었다고 하자. 하지만 심리학적 지식을 이용하면 하루아침에 이 상품을 시장에서 몰아낼 수 있다. 다른 회사에서 똑같은 내용의 주스에 '5% 당분 포함'이라는 딱지 대신에 '95% 무가당'이라는 딱지를 붙여서 시중에 내놓으면 그만이다. 표현만 다를 뿐 두 주스의 당분 농도는 동일하다. 그러나 5% 당분 포함이라는 표현은 왠지 꺼림칙한 반면, 95% 무가당이라는 표현은 산뜻하게 느껴진다. 그래서 압도적 다수가 5%의 당분 포함 주스보다는 95% 무가당 주스를 선택한다는 사실이 실험 결과로 확인되었다. 만일 사람들이 합리적이라고 한다면 이 두 가지 주스에 대하여 차별하지 않아야 한다. 그러나 현실에서는 전혀 그렇지 않다.

이처럼 내용은 같음에도 불구하고 표현을 달리함으로써 선택을 뒤

바뀌게 하는 효과를 프레임 효과frame effect라고 한다. 이 프레임 효과는 일상생활에서 자주 나타나는 현상이기 때문에 행태경제학에서 중요한 연구 분야가 되고 있다. 프레임 효과에 대해서는 다음과 같은 유명한 농담도 있다.[6]

A신도 목사님, 기도하는 동안 담배를 피워도 됩니까?

목사 (화를 내며 꾸짖는 목소리로) 그건 절대 안 됩니다. 기도를 한다는 것은 하나님과 대화를 하는 건데 감히 하나님 앞에서 담배를 피우다니요. 천만의 말씀입니다.

B신도 목사님, 그러면 담배를 피우는 동안 기도를 해도 됩니까?

목사 (환하게 웃으며 상냥한 목소리로) 그럼요. 물론이지요. 기도를 하는데 때와 장소를 가릴 필요가 있나요. 틈만 나면 기도하십시오. 밥을 먹기 전에도 기도하시고, 밥을 먹으면서도 기도하시고, 밥 먹고 나서 담배 피울 때도 기도하십시오.

기도하는 동안 담배를 피우는 것이나 담배를 피우는 동안 기도하는 것이나 결국 하나님 앞에서 건방지게 담배 피우기는 마찬가지가 아닌가. 하지만, 목사님의 반응은 정반대이다. 광고란 이 프레임 효과를 최대한 활용하는 판촉 수법이라고 할 수 있다. 즉 내용과 관계없이 포장만 잘해서 소비자들의 선호를 확 바꾸는 것이다. 가전제품 광고를 보면 섹시한 여배우가 냉방기를 껴안고 있는 장면이 나온다. 여배우는 냉방기의 질과 아무런 상관이 없다. 그렇지만 여배우가 나오느냐 아니냐에 따라 판매량에 큰 차이가 나타난다.

물자가 부족하던 옛날에는 상품만 잘 만들면 돈을 많이 벌 수 있었다. 하지만 오늘날에는 질 좋은 상품으로 시장이 넘친다. 이제는 상품을 잘 만드는 것만으로는 부족하다. 어떻게 해서든 소비자의 마음을 움직여서 지갑을 열게 해야 한다. 광고는 소비자의 욕망을 자극하고 조작함으로써 지갑을 열게 하는 고도의 수법이다. 경쟁이 치열해지면서 욕망 조작이 점점 더 잦아지고 있다. 특정 집단의 돈벌이를 위하여 부단히 조작되기 때문에 더욱더 문제가 된다.

이와 같이 상품의 질이나 가격과 전혀 관계가 없는 아주 하찮은 요인에 의해서 소비자들의 욕망이 줏대 없이 이리저리 바뀌고 그 결과 소비자들의 선택도 획획 바뀐다. 그런 소비자들을 보고 과연 합리적이니 왕이니 말할 수 있을 것인가? 설령 합리적이라고 한들 경제학자들의 말대로 그런 소비자의 선택을 절대적으로 신성시해야 할 것인지에 대해서는 고개를 갸우뚱하게 된다.

고삐 풀린 인간의 욕망은 쉽게 조작될 뿐만 아니라 말할 수 없이 다양하고 변화무쌍하다. 흔히 여자의 마음은 갈대와 같다고 말하지만 여자의 마음만이 아니라 인간의 마음이 모두 그렇다. 인간의 마음처럼 변덕이 죽 끓듯 하는 것이 세상에 또 어디 있겠는가? 인간의 욕망이 특정 집단의 이익을 위해서 쉽게 조작되고 때와 장소에 따라 수시로 바뀐다면, 그런 욕망을 얼마나 잘 충족시키는가를 잣대로 삼아 한 나라의 사회 제도나 인간 행위의 좋고 나쁨이나 옳고 그름을 논하는 공리주의 사상, 또는 그런 인간의 욕망을 어떻게 최대한 잘 충족시킬 것인가를 주된 연구 주제로 삼는 경제학이 왠지 황당무계荒唐無稽해 보이기까지 한다. 또한 그런 변화무쌍하고 쉽게 조작되는 인간의 욕망을 더 많이 충족시켜 준다는 이유로 자본주의 시장경제가 좋다거나 정의롭다고 강변하는 것도 웃기는 소리로 들린다.

| 칸트의 비판: 행복 극대화의 문제점 |

칸트I. Kant가 공리주의를 배격한 주된 이유도 바로 이런 인간 욕망의 무상함이다. 좋고 나쁨이나 옳고 그름을 판단할 때는 어떤 불변의 확고한 근거가 있어야 한다. 그러나 공리주의는 욕망이라는 지극히 일상적이고 경험적인 것에 의거해서 정당함이나 정의를 판단한다. 욕망은 사람에 따라, 시간에 따라 수시로 바뀌기 마련인데, 도덕적 판단의 근거를 그런 갈대와 같은 것에 정초시킬 수는 없다는 것이 칸트의 기본 입장이다.

예를 들어 재판을 할 때 판사가 아무런 원칙도 없이 기분이 좋으면 무죄를 선고하고 기분이 나쁘면 사형을 선고한다면 누가 그런 판결에 진정 승복할 것인가? 그렇게 기분 내키는 대로 재판하는 판사들만 있는 사회가 과연 제대로 유지될 수 있을까? 정의란 한 사회를 어떻게 구성하고 어떻게 운영할 것인가에 관한 기본 원칙을 정하는 문제이다. 원칙이란 확고부동해야 한다. 개인적 사정에 따라 그리고 여건에 따라 수시로 바뀐다면 그건 원칙이라고 할 수도 없다. 그러므로 정의의 원칙 역시 갈대와 같이 변하는 개인의 기분에 근거를 둘 수는 없다.

공리주의는 또 다른 문제를 안고 있다. 과연 무엇이 진정 행복인가는 사람마다 천양지차로 다르다. 쾌락의 추구를 행복이라고 생각하는 사람들이 있는가 하면, 고행을 통한 부단한 자기 계발에 진정한 행복이 있다고 주장하는 사람들도 있다. 아무런 욕심 없이 마음을 깨끗이 비워야만 진정으로 행복해질 수 있다고 설교하는 사람들이 있는가 하면, 불의에 대한 불굴의 정신과 끊임없는 투쟁만이 우리를 행복하게 한다고 말하는 사람들도 있다. 따뜻한 인간관계에서 행복을 찾으려고 노력하는 사람들이 있는가 하면, 나만 잘 먹고 잘 살면 그만이지 남을 왜 도와주어야 하느냐고 묻는 이기적 지성인도 있다.

이렇게 사람에 따라 진정한 행복의 개념이 천양지차로 다르다고 하면 이들 중에서 어떤 것을 옳다고 할 것인가?

만일 쾌락 추구를 진정한 행복이라고 못 박고 이를 도덕적 판단의 기준으로 삼는다면 쾌락 추구를 천박하게 생각하는 많은 사람들에게 쾌락 추구를 강요하는 결과를 낳게 되며, 따뜻한 인간애를 진정한 행복의 기준으로 삼는다면 이기주의를 신봉하는 사람들에게 이타심을 강요하는 꼴이 된다. 이런 사회는 특정 가치를 모든 사람들에게 강요하는 사회이며 개인의 자유를 침해하는 사회이다.

옳고 그름의 기준은 특정 가치의 편을 들어서는 안 된다. 그러므로 과연 구체적으로 무엇이 진정한 행복인가를 제시하지 못한다면 공리주의는 공허한 몽상에 불과하다. 칸트는 만고불변의 그 어떤 것에 정의의 근거를 정초하려 했다. 그러므로 행복은 도덕률의 근거가 될 수 없다는 것이 칸트의 생각이다. 이런 칸트의 입장을 받아들인다면, 인간의 욕망을 가장 잘 충족시킨다는 이유로 자본주의 시장이 정의롭다고 주장하는 것은 어불성설이다.

공리주의에 대한 칸트의 이런 비판 정신은 경제학이란 학문에 대해서도 그대로 적용된다. 왜냐하면 앞에서 말했듯이 경제학은 바로 그런 변화무쌍하고 황당무계한 인간의 욕망을 최고의 가치로 삼고 이를 최대한 잘 충족시키기 위한 수단 찾기에 골몰하는 학문이기 때문이다. 그러다 보니 정부의 정책에 관하여 경제학은 그것이 과연 인간의 욕망을 최대한 잘 충족시키는가, 다시 말해서 효율적인가만을 분석할 뿐이다.

정부의 주요 정책이 시장을 통해서 경제성장이라든가 물가, 이자율, 고용 등 주요 경제변수에 어떤 영향을 미치는가를 경제학자들은 열심히 캔다. 하지만 이렇게 시장에서 결정된 경제변수들이 사람들의 취향이나 선호, 심리 상태 그리고 나아가서 사람들의 사회의식과 가치관 등 경제 외적인 것에 과연 어떤 영향을 미치는지에 관해서는 관심이 없을 뿐만 아니라 심지어 의도적으로 외면하기도 한다.

그러나 사회학, 인류학, 정치학 등 다른 사회과학 분야의 연구들은 한결같이 경제변수가 이런 경제 외적인 것에 심대한 영향을 미친다고 보고하고 있다. 사실 자본주의에 대한 마르크스의 비판은 자본주의 시장의 움직임 그 자체보다는 자본주의 시장이 경제 외적인 것, 특히 인간의 가치관 및 사회의식에 미치는 악영향에 초점이 맞추어져 있다.

만일 욕망과 가치관이 시장을 통해서 경제변수를 결정하고 이렇게 결정된 경제변수가 다시 욕망과 가치관에 영향을 준다고 하면 일종의 순환 고리가 형성된다.

욕망 및 가치관 ⇄ 경제변수(경제성장, 물가, 고용 등)

경제학은 자본주의 시장과 결부된 이 순환 고리의 일부만을 볼 뿐만 아니라 다른 부분을 아예 무시하는 학문이다. 시장의 일부만 보고 시장이 공정하다든가 정의롭다고 주장할 수 있을까? 자본주의 시장이 과연 정의로운지 아닌지를 평가하기 위해서 공리주의가 들이대는 잣대는 인간 욕망이다. 그러나 욕망이 경제변수에 영향을 주고 경제변수가 다시 욕망에 영향을 준다고 하면 정의를 판단하는 잣대 그 자체가 고무줄처럼 늘었다 줄었다 하는 셈이다. 이와 같이 늘었다 줄었다 하는 것은 참된 잣대가 될 수 없다. 옳고 그름을 판단하는 잣대는 그 길이와 눈금이 변하지 않는 고정된 것이어야 한다.

물론 사람들이 현재 어떤 욕망이나 가치관을 가지고 있으며 이것이 어떻게 형성되어 왔고 또 앞으로 어떻게 바뀌어갈지를 경제학자가 일일이 알아야 할 필요는 없다고 대꾸할 수도 있다. 왜냐하면 시장경제에서는 '보이지 않는 손'이 그런 것들을 다 알아서 최대한 잘 충족시켜 주기 때문이다. 우리는 그냥 시장에 일임하면 된다고 보수 성향의 경제학자들은 말할 것이다.

하지만 보이지 않는 손은 잘해야 이미 정해진 우리의 욕망을 최대한 잘 충족시켜 주는 일 정도만 해줄 뿐 우리의 욕망과 가치관을 건전한 방향으로 유도해주는 일까지 해주지는 않는다. 만일 보이지 않는 손에 일임한 결과 바람직하지 못한 욕망이나 가치관이 점점 더 성행하는 방향으로 우리 사회가 변하고, 그래서 물질적으로는 풍부하지만 국민이 늘 불안하고 행복하지도 못할 뿐만 아니라 범죄와 사기도 많고 부정부패도 심해서 사회 유지에 막대한 비용이 소요된다고 하자. 이때에도 우리는 보수 성향 경제학자들이 주장하는 대로 모든 것을 시장경제에 일임하는 것이 현명하다고 말할 수 있을 것인가?

| 롤스의 비판 : 이로운 것과 옳은 것을 혼동하지 말라

현대에 와서 칸트의 정신을 이어받아 정의관을 새롭게 확립한 학자가 롤스이다. 롤스의 《정의론》은 공리주의에 대한 단호한 비판으로부터 출발한다.[7] 마치 맹자가 묵자 사상의 만연을 개탄하였듯이 롤스 역시 공리주의 사상이 이 세상에 만연하고 있음을 개탄하였다. 그리고 이를 경고하고 고치기 위해서 자신의 《정의론》을 저술하였음을 숨기지 않고 있다. 공자와 맹자처럼 의義와 이利를 철저히 구분하는 롤스는 공리주의가 옳은 것과 이로운 것을 혼동하고 있다고 강하게 비판한다.

서양에서는 그리스의 철인 플라톤이 정의의 문제를 철학의 주된 주제로 삼은 최초의 철학자로 꼽히는데[8] 그는 정의를 다른 어떠한 도덕적 정치적 가치에 우선하는, 사회의 가장 으뜸가는 덕목으로 꼽았다. 이러한 플라톤의 정의 지상正義至上 정신은 칸트를 거쳐 롤스의 정의론에 살아 있다. 롤스에 의하면 정의는 사회의 기본 구조와 사회변동의 전반적 방향을 평가하는 데 가장 중요하면서도 유일한 고려 사항이며 이익 다툼을 조정하는 근거가 된다. 그러므로 이가 의에 우선할 수는 없다고 롤스는 단정한다.

재판정에서 원고와 피고는 각각 자신의 이익에 따라 자기가 옳다고 주장할 것이다. 만일 재판관이 원고가 주장하는 이익에 동조한다든가 또는 피고가 주장하는 이익에 동조한다면 그는 공정한 판결을 할 수가 없을 것이다. 정의의 여신은 한 손에는 각자의 정당한 행동과 몫을 재는 저울을 들고 있고, 다른 한 손에는 남의 것을 침범하는 행위를 단호하게 응징하는 칼을 들고 있다. 재판의 결과가 공정하기 위해서는 재판관이 분쟁 당사자들의 이해를 초월해서 이들의 주장을 저울질할 수 있는 확고한 원칙을 가지고 있어야 한다. 물론 그 원칙은 모든 사람들이 승복할 수 있는 것이어야 한다. 재판관이 이 원칙에 충실해야만 그의 판결이 칼의 역할을 수행할 수 있다.

롤스는 정의의 원칙이라는 것이 바로 그러한 역할을 한다고 본다. 즉 사람들이 제각기 자신의 이익을 내세워 다툴 때, 어떤 것이 옳고 그르다는 것을 판단해주는 원칙이 정의의 구체적 내용이 된다는 것이다. 무엇이 옳고 그른지를 결정하는 원칙은 그것이 이익이 되고 안 되고와는 관계없이 독립적으로 도출되어야 한다. 그러므로 이와 의를 혼동하는 공리주의는 정의의 원칙이 될 수 없다.

공리주의가 전체를 위한 특정인의 희생을 강요할 수 있다는 점도 문제이다. 마이클 샌델의 《정의란 무엇인가》는 다음과 같은 극단적인 사례를 제시한다.

1884년 여름 난파당한 배에서 4명이 탈출하여 구명보트를 타고 망망대해를 헤맸다. 이들은 8일 동안 아무것도 먹지 못했다. 이들 중에 가장 어리고 고아인 객실 서비스 점원이 갈증을 참지 못해 바닷물을 마시고 병이 들어 죽어가고 있었다. 두 사람이 공모하여 이 소년을 죽이고 나머지 3인이 고기와 피를 마셨다. 24일째 되던 날 부근을 지나던 상선에 의해서 구조되었다. 소년을 죽인 두 사람은 재판을 받았다.

피고 측을 옹호하는 가장 강력한 변론은 이런 극한 상황에서 세 사람이 살아남기 위해서는 한 사람을 죽일 수밖에 없었다는 것이다. 그 소년을 죽여서 먹지 않았다면, 모두 죽었을 것이다. 살해된 소년은 고아여서 슬퍼할 가족도 없었다. 따라서 최대 다수의 최대 행복의 원칙에 의하면 소년을 죽인 행동은 정당하다.

이런 공리주의 입장에 대하여 여러 가지 반론이 제기되겠지만 한

가지 강력한 반론은 인간을 그런 식으로 이용하는 것은 그 자체가 도덕적으로 옳지 않다는 것이다. 즉 인간이 서로를 어떻게 대우하느냐의 문제가 걸려 있다는 것이다. 인간은 신성불가침의 권리를 가지고 있다. 결과(행복의 총량)와 관계없이 절대적으로 존중되어야 할 인권이 있다는 것이다. 이것을 존중하지 못하고 있다는 것이 롤스가 지적하는 공리주의의 또 하나의 큰 약점이다.

물론 이 고아 소년의 사례가 너무 극단적인 경우라고 말할 수도 있다. 하지만 우리 주위를 보면 내용상 이 사례와 별로 다를 바 없는 일이 아주 흔하다. 예를 들어 소말리아 해적에게 억류당하고 있는 100명의 인질을 구출하기 위해서 최소한도 10명의 전사자를 감수하고 군대를 파견할 것인가, 일 년에 500명의 교통사고 사상자를 발생시키는 저렴한 고속도로를 건설할 것인가 아니면 50명의 사상자를 발생시키는 고가의 고속도로를 건설할 것인가, 500만 명의 어린이에게 알레르기성 가려움증을 막아주는 반면 부작용으로 최소한 100명의 인명 피해를 초래하는 약품의 시판을 허용할 것인가 말 것인가, 연간 100억 달러의 수출을 위해서 최소한 100명의 인명 피해를 초래할 환경오염 공장의 건설을 허가할 것인가 말 것인가 등 생명과 직결된 수많은 선택의 문제가 고위직 관료의 결제함에 늘 수북이 쌓인다.

정부의 규제를 오랫동안 연구해온 어떤 학자는 생명에 직결된 이런 선택의 문제에 당면해서 적지 않은 수의 과거 미국 대통령과 고위직 관료들이 주저하지 않고 공리주의에 따라 결정을 내렸다고 말한다.[9] 그만큼 현실에서는 공리주의가 막강한 영향력을 행사한다는 뜻이고, 그렇기 때문에 롤스는 공리주의를 더욱더 위험스럽게 보았다.

고아 소년의 사례가 시사하듯이 공리주의는 개인에게만 적용될 수 있는 것을 집단에게도 무차별하게 적용한다. 개인과 집단을 혼동하고 있다. 예를 들어 어떤 사람이 시내에 음식점을 차리면 총 14억 원어치의 행복을 얻을 수 있지만 비용 지출로 인한 고통이 10억 원어치에 상당한다고 하자. 행복의 총량(14억 원어치)이 불행(10억 원어치)보다 더 크기 때문에 공리주의에 의거해서 계산해보면 이 사업은 그 개인에게 타당하다. 이번에는 상황을 약간 바꾸어서 똑같은 사업에 세 사람이 관련되는 경우를 살펴보자. 즉 이 음식점을 차리면 A라는 사람에게 7억 원어치 행복을 주고 B라는 사람에게도 7억 원어치의 행복을 주는 반면 C라는 사람에게는 10억 원어치의 불행을 준다고 하자. 행복의 총량(14억 원어치)이 불행(10억 원어치)보다 더 크므로 공리주의에 의하면 이 사업 역시 타당하다.

한 사람만 관련된 경우나 세 사람이 관련된 경우나 공리주의는 똑같은 대답을 준다. 과연 이 대답이 옳은가? 세 사람이 관련된 경우 A와 B는 이익을 얻지만 C가 당하는 손해는 이들 각각이 얻는 이익보다 더 크다. 그러므로 이 사업이 타당하다는 공리주의 대답은 C의 불행을 묵살하는 셈이다. 이와 같이 경우에 따라서 최대 다수의 최대 행복이란 원칙은 다수를 위해서 특정인의 희생을 강요하게 된다.

정의의 원칙이 어떻게 정해져야 하는지에 대해서도 롤스는 공리주의와 견해를 크게 달리한다. 롤스의 생각에 정의의 원칙은 중세의 하느님 말씀이나 성경의 말씀과 같이 하늘에서 뚝 떨어진 것도 아니고, 공리주의가 말하는 최대 다수의 최대 행복 원칙과 같이 땅에서 불쑥 솟아오른 것도 아니다. 정의의 원칙은 객관적으로나 절대적으로 인간에게 부여되는 것이 아니라 사회 구성원들 스스로가 만들어야 할 사항이다.

정의의 근거나 그 구체적 내용은 반드시 정당한 과정을 거쳐 사회 구성원들의 합의를 통해서 작성되어야 한다는 것이 롤스의 기본 입장이다. 즉 공정한 과정을 거친 사회 구성원들 사이의 합의, 바로 이것이 사회적으로 좋고 나쁨, 바람직하고 바람직하지 않음을 결정하는 궁극적 근거가 된다. 제1장에서 롤스가 주장한 정의의 원칙들을 살펴보았지만, 사회 구성원들 사이의 정당한 합의 과정을 중요하게 생각한다는 점에서 롤스의 정의론은 사회계약이론에 입각한 것이라고 할 수 있다.

7장

시장은 자발적인
합의의 결과다?

THE
CAPITALIST
MARKETS &
JUSTICE

| 시장의 세 가지 법칙 |

시장이 공정하다고 주장할 때 경제학자들이 제시하는 또 하나의 유력한 근거는 이른바 시장의 원리를 바탕으로 한 상호이익으로서의 정의이다. 시장의 원리란 구체적으로 무엇인가? 시장과 관련하여 경제학자들이 얻어낸 한 가지 중요한 통찰은, 시장에서 벌어지는 현상들은 일종의 법칙의 지배를 받는다는 점이다. 서울의 남대문시장, 동대문시장에서 보듯이 우리가 보통 생각하는 시장은 무척 시끄럽고 번잡하며 난장판이다. 그러나 그런 가운데에도 시장 나름대로의 질서와 조화가 있다.

상품별로 수요와 공급이 대충 맞아떨어지는 질서, 사는 사람과 파는 사람 사이의 상충된 이해가 적당히 절충되는 조화가 바로 그것이다. 이 질서와 조화의 뒤에는 이를 연출해내는 그 어떤 법칙이나 원

리가 존재한다. 이것을 시장의 법칙이라고도 하고 시장의 원리라고
도 한다. 경제학의 시조로 추앙되는 애덤 스미스는 이것을 '보이지
않는 손'으로 표현하였다.

시장의 특징은 다음과 같이 세 가지로 요약된다. 첫째는 '거래를
통한 상호이익 증진의 원리'이다. 무언가 이익이 있어야 사람들은 거
래를 한다. 그러므로 시장에서 거래를 했다는 것은 거래 당사자 모두
에게 이익이 있었다는 이야기이다. 사람들은 제각기 자기 이익만 생
각하고 시장에 나가지만 결과적으로 모두의 이익이 증진된다. 100만
명이 시장에서 거래를 했으면 100만 명 모두의 이익이 증진된다. 시
장은 사람들이 제각기 자신의 이익을 추구하는 가운데 모두의 이익
이 저절로 증진되게 만드는 제도적 장치라는 것이 경제학의 핵심적
메시지이다. 시쳇말로 시장은 윈-윈 게임의 장소이다. 경제학자들은
우리 사회의 문제를 되도록이면 시장에서처럼 자발적 거래를 통한
상호이익 증진의 원리에 따라 풀어갈 것을 요구한다. 윈-윈 게임으로
풀어나가야 한다는 것이다.

시장의 두 번째 특징은 '경쟁의 원리'이다. 경쟁이 있어야 좋은 상
품이 생산되고 서비스의 질도 높아지며, 사람들이 열심히 일하게 된
다. 불로소득이니 특혜니 부당이득이니 하는 것들이 대부분 경쟁이
제대로 이루어지지 않을 때 생기는 병폐들이다. 경쟁이 제대로 되어
야만 시장에서 가격이 가격으로서의 구실을 하게 되며 결과적으로
한정된 인적, 물적 자원들이 적재적소에서 잘 이용될 수 있다고 말한
다. 그래서 경제학자들은 공직 사회와 교육기관에도 경쟁의 원리를
본격적으로 도입할 것을 요구한다. 그래야 관료 체제의 효율이 높아
지고 교육 수준도 높아진다는 것이다. 경쟁을 하다 보면 자연히 무능

한 사람이 눈에 띄게 되고 좋지 않은 제도도 드러나게 된다. 그래서 경쟁은 나쁜 것을 솎아내는 아주 중요한 사회적 기능을 수행한다. 이 것이 경제학자들 중에서도 보수 성향 경제학자들이 아주 즐겨 하는 주장이다.[1]

시장의 세 번째 특징은 '경제적 인센티브의 원리'이다. 시장은 돈으로 상과 벌을 주는 상벌 체계의 일종이다. 이 금전적 상과 벌이 곧 모든 경제활동을 조절하는 경제적 인센티브가 된다. 공무원과 교육자들에게도 성과급 제도를 적용해야 한다는 경제학자들의 주장은 공직 사회와 교육기관에도 경제적 인센티브를 불어넣자는 뜻이다.

이런 시장의 원리가 작동하면 자본주의 시장은 크게 두 가지 혜택을 낳는다. 그 하나는 물질적 풍요이고 다른 하나는 풍부한 선택의 자유이다. 물론 이 두 가지 혜택이 제대로 발생하기 위해서는 시장이 완전경쟁시장이어야 한다.

자유경쟁이 잘 보장된 시장에서는 모든 상품에 걸쳐 다수의 판매자와 다수의 구매자가 자유롭게 거래하기 마련이다. 다수의 판매자가 있는 까닭에 각 소비자는 어떤 특정 판매자의 횡포에 시달릴 필요 없이 자유로울 수 있다. 마음에 들지 않는 가게에 억지로 드나들 필요가 없다. 마찬가지로 다수의 구매자가 있는 까닭에 각 판매자는 어떤 특정 구매자의 변덕에 얽매일 필요 없이 자유로울 수가 있다. 마음에 들지 않는 손님에게는 팔지 않으면 그만이다.

시장은 폭넓은 다양성을 인정한다. 시장은 같은 구두라도 온갖 다양한 모양과 색깔로 소비자들의 다양하고 까다로운 구미를 최대한 충족시켜준다. 빨간 구두를 원하는 사람에게는 빨간 구두를, 하얀 구두를 원하는 사람에게는 하얀 구두를, 까만 바탕에 하얀 줄무늬가 있는 구두를 원하는 사람에게는 정확하게 그런 구두를 공급해준다.

이런 점에서 시장은 정치권과 사뭇 다르다. 정치권에서는 국민의 60% 이상이 싫어하고 반대하는 사람이 대통령이 되어서 그 60% 이상의 다수에게 감 놓아라 배 놓아라 호령하는 작태가 비일비재하게 일어난다. 국회의원 선거에 출마한 후보들 모두가 마음에 안 들어서 아예 기권해버린다고 해도 달라질 것이 없다. 최다 득표를 한 그 누군가가 당선되어서 국회의원 행세하는 모습을 4년간이나 참고 견뎌야 한다. 시장에서는 이런 일이 일어날 수 없다.

대다수의 사람들은 썩은 냄새가 진동하는 홍어회를 싫어하는데 시장은 이들에게 그 홍어회를 강요하지 않는다. 안 사 먹으면 그만이다. 오직 소수만이 그런 홍어회를 좋아한다고 해서 이들의 취향을 묵살하지도 않는다. 시장은 그 소수를 위해서 썩은 냄새가 나는 홍어회를 공급한다.

| 자발적 합의에 도사린 함정 |

어떤 것이 옳거나 정당한 것임을 증명할 때 가장 흔히 동원되는 명분은 그것이 자발적으로 합의한 것이거나 이미 합의한 원칙에 가장 부합함을 보이는 것이다. 시장이 정의롭다고 주장하는 경제학자들 역시 마찬가지이다. 즉 시장에서 이루어진 모든 결과는 자발적 합의에 의해서 이루어진 것임을 부각시키는데, 이때 시장의 원리, 특히 거래를 통한 상호이익 증진의 원리는 시장이 정의로움을 공공연하게 주장하는 좋은 근거가 된다.

시장에서는 어느 한쪽은 이득을 보고 다른 한쪽은 손해를 보는 거래는 있을 수 없다. 서로에게 이익이 있어야 자발적 합의가 이루어질 수 있다. 시장은 이와 같이 상호이익을 바탕으로 자발적 합의를 일구어내는 제도적 장치이기 때문에 시장에서 결정된 가격이나 소득분배 역시 시장에 참여한 모든 사람들이 자발적으로 합의한 것이다. 이렇게 자발적 합의를 근거로 시장이 정의롭다고 말할 때의 정의는 기본적으로 1장에서 설명한 상호이익으로서의 정의이다.

시장에서의 합의는 합리적인 사람들 사이의 합의이다. 경제학자들은 사람들이 합리적임을 전제한다. 이것은 경제학의 가장 기본적인 가정이다. 근래 수많은 과학자들이 과연 이런 가정이 옳은지를 의심케 하는 과학적 증거를 끊임없이 내놓고 있지만 아직까지 주류 경제학계는 이를 외면하고 있다.

어떻든 일단 경제학의 이 기본 가정이 옳다고 하자. 그렇다면 시장에서 결정된 가격이나 소득분배는 합리적인 사람들이 모여서 합의한 것이다. 합리적인 사람들이 모여서 합의한 것이라면 이를 존중해주는 것이 민주주의의 도리이기도 하다. 그래서 시장에서 결정된 소득분배는 "다른 사람이 왈가왈부할 일이 아니다"라는 주장이 나오게 되며, 빌 게이츠의 높은 소득도 사회가 합의를 거쳐서 인정한 것이다. 노숙자의 비참한 생활은 사람들이 이들의 노동이나 이들이 일한 결과를 사주지 않기로 합의한 탓이며, 따라서 노숙자의 빈곤을 불공정하다고 볼 수 없다는 주장이 공공연히 나오게 된다.[2]

주로 보수 성향 경제학자들의 생각을 반영하는 이런 주장은 아주 틀린 것은 아니지만, 시장이 공정함을 설득하기에는 좀 엉성해 보인다. 우선 상식적인 측면부터 짚어보자. 과거 독재 정권이 활개 치던 무렵 국회는 독재 정권의 만행을 정당화하는 수많은 악법들을 통과시켰다. 다수당에 속한 국회의원들은 단지 거수기에 불과하였다. 이 거수기들은 '은밀한 곳'에서 오는 지령에 따라 움직였을 뿐이다. 하지만 표면상 그 악법들은 거수기들이 다수를 차지하는 국회에서 합의한 것들이었다. 문제는, 그 은밀한 곳이 독재와 부정부패로 사회적 지탄의 대상이었고 나아가서 타도의 대상이었다는 점이다. 그렇다면 국회에서 합의되었다는 사실 하나만으로 그 악법들을 정당하다고 말할 수 있을까?

노숙자의 경우에도 같은 말을 할 수 있다. 특정인의 노동이나 상품을 '구매하지 않기로 합의'하였기 때문에 이들이 노숙자가 될 수밖에 없었다고 하면, 이렇게 합의하는 사람들이 많을수록 노숙자의 수는 늘어날 것이다. 그러나 시장은 경제적 계산에 따라 행동하는 곳이므로 구매하지 않기로 합의하는 사람의 수는 경제 상황에 따라 달라진다. 경기가 아주 좋을 때는 합의하는 사람들의 수는 줄어들기 때문에 노숙자의 수가 줄어들게 되며, 경기가 나쁠 때에는 합의하는 사람들의 수가 늘어나면서 노숙자의 수도 늘어나게 된다. 구매하지 않기로 합의하는 사람들 다수가 시장의 힘에 의해서 움직인다는 것이다. 따라서 이들은 일종의 거수기라고 할 수 있다. 만일 그 시장의 힘이 불공정과 비리의 혐의를 받고 있다면 특정인들의 노동과 상품을 사람들이 사주지 않기로 합의하였다는 사실 하나만으로 노숙자의 빈곤을 정당화할 수 있을 것인가?

| 독과점 : 칼자루를 쥐고 있는 사람

시장의 불공정이라고 하면 으레 독과점 이야기가 나온다. 독과점은 가장 명백한 불공정 사례로 꼽힌다. 경제학자들도 여기에 동의할 것이다. 한 가지 미리 말해둘 것은, 공정치 못하다는 이유로 독과점을 규탄한다면 똑같은 이유로 성토되어야 할 경제활동이 독과점 이외에도 상당히 많이 있다는 점이다.

우선 독과점이 공정치 못한 것으로 지탄받는 이유부터 살펴보자.

아무리 자발적으로 이루어진 합의라고 하더라도 합의 당사자들 사이의 관계도 중요하다. 이를테면, 당사자들이 정말 대등한 입장에서 거래하고 합의하였는가를 짚어봐야 한다. 칼자루를 쥐고 있는 사람과 어쩔 수 없이 끌려가는 입장에 놓여 있는 사람 사이의 합의는 아무리 자발적이라고 하더라도 대등한 입장에서 이루어진 것이라고 보기 어렵고 따라서 공정하다고 말하기 어렵다. 물론 진정 자발적인지 아닌지를 판단하기 어렵다. 진정 자발적인지 아닌지, 대등한지 아닌지를 판단하는 한 가지 중요한 객관적 근거는 선택의 자유의 폭이다. 흥정을 할 때 선택의 여지를 많이 가진 측은 배짱을 부릴 수 있지만 선택의 여지를 가지지 못한 측은 어쩔 수 없이 끌려갈 수밖에 없다. 따라서 그런 사람들 사이의 합의는 대등한 입장에서 이루어진 합의라고 할 수 없다.

독과점이 규탄받는 이유 역시 선택의 자유를 제한함으로써 거래에서 대등한 관계를 저해하기 때문이다. 자유경쟁시장(완전경쟁시장)은 다수의 구매자와 다수의 판매자가 존재하는 시장임에 반해서 독과점 시장이란 어느 한쪽의 수가 극히 제한되어 있는 시장을 말한다. 한두

기업이 어떤 상품의 공급을 완전히 장악하고 있으면, 소비자는 거의 선택의 여지가 없다. 싫어도 어쩔 수 없이 그 기업의 상품을 구매해야 하고, 비싸도 어쩔 수 없이 높은 가격을 지불해야 한다.

독과점시장의 문제는 다수의 소비자가 선택의 자유를 박탈당한다는 것이다. 이런 점에서 독과점시장의 거래는 대등한 거래가 아니다. 물론 대부분의 소비자들이 이것을 잘 의식하지 못할 수도 있다. 실제로 많은 소비자들이 그저 그러려니 하고 독과점 기업의 상품을 구매한다. 겉으로 보면 그런 소비자들과 독과점 기업들 사이의 거래는 매우 자발적이다. 하지만 이 거래를 공정하다고 볼 수는 없다. 일부 국민들의 무관심 그리고 일부 보수 인사들의 독과점 대기업 두둔이 우리 사회에 독과점이 날로 심해지는 한 원인이 되고 있다.

독과점시장에서 보듯이 대등한 입장에 있지 않은 사람들 사이의 거래는 어떤 결과를 가져올 것인가? 우월한 입장에 있는 사람은 당연히 자기 자신의 이익을 위해서 자신의 영향력을 최대한 행사할 것이다. 인정사정 볼 것 없는 시장에서는 특히 더 그렇다. 이윤 극대화를 추구하는 독과점 기업은 공급량을 줄임으로써 시장에서 형성되는 가격을 인위적으로 높인다. 그 결과 이들은 독과점 이윤을 챙기게 된다. 분명히 독과점 상품의 가격은 표면상 거래 당사자들이 자발적으로 합의한 가격이지만, 대등한 입장에 있지 못한 거래 당사자들 사이에 합의된 것이며 사실상 일방적으로 결정된 가격이다. 이뿐만 아니라 독과점이 왜 자원의 효율적 이용을 저해하는지 경제학 교과서마다 장황하게 설명하고 있다.

결과적으로 독과점은 시장의 두 가지 큰 장점, 즉 자원의 효율적 이용과 선택의 자유를 모두 저해하는 셈이다. 그래서 시장경제가 사실상 최고로 발달했다는 미국조차도 아주 오래전부터 독과점을 강력하게 규제해왔다. 개인의 자유를 최고의 가치로 삼는 신자유주의 입장에서 보더라도 독과점은 지탄받아 마땅하다.

물론 경제학자들은 공정한 시장이란 독과점이 없는 완전경쟁시장이라고 강변할 것이다. 일반인들이 경제학자들에 대하여 가장 자주 제기하는 불평은, 현실의 시장이 교과서에 나오는 시장과 엄연히 다름에도 불구하고 자꾸 교과서 이야기만 한다는 것이다. 독과점이 앞으로 점차 줄어들어서 현실의 시장이 교과서에 나오는 시장에 가까워진다면 경제학자들의 그런 뜬구름 잡는 이야기를 어느 정도 봐줄 수 있지만 그럴 가능성은 전혀 없어 보인다. 오히려 독과점이 날이 갈수록 심해지고 있는 것이 우리의 현실이다.

현장에서 뛰는 경영학자들의 이야기를 들어보면, '승자독식'이 점점 더 심해지고 있다. 특히 우리나라에서는 승자독식의 현상이 두드러진다. 10대 대기업이 국내총생산에서 차지하는 비중이 2005년에는 35%였으나 2011년에는 41%에 이르고 있다. 이들 대기업은 여러 시장에 걸쳐서 독과점의 힘을 행사하고 있는 재벌 기업들이라서 더욱더 큰 문제이다. 대기업과 중소기업의 격차가 날이 갈수록 커지고 있으며 이로 인해서 빈부격차가 날이 갈수록 벌어지고 있다. 이런 현실을 도외시할 것인가.

고리대금과 바가지요금의 문제

빈번히 사회적 말썽을 불러일으키는 사채업만 해도 그렇다. 많은 경우 사채업자에게 돈을 빌리는 사람들은 급전이 필요한 사람들이다. 가족이 갑자기 병원에 입원했는데 수술비를 감당할 수 없는 서민들, 자녀가 대학 시험에 붙었지만 당장 입학금을 마련할 수 없는 서민들은 할 수 없이 사채업자에게 달려가게 된다. 이들에게는 선택의 여지가 없고 그래서 사채업자에게 매달릴 수밖에 없다. 터무니없이 높은 이자를 요구해도 울며 겨자 먹기로 합의할 수밖에 없다. 물론 고리대금업자와 서민들 사이의 거래는 표면상 자발적 합의를 바탕으로 이루어진 것이다. 그러나 누가 이런 거래를 공정하다고 말할 것인가? 오히려 고리대금업자는 궁지에 몰린 사람들의 약점을 최대한 이용해서 자신의 잇속만 채운다는 점에서 사회적 비난을 받는다.

여름철 휴양지에서 흔히 보게 되는 바가지요금을 보자. 휴양객에게는 선택의 여지가 별로 없다. 가족이나 친구들이 모처럼 함께 휴양지에 왔는데 단지 가격이 비싸다는 이유만으로 집으로 되돌아갈 수는 없는 노릇이다. 휴양지 상인들도 이런 약점을 잘 알고 바가지요금을 씌운다. 그래서 더욱더 얄밉지만 휴양객은 어쩔 수 없이 바가지요금을 감수하게 된다. 표면상 자발적 거래라고 하지만 흥정을 하고 나서 뒤돌아서면 불쾌하고 씁쓸하기 짝이 없다. 이런 거래가 과연 공정한 거래인가? 비단 바가지요금을 당한 당사자들뿐 아니라 이 이야기를 들은 다른 사람들도 언짢아한다. 휴양객의 약점을 이용해서 폭리를 취하려는 그 심보가 고약하다고 느끼기 때문이다.

물론 바가지요금이 휴양지에만 있는 것이 아니다. 결혼식장에도 있고 장례식장에도 있다. 우리 주변 도처에 있다. 폭설로 고립된 마을의 철물점이 눈삽의 가격을 갑자기 2배로 올렸다고 하자. 그렇다고 눈삽의 공급이 확 늘어나는 것도 아니다. 공급이 늘어난다고 하면 철물점 주인은 애당초 가격을 올리지도 않았을 것이다. 마을 사람들은 어쩔 수 없이 비싸진 눈삽을 살 수밖에 없다.

미국의 어떤 주에는 바가지요금을 금지하는 법이 있는데, 보수 성향 경제학자들의 집중 공격을 받고 있다.[3] 대부분의 경제학자들이 독과점에 대해서는 눈살을 찌푸리면서 똑같은 논리로 비난을 받아야 할 고리대금업이나 바가지요금에 대해서는 아주 관대한 태도를 취한다. 시장은 공정하다고 이들은 주장하지만 대다수의 일반 국민들이 고리대금이나 바가지요금에 눈살을 찌푸리는 이유는 그것이 공정치 못하다고 생각하기 때문이다. 일반 국민의 눈에는 바로 이런 것들이 시장을 정의롭지 못하게 하는 요소들이다.

| 환경오염의 문제

설령, 시장에서 거래 당사자 모두가 대등한 입장에서 충분한 선택의 자유를 누리면서 자발적 합의에 이른다고 해도 이것만으로 자본주의 시장이 공정하고 정의롭다고 주장하기에는 아직도 갈 길이 멀다. 아무 관련이 없는 제3자에게 엉뚱한 피해를 입히는 자발적 합의도 흔하기 때문이다.

예를 들어 강가에 다닥다닥 붙어 있는 각종 음식점의 폐수가 강물을 오염시킴으로써 하류 시민들에게 수질오염 피해를 주는 경우를 생각해보자. 이 음식점에 드나드는 고객과 음식점 주인 사이의 거래는 분명히 자기들끼리 자발적으로 합의한 것이다. 그러나 이들은 오직 자신들의 이익만을 염두에 두고 거래할 뿐 하류 시민들이 당하는 피해는 아랑곳하지 않는다. 한강의 오염이 걱정돼서 한강 상류의 매운탕집 출입을 자제하는 사람은 없을 것이다. 매운탕집 주인이나 고객이 하류의 수질오염 피해까지 걱정하면서 거래했다면 아마도 매운탕값은 더 비쌌을 것이다. 시장에서 자연스럽게 형성되는 매운탕 가격은 수질오염 피해를 포함하지 않은 가격이며 따라서 그만큼 저렴한 가격이다.

흔히 축산 폐수가 수질오염의 주범이라고 한다. 하지만 삼겹살을 먹는 사람들은 자신들이 수질오염의 원인자라는 것을 인식하지 못한다. 시장은 소비자에게 환경오염에 관한 정보를 주지 않기 때문이다.

비단 환경오염의 경우뿐만 아니라 일반적으로 시장에서는 사람들이 오직 자신의 이익만 생각하고 거래하기 때문에 이들이 자발적으로 합의한 것, 예컨대 시장에서 형성된 가격에는 공익에 관한 것(예를 들어 하류 시민의 환경오염 피해)은 반영되지 않는다.

아무리 시장에서 자발적으로 합의한 거래라고 해도 환경오염을 유발함으로써 불특정 다수에게 불의의 피해를 준다면 그것은 불공정하며 사회적으로 용납되지도 않는다. 그럼에도 불구하고 경제학 교과서는 불특정 다수에게 미치는 이런 불의의 피해에 대하여 불공정이라는 말을 쓰지 않고 그 대신 '외부효과'라는 말을 쓰며, 외부효과가 현저할 때 '시장의 실패'라는 말을 쓴다. 시장의 실패라는 용어는 자원의 효율적 이용에 시장이 실패한다는 뜻이요, 국민이 원하는 만큼 깨끗하고 쾌적한 환경을 공급하는 데 시장이 실패한다는 뜻일 뿐 불공정하다는 인상을 주지 않는다. 환경오염의 경우, 시장의 실패는 불특정 다수에게 불의의 피해를 주는 불공정으로 그치지 않는다. 그 불특정 다수의 대부분이 저소득 계층이라는 데에 또 다른 심각한 문제가 있다.

　얼핏 생각하면 환경이 오염될 경우 부자나 가난한 사람 가릴 것 없이 똑같이 환경오염에 노출되어 똑같은 피해를 입게 될 것 같다. 서울의 대기가 오염되면 서울에 사는 사람들은 모두 똑같이 피해를 본다고 생각하기 쉽다. 그러나 실제 피해의 측면에서 보면 부유층보다는 오히려 저소득 계층이 환경오염으로 인한 피해를 더 많이 입는다는 사실을 보여주는 자료들이 많이 있다.

　미국의 대도시에서 소득 계층별로 주거지역의 대기오염 정도를 조사한 결과들을 보면, 소득수준이 낮은 계층일수록 대기오염이 심한 지역에 살고 있음을 분명히 알 수 있다.[4] 미국까지 갈 필요 없이 우리 주위를 보면 거의 예외 없이 부자들의 주거지역은 쾌적하고 깨끗하고 아름다운 반면 가난한 사람들의 주거지역은 더럽고 심하게 오염된 곳이다.

　여기에는 그럴 만한 이유가 있다. 부유층은 환경오염의 피해를 피할 수 있는 경제력이 있는 반면 빈곤층은 그렇지 못하기 때문이다. 환경오염의 피해를 피하는 대표적인 방법은 오염이 덜 된 지역으로 옮겨가는 것이다. 그 결과 잘사는 사람들은 환경이 깨끗한 곳에 살게 되고 못사는 사람들은 환경이 더러운 곳에 살게 된다.

　옮겨가는 것 이외에도 환경오염을 피하는 방법은 매우 다양하다. 현재 살고 있는 지역의 물이 오염되어 있으면 오염되지 않은 곳의 물을 날라다 먹을 수도 있다. 예를 들어 한강의 오염으로 서울의 수돗물이 더럽다면 부유층은 설악산의 물을 날라다 먹을 수도 있고 제주도의 물을 날라다 먹을 수도 있으며, 심지어 스위스의 물을 운반해서 먹을 수도 있고, 정수기를 설치하여 더러운 물을 깨끗하게 만들어 마실 수도 있다. 공기가 오염되었으면 공기정화기를 이용해서 더러운 공기를 깨끗하게 정화할 수도 있다. 채소가 농약으로 오염되었을 때는 농부들과 따로 계약을 맺어서 농약을 치지 않은 채소를 공급받을 수도 있다. 먼지나 소음, 진동이 심하면 주변에 나무를 많이 심거나 방음·방진 장치를 설치함으로써 이것들을 차단할 수도 있다.

환경오염을 피하는 이러한 갖가지 방법들에 한 가지 공통적인 것은 돈이 있어야 된다는 것이다. 그러한 방법들은 결국 깨끗한 환경을 돈을 주고 사는 셈이다. 환경이 오염되더라도 잘사는 사람들은 상품화된 깨끗한 환경을 구매함으로써 환경오염 피해를 최대한 피할 수 있는 반면 가난한 사람들은 환경오염의 피해를 고스란히 당할 수밖에 없다.

환경오염은 이와 같이 가난한 사람들을 더욱더 가난하게 만들고 나라 전체로서도 손실임에도 불구하고, 한 가지 아이러니한 것은, 환경오염을 피하기 위해서 부자들이 돈을 쓰면 그만큼 국내총생산도 불어난다는 것이다. 상품화된 물, 공기정화기 설치, 소음 차단 공사 등 환경오염을 회피하는 데에 뿌린 돈이 국내총생산 통계조사망에 고스란히 잡히기 때문이다. 그러므로 환경오염이 심해지고, 그 피해를 회피하기 위해서 돈을 지불하면, 통계적으로는 나라가 그만큼 더 부유해진 것처럼 보인다. 국내총생산 지표는 우리를 오도한다.

환경오염의 경우에서 보듯이 시장에서 이루어진 자발적 합의는 거래 당사자들만의 합의일 뿐 이것이 곧 사회에서 인정받은 합의는 아니다. 우리나라뿐만 아니라 전 세계적으로 심각해지고 있는 환경문제는 그 흔한 끼리끼리의 자발적 합의가 시장에서 누적되면서 나타난 병폐라고 할 수 있다. 오늘날 환경문제는 인류의 생존을 위협할 정도로 보편적 현상이 되고 있다. 그러므로 상호이익에 입각한 자발적 합의만을 빌미로 시장이 정의롭다는 말을 하기가 점점 더 어려워지고 있는 것이 오늘의 우리 현실이다.

| 인간 심리의 이중성 |

모든 거래가 대등한 관계하에 이루어지며 환경오염과 같은 외부효과도 없다고 가정하자. 그렇다면 시장에서 자연스럽게 이루어진 자발적 거래에 아무런 문제가 없어 보이며 시장은 공정하고 정의롭다고 단언할 수 있을 것처럼 보인다. 과연 그럴까?

성매매와 불륜의 온상이 되고 있는 러브호텔의 경우를 예로 들어보자. 분명히 호텔 주인과 고객은 대등한 입장에서 자발적으로 거래하며, 거래의 결과 거래 당사자 모두 이익을 챙긴다. 그런데 왜 러브호텔에 대하여 많은 사람들이 눈살을 찌푸릴까? 왜 러브호텔 주차장은 늘 차단막으로 가려져 있을까? 주택가나 학교 근처에 러브호텔이 들어서면 이웃 주민들뿐 아니라 다른 지역 사람들까지 몰려와서 강력한 규제를 요구하며 성토해댄다. 밤에는 뻔질나게 러브호텔에 드나들면서 낮에는 러브호텔을 강력하게 규제해야 한다고 목소리를 높이는 정치 지망생들도 많이 있을 것이다. 그렇다면 이들이 밤에 보이는 행동이 참된 뜻일까 아니면 낮에 보이는 행동이 참된 뜻일까?

최근 대기업의 중소기업 업종 잠식 문제에 관하여 보수 진영과 진보 진영이 날카롭게 대립하고 있다. 이 문제를 어떻게 볼 것인가? 이런 질문에 답하기 위해서는 우선 인간의 욕망(경제학에서 말하는 선호)

에 대한 첨단 과학자들의 이야기도 들어보고 오늘날 보수 성향 경제학자들이 그들의 대부로 모시는 애덤 스미스의 이야기도 들어봐야 한다. 경제학자들을 제쳐두고 이들의 말을 들어야 하는 이유는 간단하다(애덤 스미스는 철학자였다). 경제학자들은 인간의 욕망(선호)의 구조나 본질은 경제학이라는 학문의 범위 밖에 있는 사항으로 간주하고 이를 도외시하기 때문이다.

과학자들에 의하면, 사람은 두 가지 마음을 가지고 있다. 욕망을 가지고 있을 뿐만 아니라 자신의 욕망을 스스로 평가하는 능력도 가지고 있다. 굳이 과학자의 말을 들을 필요도 없이 우리 주위를 살펴보자.

많은 도박꾼들이 자신의 손을 잘라버리고 싶을 정도로 도박의 무모함을 뼈저리게 느낀다. 그러면서도 손을 떼지 못하고 질질 끌려가다가 패가망신한다. 그렇다면 열심히 도박하는 겉모습만 보고 도박이 이들의 참된 선호라고 말할 수 있을 것인가? 건강을 위해서 금연하려고 안간힘을 쓰는 애연가들은 어떤가. 흡연자들 중에는 언젠가는 담배를 끊어야 한다고 생각하는 사람들이 많다. 이런 사람들을 보고 흡연이 이들의 참된 선호라고 말할 수 있을 것인가? 살을 빼기 위해서 다이어트를 하다가 케이크를 먹고 후회하기를 반복하는 아가씨의 참된 선호는 어떤 것인가? 대학 학기말고사를 앞두고 신 나게 영화를 보다가 시험을 망치고 크게 후회하는 대학생들의 참된 선호는 어떤 것인가?

경제학자들은 대체로 이런 사람들을 의지박약자라고 하여 예외적인 것으로 취급한다. 그 많은 도박꾼, 술꾼, 흡연자, 아가씨들, 대학생들이 예외적인 인간인가?

과학자들은 단호하게 고개를 가로젓는다. 이들은 사람들의 그런 이중적 성격이 모든 정상적인 사람들에게서 흔히 나타나는 보편적 현상임을 증명해 보이고 있다. 그래서 어떤 학자는 인간의 선호를 1차적 선호와 2차적 선호로 나누기도 한다. 1차적 선호는 사람들이 즉흥적으로 느끼는 욕망을 반영하며 2차적 선호는 그 즉흥적 욕망에 대한 자신의 평가를 반영한 것이다.[5]

누구나 치과에 가기 싫어한다. 치과에 대한 1차적 선호는 '싫다'일 것이다. 그럼에도 불구하고 사람들은 치과에 간다. 좋아서 간다기보다는 가야만 한다고 생각하기 때문이다. 치과에 가야만 한다는 생각은 2차적 선호에서 나온다. 그러므로 치과에 가는 행동은 2차적 선호에 따른 행동이다. 어떤 학자는 2차적 선호를 '선호에 대한 선호'라고 부르기도 한다.[6] 1차적 선호는 우리의 선호의 일부이기에 1차적 선호만이 우리의 참된 선호라고 말할 수는 없다. 대부분의 정상적인 사람들은 1차적 선호가 후회의 원천이며 적절히 통제되어야 할 대상이라고 본다.

사람들의 즉흥적 욕망은 대체로 이기적이기 때문에 1차적 선호 역시 이기적인 선호라고 할 수 있다. 식욕이나 성욕은 이기적 욕망이다. 남을 위해서 밥을 먹어주고, 남을 위해서 섹스를 하는 사람은 없을 것이다. 하지만 대부분의 사람들은 이기적으로만 행동하지 않는다. '공적인 마음'으로 행동하기도 한다.

예를 들어 국회의원 선거날 투표하러 갈 것인가 아니면 친구들과 골프 치러 갈 것인가를 결정할 때, 즉흥적 선호는 '골프 치러 간다'일 것이다. 더욱이 경제학 논리를 빌리면 투표를 하는 것이 합리적이지도 않다. 개인의 입장에서 보면 투표하는 것이 득이 될 것이 거의 없기 때문이다. 투표를 한들 내가 원하는 후보의 당선에 결정적으로 기여할 확률은 투표장에 가다가 벼락 맞아 죽을 확률보다도 낮다. 공연히 교통비와 시간만 낭비할 뿐이다. 그러므로 1차적 선호에 따르면 투표하지 않게 된다. 그렇지만 실제로 국민의 70%는 이런 이기적 계산을 떠나서 '공적인 마음'에 따라 투표를 하러 간다. 시민으로서의 의무감이나 민주주의의 발전을 생각하는 공적인 마음이 이들을 투표장으로 인도한다. 2차적 선호는 바로 이런 공적인 마음에서 나온 선호로 이해할 수 있다.

일단 투표장에 갔다고 하더라도 누구에게 표를 던질 것인가를 놓고 마음의 갈등을 겪게 된다. 예를 들어 국회의원 선거에 두 사람의 후보자가 있는데 한 후보는 나와 개인적으로는 아주 친하지만 정치적으로는 무능해서 세금만 축낼 인물이고, 다른 후보는 내가 싫어하지만 정치적으로는 아주 유능해서 지역사회와 나라의 발전에 기여할 인물이라고 하자. 이럴 경우 개인적 친분에 따라 친구에게 투표할 것인가 아니면 공익을 위해서 상대편 후보에게 투표할 것인가, 마음의 갈등을 겪게 될 것이다. 1차적 선호에 따른다면 친구에게 표를 던질 것이고 2차적 선호를 따른다면 상대편 후보에게 표를 던질 것이다. 하지만 대부분의 사람들은 공적인 마음으로 투표해야 한다고 말할 것이다.

애덤 스미스 역시 인간 심리의 이런 이중성을 잘 알고 있었다. 흔히 《국부론》이 애덤 스미스의 주저로 알려져 있지만 그 자신은 이 책을 심심풀이로 썼다고 고백하고 있다. 애덤 스미스의 밥벌이에 직결되면서 그를 유명 인사로 만든 책은 《도덕감정론》이다.[7]

이 책에서 애덤 스미스는 인간의 행태가 '열정passions'과 '공정한 방관자impartial spectator' 사이의 갈등에 의해서 결정된다고 주장하였다. 그가 말하는 열정은 식욕, 성욕, 분노, 두려움, 고통 등과 같은 감정을 의미하며, 공정한 방관자는 위에서 말한 2차적 선호와 비슷한 것이다. 애덤 스미스는 열정이 인간의 행동을 직접 지배하며, 공정한 방관자는 열정에 따른 행동을 조정하거나 교정하는 역할을 수행한다고 보았다.

애덤 스미스의 논리에 따르면, 국회의원 선거 때에 국민의 30%는 열정의 요구를 극복하지 못하고 놀러 갈 것이며, 70%는 마음속의 방관자가 요구하는 대로 투표하러 갈 것이다. 마음속의 공정한 방관자는 비록 싫거나 손해를 보더라도 양심이나 원칙에 따라 행동할 것을 우리에게 요구한다.

| 대기업의 골목상권 장악

인간의 선호에 대한 과학자들의 발견과 애덤 스미스의 주장은 대기업의 중소기업 업종 진출 문제에도 적용된다.

어느 재벌 기업의 할인점이 통닭구이를 만들어서 시중 가격의 절반 이하로 판매하자 이것을 사기 위해서 고객들이 이른 아침부터 할인점 앞에서 장사진을 쳤다. 그러자 이어서 피자를 값싸게 판매해서 인기를 끄는 할인점도 등장하였다. 이와 비슷한 일이 자꾸 터지면서 중소기업과 영세 상인들이 아우성치기 시작하였다. 대기업의 중소기업 모가지 비틀기라는 비난이 나왔다. 대기업의 중소기업 업종 진출은 공정치 못할 뿐만 아니라 우리 사회의 양극화를 더욱더 악화시킨다는 우려의 목소리도 나왔다. 사태가 심각해지면서 정부가 나서서 중소기업 고유 업종을 지정하고 대기업의 진출을 막는 조치를 취하기 시작하였다. 그러자 이번에는 대기업 쪽이 들고 일어났다. 자본주의 시장에서는 소비자가 왕인데, 대기업이 내놓은 통닭구이와 피자를 사려고 소비자들이 장사진을 이루었다면, 이것이야말로 대기업의 진출을 소비자들이 지지하고 있다는 가장 확실한 증거가 아니냐고 반문하였다.

대기업이 높은 경쟁력을 바탕으로 중소기업보다 더 값싸게 소비자들에게 봉사하는 것을 마다할 이유가 없다는 것이다. 여기에 보수 성향의 경제학자들이 시장의 원리를 들먹이며 대기업의 반발에 힘을 실어주었다. 소비자의 구미를 최대한 잘 충족시키지 못하는 기업은 대기업이든 중소기업이든 도태되는 것이 시장의 원리라는 것이다. 이렇게 대기업이 중소기업 업종을 잠식하는 문제를 놓고 찬반 논쟁이 치열해지자 정부도 엉거주춤하였다.

이 논쟁에서 특히 주목되는 부분은 대기업이 파격적으로 저렴한 가격을 내세워 소비자들을 끌어모으는 '저가 공세'를 어떻게 볼 것인가, 대기업의 통닭이나 피자에 대한 소비자들의 선풍적 인기를 어떻게 볼 것인가이다.

우선 저가 공세부터 짚어보자. 대기업이 중소기업보다 상품을 더 저렴하게 공급한다는 것은 어느 정도 경제학적으로 검증되어 있다. 이른바 '규모의 경제' 덕분에 기업의 규모가 커질수록 생산원가가 낮아지는 경향이 있기 때문이다. 그래서 대기업이 처음에는 저렴한 가격으로 소비자에게 봉사하지만, 시장의 원리에 따라 중소기업들이 견디지 못하고 모두 도태되고 나면 그 대기업은 자연히 독과점 기업이 된다. 독과점의 특성상 그 대기업은 공급 제한을 통해서 상품 가격을 끌어올린 다음 독점이윤을 챙기게 된다는 것은 경제학원론 교과서에도 나와 있는 이야기이다.

대기업의 저가 공세는 시장 장악력을 높이는 전형적인 술책의 하나이다. 저가 공세는 일시적이며 결국 소비자들은 동일한 상품에 대하여 높은 가격을 오랫동안 두고두고 치르게 된다. 이것이 대기업의 저가 공세를 좋게만 볼 수 없는 이유이다. 대기업의 중소기업 업종 진출을 경계하는 학자들이 가장 우려하는 것도 바로 이 술책이다. 그러므로 대기업이 저렴한 가격으로 소비자에게 봉사한다는 명분만으로 대기업의 중소기업 업종 잠식을 지지하는 보수 성향 경제학자들의 태도는 그런 술책을 눈감아주는 태도이다.

그러면 소비자들의 뜨거운 반응은 어떻게 볼 것인가? 대기업의 통닭구이와 피자에 대한 소비자들의 선풍적 인기가 과연 이들의 참된 선호인가인가? 과학자들이나 애덤 스미스는 아니라고 답할 것이다. 소비자들의 선풍적 인기는 이들의 1차적 선호를 반영한 것이며 이기적 마음만을 반영한 것이지 대기업의 비대화에 대한 경각심이나 중소기업의 도태에 대한 걱정, 그리고 나아가서 빈부격차의 확대에 대한 우려, 약자(중소기업)를 괴롭히는 강자(대기업)에 대한 공분公憤 등 공적인 마음을 반영하고 있지 않다. 이들의 참된 선호를 반영한다고 볼 수 없다는 것이다. 그러므로 대기업 제품에 대한 소비자들의 인기만을 놓고 이것이 대기업의 중소기업 업종 진출을 소비자가 지지하는 증거라고 말할 수는 없다.

소비자들이 지지하는 증거라고 우기는 것은 마약을 끊지 못해서 애를 태우는 마약중독자들이 마약 구입에 혈안이 되어 있는 겉모습만 보고 이들이 원하는 마약을 대량 공급해야 한다고 우기는 것이나 진배없으며, 도박을 끊지 못해서 속을 끓이는 도박중독자들의 겉모습만 보고 도박장을 대폭 늘려야 한다고 우기는 것과 다르지 않다. 대기업의 중소기업 업종 진출 문제에 제대로 답하기 위해서는 시장에 나타난 반응만 볼 것이 아니라 우리 국민 마음속의 '공정한 방관자'의 목소리도 경청하고 이를 수렴해야 한다.

| 최후통첩게임

사람들은 개인적 손익계산을 떠나 양심적으로 행동하며, 다른 사람에게 양보하기도 하고, 사회정의를 위해서 노력한다. 그 이유는 각자의 마음속에 공정한 방관자가 도사리고 있기 때문이다. 애덤 스미스에 의하면 각 개인의 마음속에 있는 공정한 방관자는 크게 두 가지 역할을 수행한다.

우선 순전히 개인적인 것에 관해서 공정한 방관자는 자제심을 가질 것, 자신이 세운 규칙을 잘 지킬 것, 자존심을 가질 것 등을 요구한다. 금주를 결심한 사람이 술자리 초청을 받았을 때 공정한 방관자는 술자리 참석을 자제할 것을 요구한다. 사회적인 일에 관해서 공정한 방관자는 양심적으로 행동할 것, 다른 사람들을 배려할 것, 모든 사람을 평등하게 대우할 것 등을 자기 자신에게 요구한다. 즉 마음속의 공정한 방관자는 곧 양심이 되며 각기 다른 사람들의 상충된 요구를 치우침 없이 공정하게 저울질하는 판사가 된다. 그래서 마음속의 공정한 방관자는 각자로 하여금 도덕적으로 행동하게 만든다.

물론 그렇다고 사람들이 항상 공정한 방관자의 요구에 따라 행동하는 것은 아니다. 열정이 강렬할 경우, 술 마시고 싶은 욕망이 충분히 강할 경우에는 공정한 방관자의 요구를 묵살하고 술자리에 참석한다. 하지만 개인적 욕망(열정)에 따라 행동한다고 해서 무조건 비도덕적으로 행동하는 것은 아니다. 애덤 스미스에 의하면 각 개인으로 하여금 도덕적으로 행동하게 만드는 행위 동기도 있다. 동정심과 정의감이 바로 그것이다.

동정심을 가지고 있기 때문에 사람들은 자신보다 불우한 사람들을 도와주어야 한다고 생각하게 되며 그 결과 도덕적으로 행동하게 된다. 다수의 사람들 마음속에 보편적으로 존재하는 동정심이 사회의 도덕적 기반이 된다. 그래서 애덤 스미스는 《도덕감정론》의 서두를 동정심에 대한 이야기로 장식하였을 뿐만 아니라 상당히 많은 지면을 할애하였다. 그만큼 애덤 스미스가 윤리적으로 동정심을 중요하게 생각하였다는 증거이다.

하지만 동정심은 열정의 일종이기 때문에 기복이 너무 심하다. 어떨 때는 필요 이상으로 동정심이나 이타심을 보이는 반면 어떨 때에는 너무 냉담하다. 똑같은 사람인데도 자국민의 참사에 대해서는 몹시 애통해하면서도 다른 나라의 참사에 대해서는 시큰둥하다. 죽은 사람에게는 동정심을 보여봐야 이들은 아무런 반응을 보이지 않음에도 불구하고 사람들은 죽은 사람에게 끔찍한 동정심을 보이기도 한다. 예를 들어서 영국 다이애나 왕세자비가 죽었을 때나 미국의 케네디 대통령이 죽었을 때 엄청나게 많은 사람들이 애도의 뜻을 표했다. 슬픈 나머지 제 몸도 가누지 못하는 사람들이 부지기수였다.

애덤 스미스는 부유층과 저명 인사에 대하여 필요 이상 강한 동정심을 보이는 사람들이 너무 많다고 주장하였다. 수많은 잡지나 언론 매체들이 부유층과 저명 인사의 일상생활 이야기를 다투어 보도하고 있다는 것이 그 증거이다. 한 가지 재미있는 것은, 그런 비뚤어진 동정심을 애덤 스미스가 질타하고 경고하였다는 점이다. 물론 부유층과 저명 인사에 대한 강한 동정심이 체제를 안정적으로 유지하는 데 기여한다는 점을 그도 인정하였다. 하지만 그런 비뚤어진 동정심이 동시에 한 사회의 도덕적 타락을 초래하는 '중요하고도 보편적인great and universal' 원인임을 강조하였다. 다수의 사람들이 부유층과 권력층을 칭찬하다 못해 경배까지 하다 보면 가난한 사람이나 불우한 사람을 무시하고 멸시하는 풍조가 조성된다는 것이다.[8] 우리나라의 신자유주의자들은 성공한 기업가들을 존경해주어야 경제가 잘 돌아간다고 늘 외치는데, 이들이 추앙해 마지않는 애덤 스미스는 그런 존경을 경계하였다.

사람들은 항상 그렇게 기분 내키는 대로만 행동하지는 않는다. 마음속의 공정한 방관자가 동정심을 포함한 열정을 적절한 수준으로 잘 조정해주기 때문이다. 그래서 실제에 있어서는 사람들이 과격한 행동을 자제하게 되고 때로는 도덕적으로 행동하게 된다. 사람들로 하여금 도덕적으로 행동하게 만드는 요인으로서 애덤 스미스는 동정심이나 이타심보다는 정의감을 더 중요하게 보았다.

동정심이나 이타심이 종잡을 수 없는 것임에 비해 정의감은 훨씬 더 예측 가능하고 믿을 만하다고 보았다. 그는 대자연이 우리 인간의 마음속에 정의감을 심어놓았다고 주장하였다. 이런 천부적 정의감 때문에 사람들이 공정한 방관자의 요구에 부응해서 도덕적으로 행동하게 된다. 오늘날의 심리학자들은 사람들의 정의감이 의외로 강하다는 것을 수많은 실험을 통해서 보여줌으로써 애덤 스미스의 이런 주장을 뒷받침하고 있다.

예를 하나 들어보자. 어떤 사람(A)에게 10만 원의 돈을 주면서 다른 특정인(B)과 나누어 가지라고 했다고 하자. 이 두 사람은 서로 전혀 모르는 사이다. 상대방에게 얼마만큼 나누어 줄 것인지는 전적으로 돈을 가진 사람(A)이 결정한다. 그 10만 원을 몽땅 가질 수도 있고, 7대 3으로 나누자고 제안할 수도 있고, 6대 4로 나누자고 제안할 수도 있다. 단, 돈을 받는 사람(B)이 제안을 거부하면, 다시 말해서 합의가 안 되면, 그 10만 원은 회수되면서 두 사람 모두 빈털터리가 된다. 이런 게임의 상황에 처한다면 사람들은 어떻게 행동할까?

전문가들이 흔히 '최후통첩게임'이라고 부르는 이 게임은 워낙 유명해서 수많은 학자들이 여러 나라에 걸쳐 실험을 해보았다. 실험 결과를 종합해보면, 먼저 제안하는 사람들(A의 입장에 있는 사람들)의 평균 제안 액수는 45% 정도였다. 반반씩 나누자고 제안하는 사람들도 상당히 많았다. 의외로 많은 사람들이 생면부지의 남에게 관대하다는 것이 드러났다.

이보다 더 의외의 결과는 돈을 받는 입장에 처한 사람들(B의 입장에 있는 사람들)의 태도였다. 만일 돈을 가진 사람이 30% 이하의 금액을 제안하면, 돈을 받는 입장에 있는 사람들의 절반 정도가 그 제안을 거부하였다. 받는 사람의 입장에서 보면 단돈 천 원이라도 받는 것이 합리적이다. 왜냐하면 아무것도 받지 않는 것보다는 버스값이라도 받는 것이 이익이기 때문이다. 그런데도 절반 정도가 자기 몫이 30% 이하이면 거부해버렸다. 자존심 상한다든가 공평하지 않다는 것이 그 주된 이유이다.

경제학자들의 생각과는 달리 다수의 사람들이 이와 같이 비합리적으로 행동한다. 의외로 많은 사람들이 정의롭지 못한 행위에 대하여 응징하려는 마음을 가지고 있다. 정의감 때문에 자신의 손해를 감수하는 현상은 수많은 실험에서 일관되게 관찰된다.

| 시장은 이기심을 대변하는 곳

시장은 사람들이 이기적인 마음에 따라 행동하는 곳이다. 누구나 자기가 원하는 것을 얻기 위해서 시장에 나가며 시장에서는 자기 이익만 생각한다. 조국을 위해서 일부러 장 보러 나가는 사람은 거의 없을 것이다. 옛날에는 우리나라 산업의 발전을 바라는 애국심에서 일부러 저질 국산품을 사주는 사람들이 많았지만 오늘날에는 그런 사람을 찾아보기 힘들다. 날로 나빠지는 경기 때문에 수많은 영세 상인들이 파리를 날리며 한숨 쉬지만 이들의 시름을 덜어주기 위해서 일부러 재래시장을 찾는 부잣집 마나님은 거의 없을 것이다.

소비자뿐만 아니라 생산자도 이기적인 마음에 따라 행동한다. 진정 국민의 배고픔과 추위를 덜어주고 국민의 건강을 위해서 식량을 공급하고 옷을 만들고 집을 짓는 기업은 없다. 오직 돈벌이를 위해서 그런 사업을 할 뿐이다. 소비자의 구미에 맞추기 위해서 기업이 엄청나게 많은 정보를 수집한다지만, 이들이 수집하는 정보도 순전히 자신의 이익에 도움이 되는 것뿐이다.

이를테면 소비자의 입맛을 돋우는 각종 유해화학물질에 대한 정보는 열심히 수집하지만 진정 국민의 건강을 위해서 유해화학물질을 쓰지 않고도 맛있는 식품을 만드는 정보는 수집하지 않는다. 기업은 오직 돈벌이에 관련된 정보만 수집하기 때문에 값싸게 가공하고 처리하는 기술에 대한 정보는 놀라울 정도로 많이 수집하지만 공익에 관계된 정보는 잘 수집하지 않는다. 법으로 강제할 때에만 공익에 도움이 되는 정보를 수집한다.

우리가 일상에서 흔히 입는 티셔츠를 예로 들어보자.[9] 티셔츠의 주원료는 면화이다. 면화 재배는 엄청나게 많은 양의 수자원을 소모함으로써 재배 인근 지역의 수자원 고갈 문제를 낳지만 이 문제는 일단 제쳐두자.

면화의 재배부터 티셔츠를 만들기까지의 전 과정에서 이용되는 독성 물질의 양은 실로 어마어마하다. 우선 면화를 심기 전 땅을 소독하기 위해서 화학약품이 대량 살포된다. 곰팡이를 막기 위해서 면화씨도 화학약품으로 처리된다. 면화가 자라는 동안 수시로 농약과 비료를 뿌린다. 면화 재배지의 면적은 세계 경작지의 2.5%에 불과하지만 면화 재배에 투입되는 화학비료의 양은 세계 화학비료 사용량의 10%, 살충제의 양은 세계 살충제 사용량의 25%를 차지한다. 면화 수확기에는 면화를 따기 쉽게 하기 위해서 면화 잎을 말려 죽이는 고엽제가 대량 살포된다. 면화로부터 뽑은 직물을 가공하는 과정에서도 포름알데히드를 비롯한 각종 유해화학물질이 대량 이용된다.

이와 같이 원재료를 손쉽게 가공하고 처리하기 위해서 이용되는 어마어마한 양의 각종 유해화학물질들은 환경을 파괴하고 수많은 노동자들과 인근 주민의 건강을 해치지만 이런 피해를 줄이기 위한 기업의 정보 수집이나 노력은 미미할 뿐이다. 기업은 유해화학물질로 인한 환경오염이 미래 세대에게 어떤 피해를 미칠지에 대한 정보를 가지고 있지 않다. 환경오염 피해와 건강 피해가 광범위하게 퍼져서 수많은 사람들이 죽거나 고통을 겪은 다음에야 비로소 비난의 여론이 비등해지면서 법이 만들어진다. 그때서야 기업은 마지못해 공익에 관련된 정보를 수집하고 공익을 위하는 척한다. 물론 티셔츠의 가격에는 이런 환경오염 피해나 건강 피해는 반영되지 않는다. 그 결과 지구상의 모든 사람들에게 각각 15장의 티셔츠를 공급할 수 있을 정도로 많은 면화가 재배된다.

기업은 때로는 공익에 관한 정보를 외면하고 은폐하기도 한다. 납은 엄격하게 규제되고 있는 독성 물질이지만, 여성이 즐겨 쓰는 거의 모든 립스틱에 어린아이들이 즐겨 먹는 사탕에 허용된 것보다 2배 내지 4배 많은 납이 함유되어 있다는 사실을 여성들은 잘 모른다. 화재 발생을 줄이기 위한 난연재에 맹독성 물질이 포함되어 있지만, 난연재 생산업계는 난연재의 지속적 이용을 위해서 애를 쓰고 있다.[10]

이처럼 소비자나 기업이 제각기 이기적인 마음만을 가지고 행동하기 때문에 시장에서 결정된 모든 것은 이들의 이기적인 마음을 반영한 것이지 공적인 마음을 반영한 것이 아니다. 시장은 주로 사람들의 1차적 선호를 충족시키기 위한 장소라는 것이다. 성매매와 불륜의 온상인 러브호텔의 요금은 고객과 호텔 주인의 이기적인 마음이 합의한 결과일 뿐, 그런 러브호텔이 규제되어야 한다는 공적인 마음을 반영하고 있지 않다. 여름철 휴양지의 바가지요금이나 태풍 피난민에게 강요되는 바가지요금에 대하여 많은 사람들이 눈살을 찌푸리는 이유는 바로 이 공적인 마음으로 우리 현실을 보기 때문이다. 만일 사람들이 공적인 마음에 따라 행동하였다면 대기업의 피자나 통닭을 사기 위해서 그렇게 우르르 달려가지는 않았을 것이다.

그렇다면, 공적인 마음은 누가 대변해주나

각 소비자의 입장에서 보면 대기업 상품의 저렴한 가격은 분명히 매우 바람직하다. 하지만 그것은 어디까지나 각 소비자의 이기적인 마음에서 볼 때만 그렇지 이들의 공적인 마음에서 보았을 때도 반드시 그런 것은 아니다. 공적인 마음은 가격의 공정성 여부에 쏠려 있다. 자유경쟁시장에서 자연스럽게 결정된 가격을 놓고 그 공정성에 대하여 끊임없이 시비가 벌어지는 이유도 그 가격이 각 개인의 이기적인 마음만 반영할 뿐 공적인 마음을 제대로 반영하지 못하기 때문이다.

우리나라 부동산 가격에 대하여 대다수의 사람들이 '미친 가격'이라고 비난한다. 그러나 보수 성향 경제학자들은 그 미친 가격이 사실은 시장의 수요공급 원리에 따라 자연스럽게 형성된 것이므로 존중되어야 한다고 주장한다. 이 경우 수요공급 원리에서 말하는 수요곡선과 공급곡선은 부동산 투기로 한밑천 크게 잡아보려는 이기적 탐욕이 잔뜩 묻어 있는 곡선이다. 거기에는 투기가 국민경제에 미칠 악영향이나 집 없는 서민들에게 미칠 충격을 우려하는 공적인 마음은 담겨져 있지 않다.

일부 경제학자들조차도 시장에서 형성된 가격에 유보적 태도를 취하는데 그 이유는 가격이 사람들의 선호를 이와 같이 부분적으로만 반영한, 왜곡된 것이라고 생각하기 때문이다. 그래서 공공투자 사업의 경제적 타당성을 검토할 때 자유경쟁시장에서 결정된 가격을 그대로 적용해도 좋으냐 안 좋으냐를 놓고 경제학자들끼리도 때로는 심한 말싸움을 한다. 비근한 예로 새만금 간척사업의 경제적 타당성을 검토할 때에도 국내 쌀값을 적용할 것인지, 국제 시세를 적용할

것인지, 아니면 제3의 쌀 가격을 적용할 것인지를 놓고 격렬한 논쟁이 있었다.[11]

이와 같이 시장의 가격을 놓고 끊임없이 시비가 일어나는 현상은 마치 각 개인이 즉흥적 욕망에 따라 행동하고 나서 크게 후회하고는 자기 자신을 질책하는 현상과 내용상 다를 바가 없다.

마치 즉흥적 식욕이나 성욕에 따른 행동을 도덕적이라고 말하지 않듯이 이기적 욕심에서 나온 행동 그 자체에 대해서는 공정하다든가 정의롭다는 말을 잘 하지 않는다. 그러므로 주로 국민의 이기적인 마음(1차적 선호)만을 반영하는 시장에 대해서 공정하다든가 정의롭다는 말을 하기가 어렵다. 어떤 행동이나 제도가 진정으로 공정하다는 평가를 받기 위해서는 사회 구성원의 공적인 마음(2차적 선호)의 심판을 거쳐야 한다. 시장에서 이루어진 자발적 합의도 마찬가지이다. 그것이 진정 공정하다는 평가를 받기 위해서는 그런 국민의 공적인 마음의 심판을 통과해야 한다. 그러므로 단순히 거래 당사자들이 자발적으로 합의한 것이라고 해서 공정하다고 말할 수 없다.

정의의 원칙을 도출하기 위해서 롤스가 설정한 원초적 상황은 국민 각자로 하여금 이기적인 마음을 비우고 오직 공적인 마음만을 가지고 정의에 관해서 토론하는 상황이라고 해석할 수 있다. 따라서 장바닥과는 거리가 먼 상황이다. 정의의 원칙이란 국민의 2차적 선호가 모여서 정의에 관하여 합의한 원칙이며, 이런 원칙이야말로 불편부당으로서 정의의 개념에 부합한 참된 원칙이라고 할 수 있다. 그러므로 합리적인 사람들 사이의 자발적 합의만을 근거로 시장을 공정하다든가 정의롭다고 평가할 수는 없다.

이와 같이 시장이 주로 국민의 이기적인 마음 혹은 1차적 선호를 주로 반영하는 것이라면, 국민의 공적인 마음 혹은 2차적 선호는 누가 대변해줄 것인가? 사회적 관습이나 정부가 그 역할을 수행한다고 말할 수 있다. 정부의 가장 중요한 역할은 국민의 공적인 마음을 읽고 이를 대변하는 것이다. 환경 규제뿐만 아니라 러브호텔에 대한 규제, 공공장소에서의 흡연 규제, 음주운전에 대한 규제, 불량식품 규제 등 수없이 많은 정부의 규제가 바로 국민의 공적인 마음을 대변한 것들이다. 대기업의 중소기업 업종 잠식에 대한 우려 역시 마찬가지이다. 각 개인의 경우 '공정한 방관자'가 시장에서 표출될 '열정'을 통제하듯이 사회적으로는 정부가 국민의 2차적 선호 혹은 공적인 마음을 읽고 이를 바탕으로 시장을 통제하는 역할을 대행하게 된다.

8장

정의에 대한
환상을 경계하라

: 마르크스에게 정의를 묻다

THE
CAPITALIST
MARKETS &
JUSTICE

| 저울과 칼

많은 사람들이 마르크스 사상을 매우 위험하고 비현실적이며 이상주의적인 사상이라고 한다. 그러나 인생에 대해서 고심해보고 또 세상이 왜 이 모양 이 꼴인가를 탄식해본 사람이면 누구나 한번쯤은 머리에 떠올려봤음 직한, 평범하고도 친숙한 생각들을 그의 저서에서 무수히 만나게 된다.

마르크스에게 질문을 던져보자. 정의로운 사회는 이상적인 사회인가? 마르크스는 단호하게 아니라고 답한다. 마르크스가 생각한 정의로운 사회는 어떤 사회인가?

초등학교 때 짝과 같이 쓰는 책상 가운데에 금을 그어놓고 금을 넘어오는 것은 무엇이든지 칼로 잘라버리던 짓을 아마도 많은 사람들이 경험했을 것이다. 이런 못된 짓을 하는 짝하고는 결코 사이가 좋을 수가 없다. 초등학교 어린애들의 행동이 유치해 보이지만, 여기에서 정의의 원초적 모습을 볼 수 있다.

정의의 여신상을 보면 정의의 개념을 딱 두 단어로 표현할 수 있다. 저울과 칼이다. 각자의 정당한 몫을 저울로 재고 어긋나는 것은 가차 없이 칼로 베어버린다. 정의로운 사회는 이와 같이 우선 네 것과 내 것을 분명히 가르고 각자 자신의 몫을 빈틈없이 챙기는 데서 출발한다. 과연 그런 사회가 우리가 지향해야 할 이상적인 사회인가?

저울과 칼이 우리 삶의 전부는 아니다. 가정에서 어머니가 정의의 여신과 같이 자식들의 모든 행동을 일일이 저울질하고 조금이라도 원칙에 벗어나면 가차 없이 칼로 응징한다고 하자. 과연 이런 가정이 좋은 가정인가? 대부분의 사람들은 고개를 가로저으면서 가정만은 허물을 감싸고 잘못을 용서하며, 사랑으로 충만하여 푸근하고 웃음이 넘쳐야 한다고 말할 것이다.

사랑과 웃음이 충만한 곳에는 저울과 칼이 필요 없다. 누구나 엄마에 대하여 길게 이야기하다 보면 저절로 눈물을 흘리게 된다. 엄마 이야기하다가 우는 배우를 TV에서 자주 보았을 것이다. 저울과 칼만 들이대는 어머니는 그런 눈물을 자아낼 수 없다. '행복한 가정'이라는 말은 있어도 '정의로운 가정'이라는 말은 없다. 정의가 구현된다고 해서 반드시 행복한 사회가 된다는 보장도 없다. 정의는 행복을 위한 하나의 조건에 불과하다.

아리스토텔레스는 정의에 관하여 다음과 같은 유명한 말을 남겼다. "만일 당신에게 친구가 있으면 당신은 정의가 필요 없다. 그러나 당신에게 정의만 있다면 그것만으로는 부족하다. 친구가 있어야 한다."[1]

우리 사회에 부정이 만연하다 보니 정의에 대한 요구가 빗발치는 것은 당연하며 따라서 정의 사회의 구현은 시급한 우리 사회의 과제다. 그러나 정의 사회의 구현에 너무 집착해서 더 소중한 것을 망각하는 어리석음을 범해서는 안 된다. 그래서 마르크스는 정의에 대한 환상부터 버리라고 우리에게 말한다.

정의로운 사회가 최고의 가치가 되어야 하는가

마르크스에 의하면, 정의에 대한 환상이 또 하나 더 있다. 자본주의 체제에서 정의로운 사회를 구현할 수 있다는 믿음이 바로 그것이다. 정의 사회 구현을 아무리 소리 높여 외쳐봐야 자본주의 체제에서는 결코 실현될 수 없는 공허한 메아리에 불과하다고 마르크스는 말한다. 마치 교통 체증을 해소하기 위해서 도로를 계속 건설해봐야 오히려 통행량만 증가시켜서 교통 체증을 더 악화시키는 것과 같다고나 할까. 자본주의 사회에서 정의란 신기루와 같은 것이다.

어떤 사회가 정의를 절실히 요구하고 정의 사회 구현을 소리 높여 외치는지부터 생각해보자. 구린 데가 많고 다툼이 심한 사회가 바로 그런 사회이다. 구조적으로 문제가 있는 사회이다. 마치 병으로 골골하는 국민이 많은 사회에 병원도 많고 의사도 많으며 의과대학이 최고의 인기를 끌듯이 싸움이 잦고 송사가 많은 나라에는 정의의 수호자로 자처하는 변호사도 많고 판검사도 많으며 법과대학이 최고의 인기를 누린다. 자본주의 시장경제가 최고로 발달한 미국이 바로 그런 나라이다. 어느 법률가는 미국을 '소송 공화국'이라고 불렀다.

이 법률가에 의하면, 수년 전 미국에서는 어느 판사가 세탁소를 상대로 손해배상 소송을 낸 이상한 사건이 있었다.² 소송 사유는 자신이 맡긴 바지를 세탁소가 분실하였다는 것이다. 판사가 소송을 제기했다는 점도 이채롭지만, 이 판사가 요구한 손해배상액이 5400만 달러, 우리 돈으로 약 6백억 원이라고 하니 벌어진 입이 다물어지지 않는다. 4년 가까이 이어간 이 황당한 바지 소송에서 결국 판사가 패소하였다. 이 판사는 재임용에서 탈락하여 판사직을 잃었고 세탁소 주인은 소송비용 부담으로 세탁소 문을 닫았다. 소송으로 결국 모두가 망한 꼴이다.

이와 같이 툭하면 싸우고 소송을 걸기 때문에 인구 당 변호사의 수가 세계에서 제일 많고 법과대학의 인기가 최고이다. 미국과 같은 나라야말로 정의 사회의 구현을 소리 높여 외칠 수밖에 없는 나라이며 사회정의나 분배의 정의가 절실히 필요한 나라이다. 법원이 많고 법과대학이 최고로 인기를 끄는 사회는 결코 바람직한 사회가 아니다. 우리나라에서도 법과대학과 의과대학이 최고의 인기를 끌고 있다. 그래서 법조인과 의사가 계속 늘어나고 있다. 세계에서 가장 미국을 많이 닮아가는 나라가 바로 대한민국이라는 말도 있다.

자본주의에 대하여 마르크스가 심각하게 문제 삼은 것 중의 하나는, 자본주의 시장이 인간의 이기심과 탐욕을 끊임없이 조장하고 부풀린다는 것이다. 그럴 수밖에 없다. 자본주의는 인간의 이기심을 사회 발전의 원동력으로 삼는 체제이기 때문에 자연히 이기심을 찬양하고 조장하게 된다. 이뿐만 아니라 자본주의는 '소비주의'라는 미명 아래 사람들을 탐욕스럽게 만드는 구조적 요인을 안고 있다.

자본주의 산업의 특징은 대량생산 체계이다. 마르크스의 《자본론》서문에는 "생산력은 기하급수적으로 증가함에 반해서 시장은 산술급수적으로 증가한다"는 말이 나오는데, 시장의 수요가 도저히 따라가지 못할 정도로 자본주의 산업의 생산력이 높다는 뜻이다. 시장에서 소화될 수 있는 것보다 훨씬 더 많은 상품이 쏟아져 나올 수밖에 없다는 것, 바로 이것이 마르크스가 지적하는 자본주의의 고질적인 문제이다.

자본주의 사회가 잘 돌아가기 위해서는 우선 생산된 상품이 잘 팔려야 한다. 그래야 기업도 신 나서 생산을 계속하게 되고 경제성장도 가능해진다. 상품이 잘 팔리기 위해서는 사람들이 많이 사주어야 한다. 그러나 시장에 질 좋은 상품이 넘쳐나기 시작하는 자본주의 고도화 단계에서는 단순히 상품을 잘 만드는 것만으로는 판로확대에 한계가 있다.

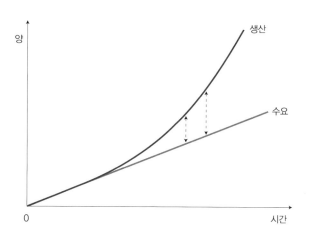

[그림] 기하급수적으로 증가하는 생산, 산술급수적으로 증가하는 수요

이런 고질적 문제에 당면해서 자본주의 기업들은 소비자들의 마음을 움직여서 이들로 하여금 지갑을 열게 만드는 데 총력을 기울이게 된다. 즉 인위적으로 소비를 증가시켜서 시장 수요를 창출하는 것이 자본주의 시장경제의 유지와 팽창을 위한 절체절명의 과업이 된다.

인위적으로 시장 수요를 창출하는 한 가지 효과적인 방법은 상품 구매에 대한 소비자들의 욕구를 끊임없이 자극하고 부풀리는 것이다. 자본주의 사회에서는 소비자의 구매욕을 자극하고 부풀리는 기술이 고도로 발달하게 되며 이런 기술을 연구하고 가르치는 경영학과나 경영대학이 최고의 인기를 끌기 시작한다.

기본 생계에 관한 욕구는 쉽게 싫증 나는 욕구이다. 맛없는 음식은 배고픔을 해소하는 데에는 효과적이지만 계속 먹으면 금방 질린다. 누덕누덕 기운 옷은 추위를 막는 데 효과적이지만 계속 입으면 금방 물린다. 흔히 사람의 욕망은 무한하다고 하지만 기본 생계에 관한 욕구는 무한할 수가 없다. 반면에 남보다 더 잘살고 싶어 하는 욕구나 출세하고 싶어 하는 욕구는 물릴 줄 모르는 욕구이다. 그래서 그런 욕구는 무한하다고 말한다. 이 말은 바로 반세기 전 세계 경제학계를 휩쓸었던 저명한 경제학자, 케인스가 한 말이다.[3]

오늘날 상품을 팔아먹기 위한 광고의 홍수와 각종 기발한 상술은 남보다 앞서려고 하는 우리의 욕망을 부채질한다. 이웃집 부인이 새 옷을 사 입으면 나도 덩달아 새 옷을 사 입고, 이웃집이 자동차를 사면 나도 덩달아 자동차를 사고, 이웃집이 큰 집을 사면 나도 큰 집을 사는 식의 과시적 소비가 날로 늘어난다. 광고는 개인의 허영심, 자존심, 심지어 도덕심에 호소하는 데 고도로 지능화되어 있다. 자본주의 사회에서 소비는 미덕이다.

노동시장과 사유재산권

마르크스는 일반 서민들의 직장 생활도 소비욕을 자극하는 중요한 요인으로 꼽았다. 전문직이나 고위직을 제외한 대부분의 직장(노동시장)은 재미없고 고달프고 스트레스가 꽉꽉 쌓이는 곳이다. 생산성을 높이기 위해서 노동은 고도로 분업화되고 단순화되고 기계화된다. 그래야 감시하기도 쉬울 뿐만 아니라 해고한 다음 다른 노동자를 찾기도 쉬워진다. 그러나 분업화되고 단순화되고 기계화된 일은 대부분 재미도 없고 보람도 없다. 남 돈벌이나 도와주고 있다는 기분이 자꾸 든다. 그럼에도 불구하고 대부분의 서민들은 먹고살기 위해서 싫어도 직장 생활을 해야 한다.

직장 생활(노동시장)이 자유와 자주성 그리고 보람을 충분히 주지 못하기 때문에 많은 사람들이 이런 것들을 소비자시장(소비자들을 상대하는 시장)에서 찾으려는 경향을 보이게 된다. 직장인들은 노동 현장에서 꽉꽉 쌓인 스트레스를 소비자시장이 제공하는 각종 향락과 소비재를 만끽하면서 해소하려고 애를 쓴다. 직장에서 노동의 강도가 강할수록 직장인들은 일단 직장 밖에 나오면 직장에서 보낸 시간들을 빨리 잊고 싶은 심정에서 음주문화, 노래방, 성매매, 전자오락, 도박 등에 쉽게 빠져든다. 옷치장, 보석, 몸매가꾸기, 집치장, 자동차치장 등 허접스런 일에서 낙을 찾으려고 하며 심지어 마약이나 환각제 등에 빠지기도 한다.

이런 소비생활은 물론 노동시장에서 쌓인 스트레스를 해소하기 위한 것이기도 하지만 여기에는 또 다른 구조적 요인이 도사리고 있다. 자본주의 사회에서는 생산성이 크게 강조된다. 그 결과 노동의 생산성이 급격히 높아졌다. 이는 노동시간당 생산량이 매우 많아졌음을 의미한다. 그만큼 시간의 가치가 커졌다는 뜻이기도 하다. 경제학 전문용어로 말해 시간의 기회비용이 커진 것이다. 이렇게 되다 보니 사람들은 직장에서의 시간당 높은 생산성에 걸맞게 직장 밖에서의 여가시간도 최대한 알차고 강도 높게 보내려고 한다. 물질만능주의 사회에서 그렇게 하는 방법은 주어진 여가시간을 최대한의 물질적 소비로 꽉꽉 채우는 것이다. 다시 말해서 여가시간당 소비량이 직장에서의 근무시간당 생산량과 균형을 이루도록 움직이게 된다.

$$\frac{\text{소비량}}{\text{여가시간}} = \frac{\text{생산량}}{\text{근무시간}}$$

여가시간을 이와 같이 생산적으로(?) 보내려고 하다 보니 짧은 시간 안에 손쉽게 소비하고 즐기는 활동들이나 시설들, 예를 들면 쇼핑, 간이음식점, 노래방, 전자오락실, 24시간 편의점, 외식산업, 향락산업 등이 발달하게 된다. 반면에 시간을 많이 소모하는 활동, 이를테면 친구사귀기, 아이보기, 어른모시기, 사람들 사이의 진지한 대화, 명상, 반성 등과 같은 활동들은 점차 밀려나는 경향이 있다. 일반 서민의 생활에서 '시간 소모적 활동'들이 '물질 소모적 활동'에 밀려나는 경향이 있다.

물질 소모적 활동은 대체로 쉽게 권태를 느끼게 하는 활동들이다. 아무리 냉면을 좋아하는 사람이라도 앉은 자리에서 세 그릇만 먹으면 물릴 것이다. 아무리 예쁜 옷이라도 한 달 내내 입으면 지겹다. 아무리 호화로운 집이라도 일 년만 살면 느낌이 시들해진다. 그렇기 때문에 물질 소모적 활동에 매달리는 사람들은 금방 지루함과 권태감에 빠지면서 새로운 자극, 좀 더 강렬한 자극을 찾아 끊임없이 헤매게 된다.

반면에 풍부한 자극과 신선한 충격을 안겨주는 활동들, 예컨대 예술 활동, 창작 활동, 스포츠, 여행, 돈독한 인간관계 등은 대체로 시간 소모적 활동들이다. 물론 소득 증대와 여가시간 증가 덕분에 시간 소모적 활동을 더 많이 할 여유는 있다. 그러나 시간의 가치가 점점 더 커지면서 시간 소모적 활동은 물질 소모적 활동에 비해서 점점 더 비싸게 먹힌다. 그러므로 중·저소득 계층의 사람들은 시간 소모적 활동을 하기가 점점 더 어려워지는 경향이 있다.[4] 따라서 우리 주위에서 보듯이 자본주의 시장경제에서 일반 서민들은 물질 소모적 활동을 위주로 치열한 소비 활동을 영위하게 된다.

자본주의 사회에서 이기심을 조장하고 탐욕을 부추기는 또 하나의 중요한 요인으로 마르크스는 각종 법적 권리와 제도를 꼽는다. 자본주의 체제는 사유재산권 제도를 근간으로 한다. 자본주의 사회에서 말하는 정의란 주로 사유재산권을 제도적으로 보호하기 위한 것이라고 말할 수 있다. 마르크스는 사유재산권을 '소유물을 즐길 권리이며, 다른 사람들에 개의치 않고 그리고 사회와 관계없이 소유물을 마음대로 처분할 권리이며, 이기적일 권리right of selfishness'라고 보았다.[5]

사유재산권 제도는 다른 사람들과 어떤 것을 공동으로 이용하는 것을 매우 귀찮게 여기게 만들면서 혼자서 가지고 있어야 참으로 즐길 수 있다는 그릇된 생각을 낳는다. 그럼으로써 물질에 대한 각 개인의 소유욕을 조장한다. 이뿐만 아니라 사유재산권 제도는 인간관계를 해치는 중요한 요인이 된다고 마르크스는 주장하였다. 부자들이 가장 자주 하는 말은 "내 돈을 내가 마음대로 쓰는데 무슨 잔소리냐?" "내 재산을 내 마음대로 사용하는데 왜 참견하느냐?"일 것이다. 사유재산권 제도가 바로 부자들의 이런 생각을 굳게 하고 나아가서 부채질한다. 만일 부자들이 가난한 사람들과 어울리면 아무래도 이들의 눈총 때문에 자신의 돈과 재산을 마음대로 사용하기가 거북해진다. 그래서 부자들은 폭넓은 인간관계, 특히 서민들과의 긴밀한 인간관계를 귀찮고 부담스럽게 생각하면서 이를 꺼리게 된다. 결국 부자들은 부자들끼리만 어울리는 경향이 심해진다.

사유재산 제도는 다른 사람의 복지 따위에 신경을 쓸 필요성을 덜 느끼게 만들고 각 개인을 더욱 이기적이며 사회적 유대로부터 이탈하게 만든다. 돈독하고 활발한 인간관계로부터 즐거움을 느낄 기회가 점점 더 줄어들다 보면 더욱더 돈벌이와 돈 쓰는 재미를 추구하게 된다. 일종의 악순환이 형성된다.

마르크스에 의하면 자본주의는 인간을 이기적이고 탐욕스럽게 만드는 구조이다. 우리 주위에서 보더라도 각종 다툼이나 갈등은 주로 이기적이고 욕심이 많은 사람들 사이에 일어나는 일이다. 남에 대한 배려가 깊고 양보심이 강한 사람들끼리 피 터지게 싸운다는 것은 생각하기 어렵다. 이런 사람들에게는 정의가 별로 필요 없다. 자본주의 사회에서 정의 사회 구현에 대한 외침은 끊임없이 터져 나올 수밖에 없지만, 자본주의 시장이 인간의 이기심을 부단히 부추기고 인간의 욕망을 끊임없이 부풀리는 한 그것은 결코 충족될 수 없다.

마르크스가 진정으로 호소하고 싶었던 것은, 인간의 이기심과 탐욕을 조장함으로써 각종 다툼과 갈등을 끊임없이 유발하는 구조를 근원적으로 해결하지 않고는 정의의 구현을 위한 노력은 허사가 될 뿐이라는 점이다.

| 행복방정식과 욕망부채질이론

욕망이 조작되든 그렇지 않든 결과적으로 소비가 늘어나면 그만큼 더 행복해질 터이니 좋은 일이 아니냐고 반문할 수도 있다. 소비가 미덕이라고 주장하는 사람들은 열심히 돈을 벌어서 잘 먹고 잘 입고 잘 놀면서 신 나게 즐기라고 우리에게 속삭인다. 이것이 행복에 대하여 우리가 흔히 듣는 세속 철학이다.

잘 먹고 잘 입고 잘 놀면서 즐기는 것을 경제학에서는 소비라고 말한다. 세속 철학은 소비를 많이 하는 것이 곧 행복에 이르는 길이라고 가르친다. 경제학의 입장에서 볼 때 소비를 많이 할수록 우리의 욕망이 더 많이 충족되니까 그만큼 더 행복해진다. 하지만 이런 세속 철학은 하나만 보고 둘은 보지 못하는 개똥철학이며 과학의 시대에 과학적이지도 못한 주장이다.

흔히 인간의 행복은 소비에 비례하고 욕망에 반비례한다고 말한다. 즉 소비를 많이 할수록 더 행복해지지만, 욕심이 클수록 이에 비례해서 더 불행해진다. 욕망과 소비 그리고 행복 사이의 관계를 다음과 같이 행복방정식으로 나타낼 수 있다.

$$행복 = \frac{소비}{욕망}$$

이 방정식은 소비의 증가와 더불어 욕망도 따라서 커진다면 행복이 증가하지 않음을 보여준다. 그런데 최근 심리학자들이 밝혀낸 바에 의하면 이 두 변수는 독립적인 것이 아니라 서로 연관되어 있다. 즉 소득이 늘어난 결과 소비가 증가하면 욕망 또한 커지는 경향이 있다.

20평 아파트에 살다가 30평 아파트를 구입하면 곧장 40평 아파트에 살고 싶고, 40평 아파트로 옮겨가면 곧장 50평 아파트를 원하게 된다. 1,000천만 원짜리 자동차를 몰다가 1,500만 원짜리 자동차를 사면 마음은 곧장 2,000만 원짜리 자동차로 향하게 되고, 2,000만 원짜리 자동차를 타면 마음은 다시 3,000만 원짜리 자동차를 향하여 치닫는 것이 인지상정이다. 어느 학자가 통계자료를 분석해본 결과 '가진 것'이 10% 늘어나면 '가지고 싶은 것'도 10% 늘어난다. 이와 같이 분자(소비)가 증가한 만큼 분모(욕망)도 증가하면 결과적으로 우리의 행복은 제자리걸음을 하게 된다.

이 행복방정식은 국민 전체에게도 적용된다. 경제성장 덕분에 국민의 소비가 끊임없이 증가한다고 하더라도 고도의 욕망 조작이나 기타의 요인에 의해서 국민의 욕망 역시 한없이 부푼다면 결과적으로 행복방정식의 분모와 분자가 동시에 증가하는 셈이니 국민의 행복은 제자리걸음을 하게 된다. 그래서 지난 반세기 엄청난 물질적 풍요에도 불구하고 선진국 국민의 행복지수가 제자리를 맴돌게 된 근본적 이유는 소비의 증가와 더불어 인간의 욕망도 따라서 크게 부풀었기 때문이라는 주장이 나온다. 이런 주장을 핵심으로 삼아 행복의 역설을 설명하는 이론이 욕망부채질이론이다.[6] 만일 소비의 증가보다 욕망의 증가가 더 크다면(즉 분자의 증가보다 분모의 증가가 더 크다면) 경제성장으로 인한 물질적 풍요는 오히려 인간을 더 불행하게 만들 수도 있다.

이 욕망부채질이론은 최근 심리학자들이 내놓은 이론이지만, 사실은 마르크스가 이미 150여 년 전에 제시한 이론이다. 그에 의하면 자본주의 시장은 국민으로 하여금 늘 무언가 부족하다고 느끼게 하고 늘 불만스럽게 만든다. 물욕과 소유욕이 끊임없이 부풀어 오르기 때문이다. 그러니 행복해질 수가 없다. 자본주의가 아무리 전대미문의 높은 생산력을 가지고 있다고 한들 인간의 욕망을 이와 같이 끊임없이 부풀린다면 사람들은 늘 부족감과 불만에 시달릴 수밖에 없다. 이것이 자본주의의 숙명이라고 마르크스는 단언하였다.[7] 지난 반세기 동안에 과학자들이 미국을 포함한 선진국에서 행복의 역설을 발견하였다고 하지만, 마르크스는 오래전에 이미 행복의 역설을 예언했을 뿐만 아니라 우리에게 그 원인도 이야기해주고 있다.

사실 행복에 이르는 길에 대하여 세속 철학과는 정반대의 가르침도 있다. 욕심을 줄이라는 것이다. 금욕 철학의 가르침이다. 세속 철학은 분자(소비)를 크게 함으로써 행복에 이르는 길을 이야기하고 있음에 반해서 금욕 철학은 분모(욕망)를 적게 함으로써 행복에 이르는 길을 가르치고 있다고 해석할 수 있다. 옛날부터 현인들은 우리에게 욕심을 버리고 마음을 비우며 소박하게 살 것을 늘 당부하였다. 그래서 금욕을 통해서 진정한 행복을 추구했던 현인들이 얼마나 많은가? 인도의 성인 간디는 동서양을 막론하고 아직도 존경의 대상이 되고 있다.

마르크스가 우리에게 분명히 말해주고 있는 것은, 금욕 철학이 자본주의와 전혀 궁합이 맞지 않는다는 것과 체제유지를 위해서 자본주의는 세속 철학의 전파에 전력투구함으로써 금욕 철학의 선택을 매우 어렵게 만드는 경향이 있다는 것이다.

옛날에는 핸드폰 없이도 얼마든지 잘 살 수 있었지만, 오늘날에는 이것이 없으면 무척 불편하고 불안하다. 그렇다고 첨단 전자제품의 등장이 우리의 삶을 더 행복하게 만드는 것도 아니다. 첨단 전자제품이 대유행하는 선진국이나 우리나라 국민의 행복지수가 크게 높아졌어야 하지만 현실은 그렇지 않다. 세상 사람들이 모두 금욕 철학을 철저하게 실천하면서 행복을 추구한다고 하면 자본주의는 절대 번성할 수 없다는 것만은 분명해 보인다. 여기에서 마르크스가 말한 자본주의 사회의 딜레마를 엿볼 수 있다.

오늘날 환경문제를 걱정하는 전문가들도 행복방정식에 주목한다. 설령 소비와 욕망이 똑같이 커진다고 해도 국민의 행복지수는 오히려 떨어진다는 것이다. 생산 과정과 소비 과정에서 대량 배출되는 각종 환경오염 물질이 우리의 환경을 크게 파괴하고 우리의 생활의 질을 크게 떨어뜨리기 때문이다. 그래서 무모한 경제성장이 우리 인류를 점점 더 불행하게 만드는 요인이 된다고 환경운동가들은 늘 경고한다. 우리 자신의 행복을 위해서뿐만 아니라 인류의 생존을 위해서도 소비를 크게 줄여야 한다고 많은 환경운동가들이 과거 수십 년 동안 외치면서 금욕 철학에 힘을 실어주고 있다.

| 노동 기여의 원칙과 필요의 원칙

언뜻 보면 자본주의에 대한 마르크스의 신랄한 비판이 나름대로의 확고하고 일관성 있는 정의관에서 나온 것이라고 생각하기 쉽다. 사실은 그렇지 않다. 마르크스는 자본주의 사회가 정의롭지 못한 사회임을 강하게 암시는 했을망정 이를 노골적으로 표현하기를 삼갔다. 마르크스가 자본주의 사회를 신랄하게 비판한 까닭은 정의롭지 못해서가 아니다. 다만 자본주의 사회가 정의의 개념과 권리의 개념에 절대적으로 의존하지 않을 수 없을 만큼 근원적 결함이 있는 사회라고 보았기 때문이다. 그렇다고 그가 공산주의를 정의로운 사회라고 치켜세운 적도 없고 또 그렇게 말하기도 꺼렸다.

그가 정의에 대하여 강하게 발언하기를 꺼렸던 가장 큰 이유는 마치 '정의로운 사회'가 최고로 좋은 사회인 양 떠드는 것처럼 보일 우려가 있으며, 정의롭지 못하다는 점이 자본주의의 유일한 맹점인 것처럼 오해하게 만들 우려가 있기 때문이었다.

마르크스 자신을 비롯해서 엥겔스나 레닌, 그 어느 누구도 체계적인 정의론을 제시하지는 않았다.[8] 체계적인 정의론은 고사하고 정의니 권리니 하는 일체의 법적인 개념에 대한 논의들을 이데올로기적 넌센스이며 시대착오적 말의 쓰레기에 불과하다고 매도하였다.[9] 이러한 매도는 단순한 구호가 아니라 마르크스의 웅대한 사상 체계에 뿌리를 둔 의미심장하고 일관성 있는 것임은 물론이다. 그렇기 때문에 마르크스나 엥겔스는 무산계급의 정의감이나 도덕률에 호소함으로써 프롤레타리아혁명을 선동하는 전략을 거부하였을 뿐만 아니라 그런 전략에 의존하였던 프루동이나 라살레 등 당시의 다른 사회주의자들을 조롱하기까지 하였다.

이와 같이 마르크스가 정의감이나 도덕률에 호소하지 않은 데는 더 깊은 뜻이 담겨 있지만, 표면상 이유는 그렇게 하는 것이 사회주의 투쟁의 목적에 대한 초점을 흐리게 하며 투쟁 전선에 있어서 내부 분열을 초래한다고 보았기 때문이다. 정의라는 개념의 성격상 그 구체적인 내용이 무엇이 될 것인가에 대해서는 백인백색이어서 모든 사람이 합의하는 정의의 원칙이란 있을 수 없다고 생각했다. 그런 합의 불가능한 것을 대의명분으로 내세워 투쟁하다가는 내부 분열을 일으키기 딱 좋다고 보았다.

그렇다고 마르크스가 전혀 정의관도 없고 정의의 원칙도 가지지 않았다는 것은 아니다. 다만 산발적으로 조심스럽게 정의에 대한 자신의 견해를 피력했는데, 이로부터 일관성 있는 정의론을 끌어내기가 어렵다는 것뿐이다.[10] 그는 사회에 따라 분배정의의 원칙이 달라진다고 보았던 것 같다.

그는 두 가지 분배적 정의의 원칙을 제시하였는데, 첫 번째는 공산주의 초기 단계(혹은 사회주의 단계)에서 적용되는 원칙으로서, '각자의 능력에 따라 걷고 각자의 생산에 따라 분배'한다는 원칙이다.[11] 흔히 '노동 기여의 원칙'이라고 불리는데 내용상 성과주의에 해당한다고 볼 수 있다. 즉 각 노동자는 노동을 통해서 생산한 것 중에서 일정분을 공제한 나머지를 분배받는다. 공제 내역에는 ① 생산수단의 소모분 보충(감가상각) ② 생산 확장을 위한 재원 마련 ③ 불의의 사고나 재해에 대비한 예비비 및 보험금 ④ 생산과 직접관련이 없는 일반 관리비 ⑤ 교육, 보건 등 사회복지를 위한 경비 ⑥ 어린이, 노약자, 불구자 등 노동능력이 없는 사람들의 구호를 위한 기금마련 등이 포함된다.

이와 같이 공제하고 나서 각자가 돌려받는 몫은 대체로 사회적 기여에 비례한다. 공제된 부분은 어느 특정인에 의해서 전유되는 것이 아니라 사회 전체를 위해서 쓰일 공동관리 기금이 되며, 철저하게 노동자 전체의 자발적 합의에 의해서 징수되고 사용된다. 이런 점에서 공제된 부분이 착취의 성격을 띠지 않는다고 볼 수 있다. 이 노동 기여의 원칙은 자본가계급이 없어진 상황에서 모든 사람들을 똑같은 노동자로 대우하고 노동을 기준으로 분배함으로써 자본주의 사회에서 보던 계급 특권을 배제한다.

이런 점에서 이 원칙은 진일보한 정의의 원칙이라고 할 수 있다. 그러나 사람에 따라 육체적으로나 정신적으로 노동능력이 상이하므로 비록 공제가 있다고 하더라도 노동 기여의 원칙은 필연적으로 능력에 따른 현저한 소득 격차를 허용하게 된다. 이 원칙은 노동능력을 자연적 특권으로 인정해주는 셈이며, 형식적 평등의 미명 아래 실질적 불평등을 조장하는 흠이 있다.

마르크스에 의하면 노동 기여의 원칙은 한시적이다. 그는 공산주의 고도화 단계에서 분배적 정의의 원칙으로 이른바 '필요의 원칙'을 제시하였다. 즉 능력에 따라 걷고 필요에 따라 분배한다는 것이다. 언뜻 보면 이 원칙은 매우 비현실적인 것처럼 보인다. 마르크스가 필요의 원칙을 이야기했을 때 많은 사람들이 비웃었다.

각자 필요하다고 여기는 것이 끝도 없이 많을 터인데 어떻게 그것을 다 받아줄 수 있겠는가. 아무리 물자가 풍부한 사회라도 희소성이 지배하는 현실에서 이것은 불가능해 보인다. 그래서 마르크스의 이념적 동지가 됨 직한 사회주의자들도 필요의 원칙을 비웃었다.[12] 희소성이 지배한다는 것은 만성적으로 공급(인간의 욕망을 충족시킬 수단)이 수요(한없이 부푸는 인간의 욕망)를 따라가지 못함을 뜻한다. 경제학자를 비롯한 대부분의 사람들은 희소성이 인간 사회의 숙명적 현상이라고 생각한다.

너무나 당연한 것을 말할 때 사람들은 때로는 웃는다. 필요의 원칙은 실제로 우리 사회의 밑바닥에서 가장 광범위하게 실천되고 있는 원칙이며, 대부분의 정상적인 사람들이 필요의 원칙 밑에서 자라났음을 깜박 잊고 있다.

가정은 사회의 기반이다. 가정에서 대부분의 정상적인 어머니들은 필요의 원칙에 따라 자녀들을 돌본다. 건강하게 잘 뛰어노는 아이보다는 감기 걸려서 콜록거리는 아이에게 더 많은 신경을 써준다. 왜 그런가? 건강한 아이보다는 아픈 아이가 더 많은 배려를 필요로 하기 때문이다. 장애아가 있는 가정에서는 부모가 그 아이한테 너무 신경을 쓰다 보니 오히려 정상적인 다른 아이가 홀대를 받기도 한다. 잘난 아이보다는 못난 아이를 더 많이 생각하는 것이 어머니의 심정이다. 용돈을 줄 때에도 어머니는 작은아이보다는 큰아이에게 더 많은 용돈을 준다. 작은아이보다는 큰아이가 아무래도 필요한 것이 더 많기 때문이다. 공부 잘하고 가정에 보탬이 되는 자식만 귀여워하고 무능한 자식을 내팽개치는 부모가 있다면, 그런 부모는 세상 사람들로부터 욕을 얻어먹기 십상이다.

자녀들 각자에게 무엇이 얼마나 필요한지를 어머니가 어떻게 일일이 알 수 있느냐고 반문할 수도 있다. 그러나 사랑이 넘치는 어머니는 자녀들의 눈빛만 봐도 무엇을 원하는지를 금방 알아낸다. 10년 동안 식물인간으로 누워 있는 아들을 돌보는 어느 어머니는 "나는 저 아이와 눈을 마주칠 때마다 수많은 대화를 나누는데 왜 사람들은 저 아이가 식물인간이라고 말하는지 모르겠다"고 푸념하였다. 원래 어머니 마음이란 다 그런 것이 아니겠는가. 이런 부모의 마음이 가정뿐만 아니라 삶의 구석구석에 스며 있는 사회, 이것이 마르크스가 그린 좋은 사회의 본보기이다.

가정과 학교뿐만 아니라 지역사회나 동창회에서도 약자 보호가 당연시되며, 배려를 많이 필요로 하는 사람에게 더 많이 배려해주어야 마땅하다고 사람들은 생각한다. 필요의 원칙이 지켜지는 곳은 따뜻한 곳이다. 반면에 성과주의가 철저하게 실천되는 곳은 살벌한 곳이다.

가운데가 텅 빈 사회

그러나 자본주의 사회에서는 필요의 원칙이 설 자리가 점차 좁아지고 있다. 필요의 원칙을 적용함으로써 우리 사회를 따뜻하게 해주던 각종 자발적 공동체가 점차 사라지고 있다.[13] 남자나 여자나 할 것 없이 직장 생활과 사업으로 바쁘고 치열한 경쟁으로 각종 스트레스에 시달리다 보니 시민공동체에 참여하여 활동할 시간적 정신적 여유를 가지기가 점점 더 어려워지고 있다. 그러다 보니 시민 공동체뿐만 아니라 심지어 각종 혈연 공동체나 지역 공동체 그리고 동창회도 시들해지고 있다.

따뜻한 인간관계의 조성 이외에 시민 공동체가 가지는 또 하나의 중요한 기능은 각 개인이 혼자서 해결하기 어려운 문제를 여러 사람이 힘을 합쳐서 해결하는 것이다. 협동이 시민 공동체의 중요한 기능이다. 시민 공동체는 협동 정신을 함양하는 온상이기도 하다. 그러나 이런 시민 공동체들도 점차 해체되어 가고 있는데 여기에는 시장의 힘이 깊숙이 작용하고 있다.

왜 시장의 확산이나 발달이 자발적 시민 공동체의 해체를 촉진하는가? 물론 여러 가지 이유를 생각할 수 있지만, 우선 시장 덕분에 공동체에 참여해서 협동할 필요성이 점점 줄어들고 있다는 점을 주목할 필요가 있다. 즉 시장은 시민들에게 협동 대신 손쉬운 '탈출구 exit'를 풍부하게 제공하는 측면이 있다.

예를 들어보자. 우리의 공교육에 심각한 문제가 있다는 점은 이미 오래전부터 감지되어 왔다. 만일 공교육에 문제가 있다면 지역별로 학부모들과 학교 그리고 지방정부 관계자들이 자발적으로 모여서 자녀 교육과 지역사회 발전을 걱정하는 마음으로 서로 머리를 맞대고 대책을 숙의하는 것이 당연하다. 성숙된 시민사회라면 사회문제에 대해서 시민들이 자발적 모임을 통해서 각자 자신의 '목소리'를 내고 문제 해결을 위해서 협동해야 한다.

그럼에도 불구하고 요즈음의 시민들은 굳이 목소리를 내려고 하지 않는다. 왜냐하면 시장이 공교육 대신 여러 가지 종류의 사교육을 풍부하게 공급함으로써 굳이 공교육 문제를 해결하기 위해서 협동할 필요가 없게 만들고 있기 때문이다. 학부모들은 자녀들을 사립학교에 보낼 수도 있고 비싼 학원이나 족집게 과외에 보낼 수도 있으며 심지어 외국의 고급 사립학교로 보내버릴 수도 있다. 돈이 문제이지 선택의 여지는 얼마든지 열려 있다.

그러나 이런 식으로 시민들이 '목소리'를 내는 대신 시장이 제공하는 탈출구로 도피해버리면 공교육의 문제가 해결될 기회도 없어진다. 더욱더 큰 문제는 사회문제를 해결하기 위한 시민들의 협동 정신이나 노력이 증발해버린다는 것이다.

환경문제만 해도 그렇다. 어느 지역의 공기가 나빠졌다든가 경관이 크게 훼손되었다든가 마을의 하천이 오염되었다고 하면 지역 주민들이 자발적으로 모여서 함께 걱정하고 환경오염 원인자들과 정부의 관계자들을 불러서 따지면서 함께 머리를 맞대고 대책을 논의하는 것이 원칙이다. 이렇게 이해관계자들이 직접 만나서 싸우고 타협하고 협동하는 것이 사회적으로도 가장 효과적이고 경제적인 방법이다.[14]

그러나 요즈음 시민들은 그럴 필요성을 느끼지 못한다. 아예 이사를 가버리면 그뿐이다. 돈만 주면 공기 좋고 경치 좋고 물 좋은 지역의 전원주택을 얼마든지 구입할 수 있다. 굳이 이사를 가지 않더라도 예컨대 대기오염이 심하면 공기정화기를 구입할 수 있고, 물이 더러우면 설악산이나 스위스의 생수를 구입해 마실 수도 있으며, 시끄러우면 이중창이니 방음 시설을 구입할 수도 있다. 시민들의 입장에서 볼 때 시장은 환경문제에 대한 손쉬운 탈출구를 풍부하게 열어두고 있다. 그러니 뭐가 아쉬워서 지역사회에서 굳이 목소리를 높여가며 협동을 요구하겠는가.

이번에는 범죄를 보자. 물론 범죄는 마땅히 정부가 적극적으로 해결해주어야 할 문제이다. 하지만 정부의 역할에도 한계가 있다. 특히 청소년 범죄에 대해서는 시민사회의 자발적 노력이 매우 중요하다. 청소년의 일탈에 대하여 시민들이 자발적으로 모여서 걱정하고 대책을 논의한다는 그 자체가 청소년 범죄를 줄이는 데에 큰 효과가 있다.

그럼에도 불구하고 시장이 발달함에 따라 시민들은 범죄의 문제에 대해서도 점점 더 시장에 의존하는 경향이 있다. 비싼 돈을 들여서 방범 장치를 설치하거나, 총이나 무기를 구입하거나, 방범 회사에 의뢰하거나, 경호원을 둔다거나, 고가품을 은행에 보관하거나, 도난이나 범죄에 대비하여 보험을 든다든가 등으로 해결하려 할 것이다.

　시장의 확산과 발달은 시민들의 자발적 참여와 협동을 점점 더 필요 없게 만들고 그럼으로써 협동 정신을 시들게 한다. 결과적으로 정부와 각 개인 사이에 존재하던 무수히 많은 자연적 혹은 자발적 공동체가 점차 사라져간다. 결국 정부와 각 개인 사이가 텅 비어버린다. 시민사회의 공동화 현상이 벌어지게 된다. 다만 정부와 시민 개인들 사이에 각종 기업들만 득실거릴 뿐이다. 이와 관련해서 제러미 리프킨Jeremy Rifkin 교수는 다음과 같이 말하고 있다.

　　문화적 의식, 공동체 행사, 사회적 모임, 예술, 운동, 게임, 사회운동, 시민적 참여가 모두 상업 영역에 의해 야금야금 잠식되어 가고 있다. 다가올 시대의 가장 큰 화두는, 정부와 문화 영역이 크게 축소되고 상업 영역만이 인간 생활의 으뜸가는 매개 고리로서 남아 있는 상황에서 과연 문명이 살아남겠느냐 하는 것이다.[15]

　마르크스는 자본주의가 고도화됨에 따라 '가운데가 텅 빈 사회', 다시 말해서 정부와 시민 개인들 사이에 아무것도 없는 사회가 도래할 것임을 이미 오래전에 예측하고 경고하였다. 자본주의 사회의 각 개인은 공교육문제, 환경문제, 범죄의 문제 등 약간만이라도 공적이고 집단적 협동이 필요한 문제는 몽땅 정부가 해야 할 일로 밀어버리고 자신들은 돈벌이에만 골몰한다. 사익 추구에 방해되는 일은 모두 귀찮아한다. 그야말로 '귀차니스트'가 양산된다. 그러다 보니 흡연 규제, 음주 규제, 담배꽁초버리기 규제, 껌뱉기 규제, 지하철 성추행 규제, 결혼식장 예물 돌리기 규제, 도박 규제, 생수 규제, 공기청정기 규제, 학원 야간수업 규제, 학원비 규제, 고액 과외 규제 등 정부가 해야 할 일이 산더미처럼 쌓여간다.

자발적 시민단체들이 감소함에 따라 옛날에 이들이 담당하던 많은 일들이 몽땅 정부에게로 넘어가버리면서 결과적으로 정부는 날로 커진다. 시장이 애국심, 애향심, 협동 정신 등으로부터 우리를 해방시킨다고 보수 성향 경제학자들이 찬양하지만, 해방의 결과 필연적으로 정부의 역할은 커질 수밖에 없음을 이들은 깜박 잊고 있다.

어떻든 가운데가 텅 빈 사회와 '정부의 비대화'를 예언하면서 마르크스는 사회체제에 따라 필요의 원칙이 적용될 여지가 달라지며, 자본주의 사회야말로 필요의 원칙이 적용되기 가장 어려운 사회라고 보았다. 사람들이 점점 더 이기적이고 탐욕적으로 변하며 시장의 힘이 자발적 공동체를 점차 말리고 협동 정신을 말살하기 때문이다. "양보하면 남고 다투면 모자란다"는 말이 있다. 자본주의의 생산력이 아무리 높아도 사람들이 점점 더 이기적이고 탐욕스러워진다면 국민은 항상 부족에 시달리게 되며 국민이 다툼과 송사에 휘말리는 일이 잦아지게 된다. 그런 까닭에 자본주의 사회는 정의니 권리니 하는 법적인 개념에 절대적으로 의존하지 않을 수 없다. 그만큼 구조적인 문제를 안고 있는 사회이다. 그러므로 우선 그런 구조적인 문제부터 해결함으로써 아예 정의가 필요 없는 사회를 추구해야 한다는 것이 정의에 관해서 마르크스가 간곡하게 우리에게 호소하는 핵심 메시지이다.

9장

신뢰와 도덕,
정의와 상생이 꽃피는 시장은
어떻게 가능할까?

THE
CAPITALIST
MARKETS &
JUSTICE

| 정의에 대한 또 하나의 환상

정의에 대한 또 하나의 환상이 있다. 사회 전체적으로 한 가지 통일된 정의의 원칙이 확립되고 사회 구성원 모두가 이를 잘 지켜야만 정의로운 사회가 된다는 생각이다. 사실 정의가 무엇이냐는 물음에 똑 부러지게 대답할 수 있는 사람은 별로 많지 않지만, 각 개인은 마음속으로 막연하나마 나름대로의 정의의 원칙을 가지고 있다. 그런데 한 가지 흥미로운 것은 사람마다 여러 가지 정의의 원칙들을 마음속에 품고 있다가 상황이 달라짐에 따라서 적용하는 정의의 원칙도 수시로 바꾼다는 것이다. 그리고 마치 마땅히 그래야 하는 것처럼 행동한다는 점이다.[1]

신자유주의자들이나 보수 성향 경제학자들은 "세상이 온통 평등주의자들"이라고 푸념하지만, 이는 겉으로 드러난 것만 보고 판단하는 신경과민 반응이다.[2] 여론조사를 해보면, 대부분의 사람들은 어떤 한정된 영역에 국한해서 평등을 주장하지, 아무것에 대해서나 무조건 평등을 요구하지는 않는다는 것을 알 수 있다. 대체로, 사람들은 우리의 삶을 여러 영역으로 가르고 각 영역별로 가장 적합하다고 생각되는 정의의 원칙을 선별적으로 적용하는 경향이 있다. 그렇다면 사람들이 구분하는 삶의 영역에는 어떤 것들이 있는가? 크게 사회화 영역socializing domain, 경제 영역, 그리고 정치 영역으로 나누어볼 수 있다.

사회화 영역이란 가족, 학교, 이웃 등과 같이 대체로 서로 알고 지내며, 사람들 사이의 직접적 인간관계를 중심으로 일상생활이 이루어지는 영역이다. 달리 말하면 혈연, 지연, 학연 등이 맺어지는 영역이다.[3] 서로 알고 지내기 때문에 이 영역에서 일어나는 일들은 이들 사이의 직접적 인간관계를 통해서 상당한 정도로 통제 가능하다. 가정이나 학교, 이웃관계 등에 있어서 발생하는 일들은 대화와 협동을 통해서 해결 가능하다.

경제 영역은 직장이라든가 시장 등과 같이 주로 생계에 관련된 영역이다.[4] 자본주의 사회에서는 시장이 경제 영역의 대부분을 차지한다고 볼 수 있다. 경제 영역에서는 주로 금전과 상품의 거래를 통해서 사람들 사이의 관계가 형성된다. 시장에서 상인과 고객은 상품과 돈을 주고받는 관계다. 기업은 노동을 구매하고 임금을 주는 곳이다. 경제 영역의 인간관계는 금전과 상품을 매개로 한 간접적인 것이며, 금전이 행위를 조정하는 기본 매체가 된다. 예컨대, 가격이 오르면 소비자들은 상품 구매를 줄이고 생산자들은 공급을 늘인다. 각 개인은 경제 영역을 하나의 주어진 여건으로 간주하며, 이 영역에서 벌어지는 일들은 각 개인들의 통제 밖에 있다고 느낀다. 이 영역에서는 개인적 이익의 추구가 당연시될 뿐만 아니라 그것이 법적 보장을 받는다.

정치 영역은 각 개인이 시민권을 행사하는 영역이면서 각 개인에 대한 정부의 영향력이 미치는 범위를 말한다.[5] 정치 영역은 권력을 통해서 인간관계나 행위조정이 이루어지는 영역이라고 말할 수도 있다. 예를 들면, 불법행위는 공권력에 의해서 통제되기 때문에 개인은 불법행위를 자제한다. 조그마한 자치구역이 아닌 이상 대부분의 경우 이 영역은 매우 범위가 넓고 경계가 모호해서 서로 잘 알지 못하는 불특정 다수로 구성됨이 보통이다. 따라서 각 개인의 입장에서 보면 이 영역에서 일어나는 일들(주로 정치적인 일들) 역시 개인 마음대로 통제할 수 있는 성격의 것이 아니다. 이 영역에서는 개인적 이익의 추구가 공식적으로 금기시되며, 오직 공익의 추구만이 정당화된다.

이처럼 사회화 영역, 경제 영역, 정치 영역은 본질적으로 각기 다른 특성을 가지고 있는 까닭에 각 영역별로 적용되는 정의의 원칙도 달라질 수밖에 없다. 경제 영역의 핵심인 시장에서는 성과주의나 능력주의가 정의의 원칙으로 통용된다. 회사에서는 유능한 직원이 높은 연봉을 받는 것을 당연하게 생각하며, 시장에서는 유능한 장사꾼이 돈 방석에 앉는 것을 당연하게 생각한다. 그러므로 경제 영역에서는 차별대우와 불평등이 당연시된다.

반면에, 정치 영역에서는 주로 평등주의가 정의의 원칙으로 통용된다. 선거 때에는 모든 국민이 동일한 한 표를 행사하며, 모든 국민이 법 앞에 평등하며, 기타 정치적 사항에 관해서도 모든 사람이 동등한 시민권을 행사한다. 시장에서 빚어진 과도한 불평등의 해소가 정부의 중요한 역할로 인정되며, 정부가 사회복지정책을 펴면 모든 국민이 그 혜택을 똑같이 누릴 자격이 있다고 생각한다. 공익사업을 실행할 때에도 국민 모두에게 골고루 그 혜택이 돌아감을 원칙으로 한다. 반면에, 사회화 영역에서는 대체로 마르크스가 말한 필요의 원칙 내지는 약자보호의 원칙이 자리 잡고 있다. 사회화 영역에서는 구성원들에 대한 개별적 배려나 봉사가 매우 큰 비중을 차지한다.[6]

| 삶의 영역별로 각기 정의롭게 |

삶의 영역별로 각기 다른 정의의 원칙이 폭넓은 지지를 받으면서 똬리를 틀고 있다는 사실은 실제 설문조사에서도 확인되었다.[7] 가정에서 자녀들에게 용돈을 어떻게 나누어주는 것이 좋은가를 물었다. 응답자의 과반수인 55.6%는 돈이 많이 필요한 아이한테 더 많이 주는 것이 옳다고 응답하였다. 나이 많은 아이한테 더 많이 주는 것이 좋다고 생각하는 사람들도 적지 않아서 약 23%쯤 되는데, 아무래도 나이가 많은 아이들이 돈 씀씀이가 더 크므로 나이를 고려한다는 것은 필요를 고려한다는 면도 있다. 그렇다면 가정에서는 사실상 필요에 따른 분배의 원칙을 실천하는 비율이 거의 80%에 달하는 셈이다. 학교 성적이나 집안일에 기여하는 정도에 따라 용돈을 나누어주어야 한다고 주장하는 응답자의 비율은 아주 낮은 편이다.

요컨대, 가정에서는 성과주의가 별로 지지받지 못하는 가운데 필요의 원칙이 지배적이다. 필요의 원칙을 지지하는 비율은 소득 계층별로 큰 차이가 없었다. 다만, 저소득계층에서는 공부를 열심히 하는 아이들에게 더 많이 배려하는 것이 좋다는 반응이 다른 계층에 비해서 약간 많았다. 저소득 계층이 학력을 통한 신분 상승을 많이 의식하는 탓으로 풀이된다. 그러나 대체로 소득 계층에 큰 관계없이 3분의 2 이상 거의 압도적인 다수의 가정에서 필요의 원칙이 자리 잡고 있다.

직장에서 임금 결정에 가장 중요한 것은 무엇인가를 묻는 질문에 대해서는 일의 성과를 꼽은 응답자의 비율이 거의 70%에 이르렀다. 경력이나 학력을 꼽은 응답 비율은 12% 정도인 것으로 나타났다. 경력이나 학력은 결국 개인 능력이나 일의 성과에 대한 간접적 지표라고 할 수 있다. 그렇다면 응답자의 80% 이상이 직장에서의 소득은 일의 성과 및 개인의 능력에 따라서 결정되어야 한다고 보는 셈이다. 이 원칙을 지지하는 정도 역시 소득이 높으나 낮으나 별 차이가 없었다. 결국 경제 영역에 관해서는 소득 계층과 관계없이 대다수가 능력의 원칙 및 성과주의를 지지한다고 해석할 수 있다.

평등의 원칙에 따라 모든 사람이 똑같이 한 표의 투표권을 행사하는 것을 어떻게 생각하느냐는 질문에는 응답자의 3분의 2에 가까운 절대다수가 당연한 것으로 받아들였다. 한 가지 재미있는 점은, 소득 수준이 높을수록 투표권 행사에 있어서 평등의 원칙에 문제가 있다고 생각하는 응답자의 비율이 높아진다는 것이다. 고소득 계층의 약 3분의 1에 해당하는 많은 사람들이 투표권 행사에 있어서 평등의 원칙에 약간의 문제가 있다고 생각한다. 그렇더라도 고소득 계층에서 평등한 투표권 행사를 반대하는 사람의 비율은 7.6%에 불과하다. 그러므로 정치 영역에서는 평등의 원칙이 모든 소득 계층에 걸쳐서 지지를 받는다고 말할 수 있다.

전반적으로 보면 정치 영역, 경제 영역, 사회화 영역 등 모든 영역에 걸쳐서 가난한 사람들이나 부자들이나 어떤 정의의 원칙이 적용되어야 하는지에 대해서는 상당한 정도로 공감대가 형성되어 있다. 이와 같이 사회가 영역별로 분화되고 각 영역별로 독자적 정의의 원칙이 지배하는 현상은 결코 우연한 것이 아니다. 서구 근대화 과정의 한 유산이며, 그 만큼 의미심장한 현상이다.

막스 베버Max Weber, 하버마스J. Habermas 등 수많은 세기의 석학들이 이 근대화 과정에 주목하고 심혈을 기울여 그 원인과 특성을 규명하였다. 이들에 의하면 사회가 정치적, 경제적, 문화적으로 분화되고 합리화되는 것은 근대화의 특징이다. 우리의 삶의 영역이 세 가지 영역으로 분화되고 각 영역별로 독자적인 정의의 원칙이 지배하는 현상 역시 그런 분화 및 합리화의 큰 흐름 속에 있다. 그러므로 어떤 특정 영역을 지배하는 정의의 원칙은 옳고 다른 것은 틀렸다고 한 마디로 잘라 말하기 어렵다. 또한 어느 특정 정의의 원칙에 입각해서 우리 사회가 정의로운지 아닌지를 일률적으로 말하기도 어렵다.

우리의 삶이 다수의 영역으로 분화되고 각각이 독자적으로 발전한다고 하더라도 사회 전체적으로 이들 사이에 적절한 균형이 이루어진다면 문제될 것이 없다. 아니, 그렇게 되는 것이 바람직하다. 왜냐하면, 오늘날의 사회는 다양한 가치를 추구하는 사회이기 때문이다. 만일 모든 사람이 경제적으로 잘사는 것만 중요하게 생각하고 다른 것을 하찮게 여긴다면, 오직 시장의 원리에 따라 우리 사회를 구성하고 운영하는 것이 타당할지도 모른다. 하지만, 가난해도 좋으니 모두 평등하게 사는 것이 바람직하다고 생각한다면, 성과주의는 제쳐두고 평등의 원칙만으로 우리 사회를 꾸려나가야 할 것이다. 평등도 중요하고 약자보호도 중요하고 경제적 풍요도 중요하다면, 결국 각 영역별로 알맞는 정의의 원칙을 세우고 이를 지키도록 하는 것이 중요하고 현실적이기도 하다.

그래서 경제 영역에서는 성과주의에 입각해서 자원을 최대한 활용하고 생산을 많이 하도록 하며, 정치 영역은 평등의 원칙에 입각해서 분배를 고르게 하고, 사회화 영역에서는 필요의 원칙에 따라 알맞게 나누어 쓴다면 우리 사회는 잘 조화된 사회가 될 수 있다. 바로 이런 사회야말로 정의로운 사회요, 일찍이 그리스의 철인 플라톤이 꿈꾸던 이상적 사회다.

플라톤에 의하면, 영역별로 적절히 분화되고 이들 사이에 균형과 조화가 잘 이루어지는 사회가 곧 정의로운 사회다. 그는 지혜, 용기, 그리고 절제를 사회의 세 가지 주된 덕목으로 꼽으면서 정의란 이 세 가지 덕이 계속 조화롭게 유지될 수 있게 만드는 힘이라고 규정하고, 영역별로 "각자가 자신의 것을 하는 것"이 곧 정의라고 하였다.

| 일부가 전부가 되어가는 현상

만일 삶의 각 영역이 조화롭게 균형을 이루지 못하고, 어느 특정 영역이 계속 팽창해서 다른 영역을 위축시키며, 이 결과 이 영역에서 통하는 정의의 원칙이 다른 영역을 지배하게 된다면? 우리 사회가 과연 어떻게 될 것인가?

플라톤의 정의관에 비추어보면 이런 사회는 정의롭지 못한 사회다. 예를 들어서 정치 영역이 너무 커진 결과 평등의 원칙이 경제 영역에까지 밀고 들어가서 지배하게 된다면 아마도 경제는 엉망이 될 것이다. 그래서 경제 문제는 경제 논리로 풀어야지 정치 논리를 개입시켜서는 안 된다고 보수 성향의 경제학자들이 늘 뇌고 다닌다. "세상이 온통 평등주의자들이다"라는 신자유주의자들과 보수 성향 경제학자들의 불평 뒤에는 정부의 비정상적 팽창이 시장경제를 위축시키고 개인의 자유를 과도하게 침해한다는 우려가 도사리고 있다.

어떤 점에서 보면, 정치 영역의 이상 비대화 내지는 월경 현상을 신자유주의자나 보수 성향 경제학자들보다도 한 발짝 앞서 경계한 학자가 바로 위에서 언급한 베버다. 100여 년 전 베버가 특히 주목하였던 현상은 관료행정의 비대화였다.

근대국가의 발달과 더불어 행정의 관료화가 빠르게 진전되었다. 자본주의 시장이 경제 영역의 핵심이듯이 관료 조직은 정치 영역의 핵심이라고 할 수 있다. 베버에 의하면, 전문적 관료 조직에 의한 합리적 행정이 근대국가의 특징이다. 이 전문 관료들은 근대화 목표를 위한 최선의 수단을 찾기에만 골몰한다. 다시 말해서 도구적 합리성으로 철저하게 무장되어 있다. 그러다 보니 관료 조직은 목적을 위해서 수단과 방법을 가리지 않는 무서운 조직으로 변질된다.

베버는 근대 서양사의 도정을 이런 무자비한 도구적 합리성이 전 사회를 압도해가는 과정으로 요약했다. 마치 기계를 조작하듯이 사회도 얼마든지 조작 가능하다는, 이른바 '사회공학적' 사고방식이 관료 사회를 지배하고 있다는 것이다. 관료 조직은 시민사회의 각 개인을 기계의 부속품처럼 통제할 뿐만 아니라 사회를 기계처럼 주무르며 여론조차도 지능적으로 조작한다. 관료행정이 비정상적으로 커지고 관료 조직의 권위가 하늘을 찌를 듯이 높아진 결과 시민사회의 각 개인은 관료주의 합리화의 '쇠 우리iron cage'에 갇히게 되며, 이 안에서 '관리된 삶'을 영위하게 된다. 베버는 이것이 거스를 수 없는 현대사회의 흐름이라고 보았다.

정치 영역의 비대화에 대한 베버의 이런 체념론은 확실히 듣기에도 으스스하다. 하지만 베버가 우려했듯이 정치 영역의 비정상적 비대화로 인한 월경이 으스스한 결과를 낳는다면, 그 반대로 경제 영역이 비정상적으로 비대화하여 시장의 원리가 정치 영역을 지배한다면 어떻게 될까? 예를 들어서 대통령자리, 국회의원 자리, 장관 자리 등 공직에 가격표를 붙여서 돈 주고 사고팔게 하면 어떻게 될 것인가?

우리 사회에서 국회의원 자리는 사실상 돈을 주고 사는 자리라는 말이 공공연하게 나돈다. 국회의원 당선에 필요한 최소한도의 선거비용이 점점 더 비싸지고 있고 이에 따라 국회의원 자리의 가격도 날로 올라가고 있다. 이렇듯 시장의 원리가 정치 영역을 지배한다면, 부자들은 시장뿐만 아니라 정치권에서도 위세를 부릴 것이며, 가난한 사람들이 설 자리는 점점 더 좁아질 것이니 불평등은 심화될 것이다. 극보수 성향의 경제학자를 제외한 대부분의 국민은 매관매직이나 금권정치를 극력 반대할 것이다. 매관매직이나 금권정치는 시장의 원리가 정치 영역으로 침투한 결과다. 역사상 수많은 왕조의 명멸은 매관매직과 금권정치 그리고 이로 인한 불평등의 심화와 사회기강의 와해에서 비롯되었음을 가르치고 있다.

만일 시장의 원리가 정치 영역뿐만 아니라 사회화 영역까지 지배하게 된다면 어떤 결과가 나올까? 금세기 최고의 사상가로 꼽히는 하버마스는 현대사회의 위기를 얘기한다. 산업혁명 이래 서구 자본주의 사회에서 경제 영역은 급속도로 팽창하였다. 우리나라에서도 지난 수십 년간 생산이 늘고 소득수준이 높아짐에 따라 시장에서 거래되는 상품의 양과 종류가 엄청나게 늘어나면서 경제 영역이 크게 확장되었다. 경제 영역이 팽창함에 따라 우리의 삶이 시장에 의존하는 정도 역시 점점 더 커지고 있으며, 그만큼 우리의 일상생활에서 시장 원리의 지배를 받는 범위가 넓어지고 깊어지고 있다.

경제 영역의 급팽창으로 시장의 원리가 점점 더 우리 사회 구석구석으로 퍼진 결과로 나타나는 우리 사회의 모습 중에서 진보 진영 학자들의 촉각에 1차적으로 잡힌 두드러진 현상은 인간관계의 왜곡이다. 샌델 교수의 표현으로는 우리 사회가 '시장경제'에서 '시장사회'로 흘러왔다고 한다. 그가 말하는 시장사회란 시장의 원리가 우리의 삶을 장악한 결과 인간관계마저 왜곡해버리는 사회다.

우리 모두가 추구하는 소중한 가치들은 인간관계에 바탕을 두고 있다. 사랑, 우정, 존경, 명예, 이 모두가 좋은 인간관계에서 창출되는 것이다. 돈을 많이 벌기 위해서는 사람을 잘 부릴 줄 알아야 하고, 권력을 잡기 위해서는 사람을 많이 끌어들여야 한다. 돈과 권력 역시 인간관계에서 창출된다. 그러므로 인간관계가 바뀌면 우리의 가치관도 바뀌게 된다. 샌델 교수를 비롯한 진보 성향 학자들이 우려한 것은 경제 영역이 비정상적으로 팽창한 결과 시장에서나 적합한 인간관계가 사회화 영역으로 확장되면서 우리의 삶의 질을 떨어뜨린다는 것이다. 바람직하지 못한 가치관을 유포함으로써 현대사회의 위기를 초래할 가능성에 대해서는 하버마스가 경고했다.

그렇다면, 시장을 지배하는 인간관계와 사회화 영역을 지배하는 인간관계가 구체적으로 어떻게 다른가? 첫째, 시장은 철저하게 손익

계산에 따라 행동하는 곳이기 때문에 시장에서 형성되는 인간관계는 타산적 인간관계가 될 수밖에 없다. 이에 반해서 사회화 영역에서의 인간관계는 손익계산을 초월한 인간관계다. 사회화 영역에서는 받은 만큼 정확하게 되돌려주는 사람은 인기가 없다.

둘째, 시장에서의 인간관계는 무미건조한 비인간적 인간관계다. 시장에서는 서로 필요한 것을 주고받기 때문에 상대방에게 아무런 고마움이나 정을 느끼지 못한다. 노동자가 열심히 일해준 덕분에 회사가 돈을 많이 벌어도 사장은 노동자들에게 감사할 필요를 느끼지 않는다. 백화점에서 빵을 사면서 고객은 사장에게 굳이 고맙다고 말할 필요 없으며, 사장도 고객에게 굳이 고마워할 필요가 없다. 그러나 사회화 영역에서의 인간관계는 고마움과 정이 실린 온정적 인간관계다. 가족이나, 친척, 친구들 사이에 빈번히 교환되는 접대나 선물은 바로 고마움과 정의 징표다.

셋째, 시장에서의 인간관계는 주로 상품과 돈을 매개로 한 간접적 인간관계다. 대형 슈퍼마켓에서는 거래 당사자들 사이에 대화 한 마디 없이 돈과 상품을 주고받으며 거래가 끝나면 이들 사이의 관계는 단절된다. 기업과 노동자 사이의 관계도 노동과 임금을 매개로 한 간접적 관계이며 거래가 끝나면 단절되는 관계다. 고객과 노동자는 단순히 돈을 벌기 위한 수단에 불과하다. 반면에 사회화 영역에서의 인간관계는 대화를 바탕으로 한 직접적 인간관계다. 대화는 상대방을 이해하기 위한 수단이다. 따라서 사회화 영역에서는 상호이해가 중요하다.

베버도 인간관계를 크게 두 가지로 나누었다. 하나는 가족을 중심으로 혈연, 지연, 학연 등으로 확장되는 온정적 인간관계다. 달리 말하면, 사회화 영역의 인간관계다. 베버는 이런 온정적 인간관계를 기본으로 한 사회를 공동사회 혹은 공동체사회라고 불렀다. 다른 하나는 서로 경쟁 관계에 있는 독립적 개인들이 이익 추구를 중심으로 연결된 인간관계다. 주로 자본주의 시장에서 형성되는 인간관계가 그 대표적인 예다. 베버는 이 두 번째 인간관계가 바탕이 되는 사회를 이익사회라고 불렀다.[8]

베버에 의하면, 산업혁명 이후 지속적 산업화가 서구 사회의 인간관계를 변화시키면서 다양한 사회 변화가 일어났지만, 크게 보면 이익사회가 공동체사회를 대체하는 방향으로 사회 변화가 빠르게 진전되었다. 사람들 사이의 결속이 소원해지며, 인간적 관계가 점차 계약적 관계로 대체되고, 온정적 인간관계가 냉엄하고 피상적인 인간관계로 대체되는 경향이 두드러지게 나타날 것임을 베버는 예언하였다.[9] 이익사회가 공동체사회를 밀어낸다는 것은, 시장의 이런 인간관계가 사회화 영역으로 확산되면서 우리 사회 자체가 점차 피폐화되고 삭막해짐을 의미한다. 과연 오늘날 서구 사회에서 그의 예언이 적중하고 있다는 평을 받는다.[10]

이와 같이 시장을 지배하는 인간관계가 사회화 영역으로 침투하면서 나타나는 가치관의 큰 변화는 극단적 개인주의와 유물주의 풍조의 만연이다. 유물주의란 돈이나 재물의 획득과 소유를 인생에 있어서 최고의 목표로 삼는 신념을 말한다.[11] 극단적 개인주의란 권위에 복종하지 않으며, 개인의 권리를 강력하게 주장하고, 자기 자신에게 이익이 된다고 생각되면 법에 저촉되지 않는 한 무엇이든지 하며, 다른 사람이야 어떻든 자기 자신의 권익만을 앞세우는 이기주의를 말한다.[12] 미국은 극단적 개인주의가 기승을 부리는 대표적인 사회로 꼽히고 있다. 우리 사회에서도 비단 학자들뿐만 아니라 일반시민들도 피부로 절실히 느낄 만큼 극단적 개인주의와 유물주의 풍조가 일상화되고 있다.

극단적 개인주의와 유물주의가 극성을 부린다는 것은 결국 남을 배려할 줄 모르며 돈을 위해서는 사랑이니 우정이니 의리니 하는 것들을 헌신짝처럼 내동댕이치는 인간이 너무 많아진다는 뜻이다. 그러니, 온정적 인간관계가 점점 더 메말라 갈 것은 너무나 뻔하다.

행복의 관점에서 보면, 시장을 지배하는 인간관계가 사회화 영역을 잠식한다는 것은 돈으로 살 수 없는 행복의 원천이 말라감을 뜻한다. 행복을 전문적으로 연구하는 학자들에 의하면, 화목한 가정, 보람 있는 일, 그리고 좋은 인간관계가 행복의 주된 원천이다. 이 세 가지가 모두 베버가 말하는 공동체사회에 풍부하게 담겨져 있는 것들이다. 예를 들면, 각종 시민단체에 종사하는 사람들은 비록 매우 낮은 보수를 받고 있지만 각자 나름대로 사회를 위해서 보람 있는 일을 하고 있다는 자부심을 가지고 있다. 아무리 소득수준이 높아진들 행복의 원천이 말라간다면 선진국에서 보듯이 국민의 행복지수는 높아질 수 없다.

그럼에도 불구하고 신자유주의자나 보수 성향 경제학자들은 정치 영역의 비대화에 대해서는 과민반응을 보이면서도 경제 영역의 비정상적 비대화는 외면한다. 외면하는 정도가 아니라 이들은 시장의 원리가 우리 사회의 곳곳으로 확대 적용되어야 한다고 주장한다.

| 시장 원리의 생활세계 침범

경제 영역이 비정상적으로 커진 결과 이 영역에 적합한 사고방식이 나 규범이 한계를 벗어나 다른 영역으로 침범하는, 이른바 월경 현상이 광범위하게 나타나고 있다. 베버는 월경 현상에서 근대화의 위기를 느꼈으며, 그의 통찰에 동감한 하버마스는 현대 산업사회의 위기를 감지하였다. 하버마스는 우리 생활의 영역을 생활세계와 체계로 나누었다.[13]

생활세계란 사람들이 대화(의사소통)를 매개로 해서 서로 문화적으로 익숙한 가치를 공유하면서 연대감을 가지고 살아가는 지평이다. 하버마스의 표현으로 생활세계는 언어를 매개로 상징적 재생산이 이루어지는 구체적 삶의 영역이다.

하버마스가 말하는 체계는 화폐와 권력이라는 매체를 통해서 물질적 재생산이 이루어지는 영역이다. 하버마스는 체계를 다시 경제 영역과 관료행정 영역으로 나누었다. 관료행정 영역은 주로 권력을 매개로 행위가 조정되는 영역, 경제 영역은 화폐를 매개로 행위가 조정되는 영역을 말한다. 그가 말하는 관료행정 영역은 위에서 언급한 정치 영역보다 좁은 영역이며, 생활세계는 사회화 영역을 핵심으로 하는 영역인 것으로 이해된다.

물론, 생활세계와 체계가 따로 분리되어 있는 것이 아니라 혼연일체다. 다만 어떤 시각에서 보느냐에 따라 그 어느 한 측면이 더 두드러지게 나타날 뿐이다. 하버마스에 의하면, 관찰자의 시각에서 보면 사회는 정치 영역과 경제 영역으로 구성되지만, 참여자의 시각에서 보면 사회는 생활세계다.

하버마스가 관료행정 영역과 경제 영역을 한데 묶어서 체계 속에 포함시킨 이유는 이 두 영역 모두 목적의 타당성을 묻지 않고 오로지 최선의 수단만 생각하는 영역이기 때문이다. 달리 말하면, 두 영역 모두 도구적 합리성이 지배하는 영역이라는 것이다. 이 도구적 합리성이 체계의 범위를 넘어 생활세계에까지 침투한 결과 우리 주위에서 늘 보듯이 인간마저 어떤 특정 목적(주로 경제적인 목적)을 위해서 이용할 수단으로밖에 보지 않는 인간비하가 광범위하게 자행된다.

하버마스는 체계의 이상 비대화에 초점을 맞춤으로써 베버의 생각을 좀 더 일반화하였다. 그에 의하면, 체계의 확장과 함께 도구적 합리성이 생활세계의 고유한 영역을 침범하여 이를 '식민화'하는 데에 현대 산업사회의 위기가 초래된다는 것이다. 그러나 체계와 생활세계를 이분법적으로 대립시킨 하버마스의 구도는 도구적 합리성의 횡포를 고발하는 데에는 적합하지만, 경제 영역의 팽창을 등에 업은 시장 원리의 보이지 않는 횡포를 콕 집어내서 고발하기에는 미흡하다.

다시 말해서 자본주의 시장의 논리가 관료행정의 영역을 좀먹어 들어가고 나아가서 생활세계를 황폐화시키는 측면을 좀 더 예리하고 선명하게 부각시키지 못하였다는 것이다. 비록 경제 영역과 관료행정 영역이 똑같이 체계에 속한 영역이며, 똑같이 도구적 합리성의 지배를 받는 영역이라고는 하지만, 경제 영역을 지배하는 자본주의 시장의 논리는 관료행정 영역을 지배하는 논리와 성격이 엄연히 다르다.

마치 시냇물이 모여서 큰 강을 이루듯이 정치 영역에 스며들어 생활세계를 좀먹는 시장 원리의 확산이 하나의 시대적 큰 흐름을 형성하고 있다. 그 결과 자본주의에서는 경제가 사회에 복속되지 않고 반대로 사회가 경제에 복속된다. "우리의 삶은 점점 상품화되고 공익과 영리의 경계선은 점점 허물어져 간다"는 말과 함께, "상업 영역이 문화 영역을 삼키기 시작하면 사회적 토대가 허물어지기 시작한다. 문화 영역과 상업 영역의 적절한 균형을 회복하는 것은 어쩌면 이 시대가 해결해야 할 가장 어려운 과제인지도 모른다"는 제러미 리프킨 Jeremy Rifkin 교수의 경고를 여기에서 다시 한 번 상기할 필요가 있다. 비록 명시적으로 시장과 생활세계라는 용어를 사용하고 있지는 않지만, 리프킨 교수의 이 말은 분명히 시장의 팽창에 의한 생활세계의 파괴를 겨냥한다.

일찍이 인도의 성인 간디는 7대 치명적 사회악을 경계했다.[14]

1. 원칙 없는 정치
2. 노동 없는 부
3. 도덕성 없는 상업
4. 양심 없는 쾌락
5. 인격 없는 교육
6. 인간애 없는 과학
7. 희생 없는 예배

이 7가지 치명적 사회악 대부분이 시장 원리의 확산과 밀접한 관계가 있다. 겉으로는 민생을 챙긴다고 큰소리 치지만, 뒤로는 업계의 눈치를 보면서 기업하기 좋은 풍토 조성에 열을 올리는 정부가 서민의 눈에는 '원칙 없는 정치'로 보인다. 자본주의 시장에서 판을 치는 온갖 투기성 불로소득이 국민의 눈에는 '노동 없는 부'의 전형이다.

중소기업의 모가지를 비트는 대기업의 횡포에서부터 국민의 먹거리로 장난을 치는 악덕 상인에 이르기까지 온갖 추악한 업계의 비리에서 국민은 '도덕성 없는 상업'의 폐해를 뼈저리게 느낀다. 우리의 시장에는 '양심 없는 쾌락'이 이미 홍수를 이루고 있다.

교육의 상업화가 도도히 진전되고 있으며, 교육의 내용이 인격 도야보다는 돈벌이 잘하고 출세하는 인간을 양성하는 방향으로 변질되는 우리 교육의 현장에서 '인격 없는 교육'의 한 단면을 엿볼 수 있다. 군수산업의 대량살상무기 개발에 이용되는 각종 첨단 과학기술에서부터 돈벌이를 위한 과학기술의 개발에까지 우리는 '인간애 없는 과학'의 모습을 본다. 교회가 너무 상업화되고 있다는 비판은 오래전부터 나왔다. 이웃을 사랑하라는 하느님의 말씀을 애써 실천하기보다는 교회에 열심히 나가고 헌금을 꼬박꼬박 내면 교인의 의무를 다하는 것처럼 생각하게 만드는 교회의 의식에서 '희생 없는 예배'를 목격할 수 있다.

| 시장 원리의 확산이 '큰 정부'의 원인

생활세계의 식민화에 대한 하버마스의 이론은 자본주의 시장 원리의 확산이 초래할 심각한 사회적 병폐에 관하여 '새로운 지평'을 열어주었다. 여기에서 새로운 지평이란 흔히 말하는 정당화의 위기 및 사회적 통합의 위기에 관련된 것이다.

진정한 사회적 통합은 사회 구성원들 사이의 참된 이해가 있을 때에만 가능하다. 옛날에는 지도자의 권위라든가 물질적 풍요에 대한 국민의 기대를 이용해서 어느 정도 사회적 통합을 이루어낼 수 있었다. 박정희 정권 때에는 경제성장 및 경제개발을 내세워서 독재 정권을 정당화할 수 있었고, 우리도 잘살아보자는 구호 아래 국민들을 단합시킬 수 있었으며 무리한 일들도 큰 저항 없이 밀어붙일 수 있었다. 하지만 지속적 경제성장 덕분에 국민 대부분이 기본적으로 먹고사는 문제를 해결한 다음부터는 경제개발 및 경제성장만으로는 정권을 정당화하기도 어렵고 국민을 일사불란하게 움직이기도 어렵게 되었다. 과거에는 정부의 권위라든가 대통령의 권위라는 것이 있었지만 이제는 그런 것의 위력도 약해지고 있다.

물론 유물주의가 만연하면서 돈으로 사람들을 움직일 수 있는 여지는 많이 있다. 하지만 문제는, 사람들의 도덕심 및 사람들 사이의 신뢰(사회적 자본)가 점차 감소함에 따라 돈으로 문제를 해결하는 방법 역시 날이 갈수록 비싸지고 있다는 것이다.[15]

예를 들어서 혐오시설의 입지 문제를 둘러싼 사회적 갈등을 돈으로 풀자면 비용이 엄청나게 든다. 공익은 생각하지 않고 자기 자신의 이익만 생각하는 사람들이 더 많은 돈을 요구하기 때문이다. 게다가 보상금으로 돈을 벌어보려는 전문 투기꾼들이 끼어들기 일쑤이고 이렇게 되면 보상금 액수는 천정부지로 뛴다. 그 결과 국책 사업의 비용이 크게 늘어나면서 정부는 국민에게 더 많은 세금을 요구하게 된다. 양극화가 심해지면서 더욱더 빈번해지는 계층 간 갈등을 공권력으로 해결하자면 경찰력이 대폭 강화되어야 한다. 이때에도 역시 문제는, 막대한 정부 예산이 필요하다는 것이다.

더 큰 문제는 돈이나 공권력으로는 사회적 갈등을 원천적으로 해결할 수 없다는 것이다. 이런 것에만 의존하다가는 계속 돈만 퍼붓게 된다. 그러다 보면 보수 성향 경제학자들이 극히 꺼려하는 '큰 정부'가 불가피해진다. 보수 성향 경제학자들이나 신자유주의자들은 시장 원리의 확산이 결국 큰 정부를 불러오는 주된 요인임을 망각하고 있다.

이제는 돈이나 권력이 체제나 제도를 정당화하는 근거가 되기가 점점 더 어려워지면서 좀 더 근원적인 근거 찾기가 절실해지고 있다. 이런 가운데 진솔한 '의사소통'에 입각한 합의의 중요성이 점차 커지고 있다. 사회문제가 터질 때마다 '대화를 통해서 합리적으로 해결하자'는 말이 부쩍 늘어나고 있다는 사실이 이를 증명한다. 특히 정치권에서 이런 말이 자주 나온다. 그 만큼 대화를 통한 '합리적 해결'이 중요함을 시사한다. 여기에서 '합리적 해결'이란 당사자들 사이의 '참된 상호이해'를 바탕으로 행위 조정이 만족스럽게 잘 이루어진다는 뜻이다. 참된 상호이해란 아무런 강압이나 강제가 없는 상태에서 모든 사람들이 동등한 자격으로 자유롭고 진솔하고 성실한 대화를 하는 가운데 이루어진 상호이해를 뜻한다.

이해당사자들이 허심탄회한 대화를 통해서 서로의 입장을 충분히 이해하는 가운데 합의에 도달했을 때, 우리는 흔히 '문제가 합리적으로 잘 해결되었다'고 말한다. 이때 '합리적'이라는 말은 단순히 어떤 주어진 목적을 가장 잘 달성하는 수단을 찾는다는 의미의 합리성, 즉 도구적 합리성을 내용으로 하는 것이 아니라 목적 그 자체의 타당성도 토론의 대상으로 삼으면서 참된 상호이해를 지향하는 합리성을 내용으로 한다. 하버마스가 그토록 강조한 '의사소통의 합리성'은 바로 이런 포괄적 의미의 합리성이다.

의사소통 행위와 사회적 정당성

하버마스의 저서에는 '의사소통의 합리성'이라는 단어와 함께 '의사소통 행위'라는 말이 빈번히 나오는데, 이때 의사소통 행위란 두 사람 이상의 행위자들이 상호이해를 바탕으로 일구어낸 합의를 통해서 서로의 목적이나 의도를 조정하는 행위를 말한다.

하버마스는 의사소통 행위와 목적론적 행위를 대립시켰는데, 목적론적 행위란 어떤 주어진 목표를 만족스럽게 달성하기 위해서 취하는 행위를 말한다. 도구적 합리성에 따라 수행되는 행위이다. 목적론적 행위는 효율(최소의 희생으로 주어진 목적을 달성)을 지향하는 행위인 반면, 의사소통 행위는 상호이해를 지향하는 행위이다. 목적론적 행위를 수행할 때 행위자들은 이기적 계산을 바탕으로 행동하지만, 의사소통 행위를 수행할 때 행위자들은 서로를 이해하려는 노력을 통해서 서로의 뜻과 주장을 조정하고 조화시킨다.

목적론적 행위는 동물들도 잘하는 행위이다. 사냥할 때 사자는 무턱대고 사냥감에 달려들지 않는다. 사냥 대상 무리 중에서 적절한 사냥감을 물색한 다음 그들 나름대로의 치밀한 계산을 바탕으로 공격 방법을 선택하고 이에 따라 행동한다. 그러므로 목적론적 행위만 보면 본질적으로 인간이 동물과 다를 바 없다. 인간이 동물과 근본적으로 다른 점은 대화를 통한 상호이해를 바탕으로 문제를 해결해나간다는 점이다. 의사소통 행위는 인간 특유의 능력을 발휘하는 행위이며 따라서 가장 인간적인 행위이다.

하버마스는 인류의 삶이 기본적으로 두 가지를 통해서 문화적으로 재생산된다고 보았다. 하나가 노동이고 다른 하나는 인간 사이의 상호교류이다. 그가 말하는 노동이란 주로 목적론적 행위를 내용으로 하는 것이며 상호교류는 의사소통 행위를 내용으로 하는 것이다. 목적론적 행위가 주로 체계 안에서 일어남에 반해서 의사소통 행위는 생활세계 안에서 일어난다.

원래 체계는 생활세계에서 분화된 것이고 생활세계는 의사소통의 합리성이 지배하는 세계이다. 그러므로 사회적 정당성이나 권위의 근원은 생활세계에 뿌리박고 있다. 하버마스는 체계의 확산 그리고 이로 인한 생활세계의 파괴가 현재 도도하게 진행되고 있다고 보고, 이를 도구적 합리성이 우리 사회 구석구석을 장악한 결과 의사소통적 합리성을 압도하는 현상이라고 설명하였다. 체계가 정당한 한계를 넘어서 생활세계로 월경하는 현상은, 우리 사회의 문제를 사회 구성원들 사이의 참된 이해를 바탕으로 해결하기보다는 돈과 권력을 이용해서 기능적으로 해결하려는 풍조가 지나치게 확산되고 있음을 시사한다.

그렇다면 체계에 의한 생활세계의 파괴는 결국 체계의 사회적 정당성을 약화시키고 사회적 통합을 위협하는 근원적 요인이 된다는 이야기가 된다.[16] 달리 말하면 시장의 원리가 체계를 장악하고 나아가서 생활세계를 지배하는 현상은 사회를 정의롭지 못하게 만들고 결국 사회의 붕괴를 낳는 원인이 된다는 것이다.

어떤 갈등이 발생하였을 때, 이해 당사자들이 진솔한 대화를 통해 서로의 입장을 잘 이해하면 이 갈등이 의외로 간단하게, 큰돈 들이지 않고 만족스럽게 풀리는 예를 우리 일상생활에서도 가끔 불 수 있다. "말 한마디로 천 냥 빚을 갚는다"는 말은 대화를 통하여 합리적으로 갈등을 해결하는 천년의 지혜를 상징적으로 잘 표현하고 있다. 이런 말을 하면 누가 그걸 모르느냐고 대꾸할 것이다. 그렇다. 진솔한 대화를 바탕으로 한 참된 상호이해가 모든 사회적 갈등을 합리적으로 해결하는 첩경임을 누구나 잘 알고 있다.

그런데 왜 이런 합리적 갈등 해결 방법이 현실에서는 잘 시행되지 않는가? 물론 이런 방법이 무척 어렵기 때문이다. 사람들이 돈벌이에 바쁜 자본주의 사회에서는 의사소통 행위를 바탕으로 한 합리적 문제 해결 방법이 특히 더 어려울 뿐만 아니라 점점 더 어려워지는 경향이 있다. 왜냐하면 의사소통 행위를 저해하고 어렵게 만드는 그어떤 힘이 자본주의 시장에 내재하여 있고 이것이 우리 사회를 지배하고 있으며, 우리 사고방식마저도 지배하고 있기 때문이다. 좀 더 분명하게 말하면 시장 논리 및 시장의 힘이 의사소통 행위를 통한 문제 해결을 점차 더 어렵게 만들고 있다.

| 대화가 필요 없는 사회

우선, 진솔한 의사소통과 이를 바탕으로 한 상호이해에 대하여 사람들이 큰 관심이 없다. 왜 그런가? 이들의 관심이 다른 곳에 쏠려 있기 때문이다. 굳이 하버마스의 말을 빌릴 필요도 없다. 개 눈에는 뭐만 보인다는 말이 있듯이, 무엇에 관심을 가지고 있는가에 따라 우리의 생각과 행동이 달라진다는 것은 보통 사람들도 잘 아는 사실이다. 하버마스의 표현으로는, 어떤 것에 관심을 가지느냐가 인간의 인식 활동을 특정한 형태로 구조 짓는다.[17] 그렇다면 오늘날 우리 국민의 생각과 행태를 구조 짓는 주된 관심 사항은 무엇인가?

우리 주위를 돌아보면 사람들의 관심이 온통 돈에 쏠려 있다. 자본주의 사회는 다른 어떤 사회보다도 돈의 위력이 큰 사회니 그럴 수밖에 없다. 사람들의 주된 관심은 어떻게 하면 돈을 효과적으로 많이 벌 것이며 어떻게 하면 그 돈으로 신 나게 즐길 것인가에 집중되어 있다. 돈 버는 일과 돈 쓰는 일로 주위 사람들이 온통 바쁘다. 남녀노소, 부자와 가난한 사람 할 것 없이 돈벌이에 온통 정신이 쏠려 있다. 어디가나 사람들이 모이면 온통 주식 투자나 재테크 이야기로 수군거린다. 심지어 요즈음에는 대학생들도 주식 투자로 용돈 벌 생각을 한다.

이런 가운데 사람들 사이의 관계도 피상적으로 변하고 있다. 동창들이나 친구들을 만나도 세상을 함께 걱정하는 진지한 대화는 되도록 피하고 놀이나 노래방에서 시간을 때우려 한다. 같이 놀고 노래 부르는 것이 친목을 도모하고 이를 확인하는 좋은 방법인 것 같지만 많은 경우 그것은 억지 친분일 뿐이다. 자본주의 시장이 우리의 관심과 우리의 시간을 직접적 인간관계 그리고 이를 바탕으로 한 상호이해로부터 먼 쪽으로 몰아가고 있다.

시장에서는 대화가 별 필요가 없다. 슈퍼마켓에서는 말 한마디 없이 얼마든지 원하는 상품을 구매할 수 있다. 시장에서의 인간관계는 직접적 인간관계가 아니라 어디까지나 돈(가격)을 매개로 한 간접적 인간관계이기 때문이다. 시장에서는 상대방이 어떤 사람인지 대화를 통해서 알 필요도 없고 상대방을 이해하려고 노력할 필요도 전혀 없다. 가격을 놓고 상품을 사고팔면 그뿐이다. 경제학적으로 말하면 시장에서 거래하는 모든 행위자의 행위는 가격이라는 객관적 지표를 통해서 조정된다. 가격이라는 객관적 지표가 대화를 필요 없게 만든다. 뒤집어 말하면 시장의 원리는 서로 잘 알지 못하며 대화가 필요 없는 사람들의 행위를 조정하는 데에 알맞은 원리이다.

그러므로 마치 종 치고 나서 개에게 밥을 주면 종 칠 때마다 개가 군침을 흘리듯이, 사람들도 시장의 원리에 따라 움직이다 보면 직접적 인간관계를 바탕으로 한 상호이해를 소홀히 하며 진솔한 대화를 잘 못할 뿐 아니라 그런 대화에 무관심하게 된다. 그렇기 때문에 자본주의 시장의 발달은 진솔한 대화를 통한 상호이해를 점점 더 어렵게 만든다.

직장에서도 마찬가지이다. 시장 원리의 핵심은 경쟁인데, 직장의 경쟁에서는 상대방과 진솔한 대화를 할 필요도, 공감대와 합의를 이루기 위해 서로를 잘 이해할 필요도 없다. 경쟁에는 상생相生이란 것이 없다. 그저 내 실력만 닦고 상대방을 꺾기만 하면 그뿐이다.

시장에서는 진솔한 대화나 상호이해를 위한 노력이 오히려 방해가 된다. 진솔한 대화를 통한 상호이해는 끈질긴 참을성과 많은 시간을 요하기 때문이다. 사람들이 너무 바빠서 진솔한 대화를 할 시간도, 상호이해를 위해 노력할 겨를도 없다. 시장은 사람들로 하여금 이와 같이 다른 사람을 대화의 상대자로 생각하기보다는 어떤 이익을 위한 수단 내지는 경쟁의 대상으로 생각하도록 강요한다.

| 하버마스의 메시지 |

물론 그렇다고 오늘날 대화를 통한 문제 해결 노력이 우리 주위에 없다는 것은 아니다. 대화가 있다고 해도 그 질과 수준이 문제이다. 단

순히 대화를 했다고 해서 자동적으로 상호이해에 이르게 되는 것도 아니고, 대화를 통해서 합의했다고 해서 문제가 합리적으로 풀리는 것도 아님을 명심할 필요가 있다. 언어가 상호이해의 매체인 것은 사실이지만 지배와 사회적 권위 또한 언어를 통해서 행사된다.

이런 의미에서 언어에는 조직된 강제력을 정당화해주는 측면이 있다. 현실적으로 목격되는 많은 대화들이 매우 피상적이다. 대화에 참여한 사람들이 각자 자신의 주장을 외치고 나서 입장에 차이가 있을 경우 상대방과 적절히 절충하는 정도가 고작이다. 이런 형식적 대화를 통해서 서로 합의해봐야 마치 똥 누다가 만 것처럼 뭔가 찜찜하고 트릿하기 십상이다. 그러니 그런 형식적 대화를 통한 합의가 참된 사회적 정당성이나 권위를 인정받기는 어렵다.

합의가 진정 사회적 정당성과 권위를 가지기 위해서는 우선 참된 이해의 과정을 거쳐야 하며 아무런 강제와 억압이 없는, 자유로운 의사소통을 바탕으로 이루어져야 한다. 우리가 일상생활에서도 자주 경험하지만, 언뜻 합리적 절차에 따라 이르게 된 합의조차도 왜곡된 의사소통의 결과일 수 있다. 고리대금업자와 급전이 필요한 사람 사이의 대화는 형식적이고 일방적일 가능성이 높고 따라서 이들 사이의 합의 역시 왜곡될 가능성이 높다.

좀 극단적 예가 될지 모르지만, 정신병자들이 모여서 합의한 것을 과연 누가 정당한 것으로 인정해줄 것인가? 정신병자는 합의 과정에 참여하기에 앞서 우선 정상적으로 생각하고 정상적으로 대화할 수 있도록 치료부터 받아야 한다. 그런데 이 치료의 과정에서도 의사와 환자 사이의 자유로운 대화가 매우 중요한 부분을 차지한다. 이 대화는 보통의 언어로 수행되지만 환자의 치료를 위해서 과학적으로 잘

디자인된 의사소통 과정이다. 즉 환자로 하여금 자기 성찰을 통해서 망각되고 억압된 과거의 모든 경험들을 자유롭게 연상하게 함으로써 이것들을 의식 수준에서 재구성하게 도와준다. 이런 정신질환자의 치료 과정에서도 환자의 자기 성찰이 중요한 부분을 차지한다는 사실은 일상의 대화도 철저한 자기 성찰을 바탕으로 하지 않는다면 참된 이해의 과정이라고 할 수 없음을 우리에게 가르친다.

그러면 참된 사회적 정당성과 권위를 인정받기 위한, 이른바 '이상적 의사소통 과정'은 어떤 것인가? 하버마스가 제시한 조건은 대략 다음과 같은 것들이다.

우선 모든 대화자가 서로 경청하고 답변해야 하며, 상대방을 속일 의도가 없어야 하며, 상대방을 성실한 주체로 인정해야 한다. 모든 대화자들은 동등해야 하며, 금기되는 발언이 있어서는 안 되고 누구든지 질문에서 제외되는 특권을 가져서는 안 되며, 선입견이나 억압이 있어서도 안 된다. 하버마스는 이상적 대화가 진리와 자유, 정의가 실현되는 이상적 삶의 형태를 위한 조건이라고 보았으며, 이상적인 대화 상황에서 성취된 합의만이 정당성과 권위의 표준이 된다고 주장하였다.

하버마스 이론의 목적은 의사소통적 합리성의 이론적 근거를 밝힘으로써 점증하는 도구적 합리성의 횡포를 제어하는 데에 있다. 그의 기본명제는 의사소통적 합리성이 우리의 사회적 삶의 근거가 되며 따라서 지배에서 벗어난 의사소통을 사회조직의 기본원리로 만들어야 한다는 것이다.

비록 하버마스가 베버의 사상을 바탕으로 마르크스의 사상을 극복하였다고는 하지만, 정신적이고 규범적인 것을 강조한 나머지 경제적이고 물질적인 것을 너무 격하시켰다는 점에서 하버마스는 마르크스로부터 너무 멀리 갔다고 말할 수 있다. 하버마스의 거대 담론은 영미 계통의 학자들이 장기로 삼는 개별행태이론의 뒷받침을 받을 때 그 실용성과 설득력을 더해갈 것이다. 오늘날의 세계가 자본주의 시장이 지배하는 세계라는 점을 감안한다면, 하버마스의 이론에서 특히 보완되어야 할 부분은 자본주의 시장의 영향력이나 시장 원리의 팽창이 의사소통 행위를 어떻게 저해하고 왜곡시키는지에 대한 구체적이고 치밀한 분석일 것이다.

하지만 하버마스는 한 가지 분명하고 중요한 메시지를 우리에게 던지고 있다. 경제 영역의 팽창을 등에 업은 자본주의 시장 원리의 확산이 사회통합의 위기를 초래하며 나아가서 현대사회의 위기를 초래하고 있다는 것이다. 이제는 물질적 풍요가 아니라 사회통합의 위기를 심각하게 걱정할 때이다. 그가 말하는 의사소통의 합리성을 바탕으로 한 의사소통 행위를 통해서 자본주의 시장 원리의 월경과 월권을 통제하는 것, 이것이 우리 사회를 정의롭게 만드는 길이며 나아가서 밀려오는 현대사회의 위기를 막는 길이 아닐까?

"지금 세계경제는 빙판 위에서 미끄러지는 자동차와 같다." 세계
경제포럼WEF에 참석한 세계적 거부, 조지 소로스가 한 말이다.[1] 그는
선진국의 빈부격차가 민주주의 위기를 초래할 가능성이 있다면서 심
각하게 우려하였다. 극심한 빈부격차가 사회적 혼란을 유발하면 정
부는 강경대처하지 않을 수 없고 그러다보면 신자유주의자가 그토록
경계한 억압적 정치제도가 등장하게 된다는 것이다.

흔히 다보스포럼이라고 불리는 이 세계경제포럼은 정치·경제 분
야의 세계적 지도자들이 모여서 세계경제를 조율하는 가장 유서 깊
은 토론의 장이다. 오늘날 자본주의의 현주소를 가장 잘 읽을 수 있
는 모임이다. 2012년 다보스 회의에는 독일의 총리, 영국의 수상, 미
국의 재무장관 등 정·관계의 세계적 거물들을 포함하여 2천여 명의
명사들이 참여한 가운데 외견상으로는 성황을 이루었다. 우리나라에
서는 한국은행 총재를 비롯한 경제계 인사들이 참석하였다.

전통적으로 이 모임은 지구촌 문제에 대단한 의욕을 보인 활기찬

토론의 장이었다. 그 의욕과 활기는 자본주의 시장에 대한 장밋빛 신념에서 우러나온 것이었다. 그러나 이제 회의 분위기가 완전히 달라졌다. 첫날 회의 주제가 "자본주의는 21세기 사회에서 실패하고 있는가?"였다. 회의 주제부터가 음산하고, 회의 분위기도 썰렁하였으며, 결국 해결책을 각국 정부에 미뤄둔 채 맥없이 끝나고 말았다.

지금의 세계경제 위기가 시장에서 비롯되었으므로 이제 정부에 의한 돌파만이 남았다는 데에는 대체로 동의한다. 그러나 문제는 정부에게도 마땅한 수단이 없다는 것이다. 현재의 세계경제 위기는 과거의 경제 위기와 다르다. 1930년대 세계 대공황 때에는 최소한 재정 지출 확대라는 보도寶刀가 선진국 정부의 손에 확실하게 쥐어져 있었다. 당시 케인스는 거시경제학이라는 새로운 거대 이론을 제시함으로써 정부의 적극적 재정 지출을 이론적으로 뒷받침해주었다. 그러나 오늘날 선진국 정부의 손에는 이 보도가 없다. 북유럽의 국가들을 제외한 선진국 정부 대부분이 빚더미에 올라앉아 있기 때문에 쓸 돈이 없다. 케인스와 같은 위대한 인도자도 없다. 그러니 다보스 회의 참석자들도 답답하지 않을 수 없다.

우리나라의 경우에는, GDP 대비 정부 재정 지출의 비중이 선진국에 비해서 상당히 작기 때문에 표면상 재정 지출 확대의 여지는 크다. 그러나 재정 지출을 늘리기 위해서는 세금을 더 많이 걷어야 하는데, 이것이 보통 어려운 일이 아니다. 증세增稅에 보수 진영이 완강히 반대하고 있고, 서민들도 꺼려하고 있다. 또한, 정부의 낭비적 예산 지출에 대한 비난이 끊이지 않고 있다. 새만금간척 사업이나 4대강 사업, 신공항 공설 등과 같은 대규모 토목 사업들이 정작 가난한 서민들의 삶에 과연 얼마나 보탬이 되는지에 대해 회의적인 시각이 지배적이다. 그런 사업들은 정경유착으로 돈을 벌어보려는 사람들이나 대기업의 배나 불려줄 뿐이라는 것이다. 이런 상황에서 증세에 선뜻 찬성하기도 곤란한 실정이다.

선진국에서나 우리나라에서 정부 재정 지출의 적극적 확대가 곤란하다면, 남은 수단은 무엇인가? 시장을 공정하게 하고 사회 정의를 확립하는 것이다. 이제 정의는 시대적 요구이자 현실적 요구다. 이 요구에 부응하여 근래 우리 정치권도 헌법 119조 2항에 묻혀있던 '경제 민주화'를 끄집어내서 정치 구호로 삼고 있다. 경제 민주화가 앞으로 우리 사회의 향방을 가늠하는 주요 방향타가 될 것이라는 관측이 지배적이다. 그러나 정치권이 말하는 경제 민주화의 구체적 내용들은 과거 '경제 정의' 구호 아래 시민사회가 오래 전부터 집요하게 요구하던 것들이다. 재벌 및 대기업을 포함한 경제적 강자의 횡포 억제, 공정거래의 확립을 위한 규제의 강화, 소득불평등 완화, 서민 복지 증진 등은 경제 정의 얘기가 나올 때마다 빠짐없이 거론되던 귀에 익은 요구사항들이다. 요컨대, 샌델 교수가 요구하였듯이 '고삐 풀린' 시장을 제자리로 돌려놓기 위해서 시장에 대한 고삐를 바짝 조이는 것, 이것이 경제 정의의 핵심이다.

비록 경제 민주화나 경제 정의가 피할 수 없는 대세라고 하더라도 그 구체적 내용에 관해서는 마뜩찮게 생각하는 사람들도 적지 않다. 그러나 한 가지는 분명하다. 이제 과거와는 전혀 다른 새로운 시대적 상황이 우리 앞에 펼쳐지고 있다는 점이다. 경쟁보다는 협동이 더 중요해지고, 효율성이나 생산성보다는 사회적 통합이 더 중요해지는 시대가 오고 있다. 이제 돈으로 행복을 살 수 있는 시대는 저물고 있다. 앞으로의 시대에는 돈으로 살 수 없는 행복이 더 귀해지고 더 큰 가치를 가지게 될 것이다. 그러니 과거 저소득 고성장시대에 알맞은 사고방식이나 원칙이 앞으로 올 고소득 저성장시대에는 '가을비에 젖은 낙엽'이 된다. 그래서 "한국사회, 사회계약 다시 쓰자"는 말도 나오고 있다.[2]

이 말은 날이 갈수록 첨예화되고 있는 우리 사회의 갈등을 봉합하고, 선진국으로 도약하는 시대적 상황에 맞게 새로운 정의의 원칙을 세우자는 말로 이해된다. 새로운 정의의 원칙을 세우는 일은 구호로만 이루어지는 것이 아니다. 그것이 참된 정의의 원칙이 되기 위해서는 우리 모두가 새로운 시대의 도래를 분명히 인식하는 가운데 하버마스가 요구하는 의사소통의 합리성을 통과해야 한다.

새로운 정의의 원칙을 세우는 것이 절실하고 중차대하지만, 그것만으로 끝나는 것이 아니다. 일단 원칙이 정해지면 그 원칙을 일관성 있게 지켜나가는 것 또한 중요하다. 정의로운 사회란 원칙이 잘 지켜지는 사회다. 따라서 원칙이 잘 지켜지는 분위기를 만드는 것이 긴요하다. 이때 특히 절실한 것은 사회 지도층의 솔선수범이다. 윗물이 맑아야 아랫물이 맑다는 말이 있지 않은가.

노벨경제학상을 받은 어느 경제학자는 이 말을 수학적으로 증명하였다. 그에 의하면, 분명히 이타심이 우리 사회를 좀 더 행복하게 만드는 소중한 요소이지만 국민 모두가 이타적일 필요는 없다. 단지 사회 지도층이 이타적으로 행동하면, 그것으로 족하다.[3] 왜냐 하면, 사회 지도층의 이타적 행동이 다른 사람들의 이타적 행동을 유발함으로써 이타심을 사회 전체에 퍼뜨리는 가장 효과적인 중심축이 되기 때문이다.

정의에 관해서도 같은 말을 할 수 있다. 우리 사회를 정의롭게 만들기 위해서는 사회 지도층에게 더 엄격한 잣대가 적용되는 가운데 특히 정치가와 정부가 원칙을 지킴에 있어서 모범을 보여야 한다. 솔선수범하지 못하는 정치권이 아무리 정의사회의 구현을 떠들어봐야 국민은 코웃음만 칠뿐이다. 자신은 지키지도 않는 원칙을 남에게는 큰소리로 요구하는 정치인들과 고위관료들의 뻔뻔한 모습을 우리 국민은 신물 나게 보아오지 않았던가. 우리 사회를 정의롭게 만들기 위해서는 이런 정치인과 관료들이 없어져야 한다.

간디가 왜 그렇게 많은 사람들의 존경을 받았을까? 그 한 가지 이유는 매사 솔선수범하였기 때문이다. 그가 얼마나 솔선수범에 철저하였는지를 보여주는 재미있는 일화가 있다. 어느 날 시골 아주머니가 어린애를 데리고 간디를 찾아왔다.

아이 엄마 우리 애가 사탕을 너무 많이 먹어서 속상해 죽겠어요. 제가 아무리 야단쳐도 도무지 듣지 않아요. 선생님께서 이 아이에게 따끔하게 한마디 해주세요. 부탁드려요.

간디 (아이 엄마를 물끄러미 쳐다보다가) 죄송하지만 보름 후에 저를 다시 찾아오시지요.

아이 엄마 ???

먼 길을 달려온 아이 엄마는 좀 맥이 풀렸지만, 그 유명하신 분이 다시 오라고 했으니 분명히 묘안이 있을 거라고 믿고 보름 후에 아이를 데리고 간디 앞에 다시 나타났다.

아이 엄마 선생님 말씀대로 다시 왔습니다. 오늘은 이 아이에게 꼭 좋은 이야기를 해주세요.

간디 (아이를 똑바로 쳐다보면서) 애야, 사탕을 너무 많이 먹으면 이도 상하고 건강에도 나쁘단다. 이제 엄마 말씀대로 사탕을 그만 먹으렴.

아이 엄마 선생님, 좀 더 따끔하게 이야기해주세요.

간디 …….

아이 엄마 (어이없어 하며) 선생님, 그런 말씀이라면 보름 전에도 하실 수 있었지 않아요?

간디 물론 그렇지요. 하지만 그때는 저도 매일 사탕을 먹고 있었답니다. 그런 주제에 제가 어떻게 저 아이에게 사탕을 그만 먹으라고 말합니까? 어떻든 덕분에 저도 이번 기회에 사탕을 끊었습니다.

간디 스스로 사탕 먹기를 끊고 나서야 아이에게 훈계를 했다는 이야기이다. 자기 자신도 하지 못하는 일을 어떻게 남에게 이래라저래라 야단칠 수 있단 말인가. 우리 사회를 정의롭게 만드는 일은 사회 지도층의 솔선수범으로부터 시작되어야 한다.

주

이 책을 읽기 전에

1 Silver, M. (1989), *Foundation of Economic* Justice, New York: Basil Blackwell Ltd.

2 Zijac, E. Z.(1996), *Political Economy of Fairness*, Cambridge, Mass.: The MIT Press, p.77

1장

1 이영희(2005),《정의론》, 서울: 범문사, 55쪽.

2 Zijac, E. E.(1995), *Political Economy of Fairness*, Cambridge, Mass.: The MIT Press, pp.119~128.

3 Rawls, J.(1971), *Theory of Justice*, Boston: Harvard University Press.
Fisk, M.(1993), "Introduction: The Problem of Justice" in M. Fisk ed. *Justice*, New Jersey: Humanities Press.

4 배리(B. Barry) 교수는 정의의 개념을 크게 두 가지로 정리하였는데, 상호이익으로서의 정의와 불편부당(不偏不黨, impartiality)으로서의 정의가 그것이다. 다음 문헌 참조: Barry, B.(1989), *Theories of Justice*, Berkeley: University of California Press, p. 8.

5 한인섭(2011),「안으로 굽는 팔, 기울어진 잣대, 그러나 공정한 법」,〈지식의 지평〉11호, 한국학술협의회, 아카넷.

6 Rawls, J.(1971), *A Theory of Justice*, Boston: Harvard University Press.

7 Baumol, W. J.(1986), *Superfairness*, Cambridge: The MIT Press.

8 어떤 학자는 평등주의를 '기계적 평등주의'와 '비례적 평등주의'로 구분하기도 한다. 다음 문헌 참조: 이영희(2005),《정의론》, 서울: 범문사.

2장

1 송인창(2011), "정의(正義)에 대한 동서 철학적 고찰", 2011년 한국철학회 춘계학술대회,「정의와 공정사회: 동서 철학적 성찰」, 2011년 5월 21일, 성균관대학교 다산경제관.

2 짐 월리스(2011),《가치란 무엇인가》(박세혁 옮김), 서울: 한국기독학생회출판부.

3 Frank, R. H.(1999), *Luxury Fever*, Princeton: Princeton University Press.

4 신중섭(2011),「공정사회의 새로운 지평」,〈지식의 지평〉 11호, 한국학술협의회, 아카넷.

5 〈워싱턴포스트〉에 보도된 내용을〈조선일보〉에서 재인용.〈조선일보〉, 11월 8일.

6 Akerlof, G. A. and R. J. Shiller(2009), *Animal Spirits*, Princeton: Princeton University Press, chapter 8.

3장

1 이에 대한 자세한 설명은 다음 문헌 참조: 이정전(2009),《토지경제학》(개정판), 서울: 박영사.

2 손낙구(2008),《부동산 계급사회》, 서울: 후마니타스, 28쪽.

3 이에 대한 구체적인 논의는 다음 문헌 참조: 이정전(1999),《토지경제학》, 서울: 박영사.

4 이정전(2009),《토지경제학》(개정판), 서울: 박영사.

5 이근식·김태동(1991),《땅−투기의 대상인가, 삶의 터전인가》, 경실련문고1, 서울: 비봉출판사.

6 손낙구(2008),《부동산 계급사회》, 서울: 후마니타스, 92쪽.

7 예를 들면〈조선일보〉의「복거일 아침논단」(2008년 10월 12일)에는 다음과 같은 말이 나온다. "미국에서나 우리나라에서나 이번 금융위기를 예측하지 못했다. 진단도 처방도 시원스럽지 못하다…"

8 Smith, A.(1837), *An Inquiry into the Nature and Causes of the Wealth of Nations* (E. Cannon edited), New York: Random House Inc. p. 39.

9 이승환(2011), "토지 불로소득과 분배정의", 2011년 한국철학회, 춘계학술대회,「정의와 공정사회: 동서 철학적 성찰」, 2011년 5월 21일, 성균관대학교 다산경제관.

10 이에 대한 자세한 설명은 다음 문헌 참조: 이정전(2011),《경제학을 리콜하라》, 서울: 김영사.

11 Ricardo, D.(1951), *Principles of Political Economy and Taxation*, in the Works and Correspondence of David Ricardo, Vol. I, edited by Sraffa, London: The Cambridge University Press, p. 74.

12 이준구·이창용(1997),《경제학원론II》, 서울: 법문사, 418쪽.

13 이태경(2009),「좌절된 보유세 혁명: 종부세」,《위기의 부동산》, 서울: 후마니타스.

14 손낙구(2008),《부동산 계급사회》, 서울: 후마니타스, 198쪽.

15 다음 문헌 참조: 전강수 외(2008),《부동산 신화는 없다》, 서울: 후마니타스.

16 권원용(1993),「토지이용 규제체계의 개선 방향」, 손재영 편《토지시장의 분석과 정책과제》, 한국개발연구원. 213쪽.

17 김윤상,《알기 쉬운 토지공개념》, 경북대학교 출판부.

18 이 인용문은 다음 문헌에서 재인용한 것임: 국토연구원(구 국토개발연구원)(1996),《국토 50년》, 829쪽.

19 이에 대한 자세한 설명은 다음 문헌 참조: 이태경(2009),「좌절된 보유세 혁명: 종부세」,《위기의 부동산》, 서울: 후마니타스.

20 이에 대한 자세한 논의는 다음 문헌 참조: 이승환(2011), "토지 불로소득과 분배 정의", 2011년 한국철학회, 춘계학술대회,「정의와 공정사회: 동서 철학적 성찰」, 2011년 5월 21일, 성균관대학교 다산경제관.

21 토드 부크홀츠(1994),《죽은 경제학자의 살아있는 아이디어》(이승환 옮김), 서울: 김영사.

22 Smith, A.(1873), *An Inquiry into the Nature and Causes of the Wealth of Nations*(E. Cannon ed.) New York: Random House Inc.

23 다음 논문에서 발췌한 것임. 김수현(2011), "부동산시장과 정책: 그 엇박자의 본질", 한국도시국토계획학회, 주택 및 부동산정책연구회 제2차 포럼 발표 논문.

24 고영성(2011),《경제를 읽는 기술 HIT》, 서울: 스마트북스, 27쪽.

25 이에 대한 자세한 내용은 다음 문헌 참조: 이정전(2011),《경제학을 리콜하라》, 서울: 김영사.

26 고영성(2011),《경제를 읽는 기술 HIT》, 서울: 스마트북스, 40쪽.

27 고영성(2011),《경제를 읽는 기술 HIT》, 서울: 스마트북스, 42쪽.

28 Akerlof, G. A. and co-authors(2005), *Explorations in Pragmatic Economics*, Oxford: Oxford University Press.

29 Akerlof, G. A. and R. J. Shiller(2009), *Animal Spirits*, Princeton: Princeton University Press.

30 다음 문헌 참조: 이정전(2011),《경제학을 리콜하라》, 서울: 김영사.

31 좌승희(2010),《대한민국 성공 경제학》, 서울: 일월담.

32 얼마 전에 모 방송사가 이런 주장을 확인하는 방송프로를 내보낸 적이 있다. 여기에서도 거의 예외 없이 자동차 수리점들은 주부들에게 바가지를 씌웠다.

33 Schotter, A.(1985), *Free Market Economics*, New York: St. Martin's Press, Inc. p. 52.

34 Akerlof, G. A.(1970), "The market for lemons: Qualitative uncertainty and the market mechanism", *Quarterly Journal of Economics*, vol.84, pp.488~500.

35 이준구·이창용(1999),《경제학원론》, 서울: 범문사.

36 이에 대한 자세한 논의는 다음 문헌 참조: 이정전(2002),《시장은 정말 우리를 행복하게 하는가》, 서울: 한길사.

4장

1 김영봉(2011), "공정사회와 시장경제", 2011년 경제학 공동학술대회, 한국제도경제학회, 2011년 2월 10일.

2 프리드먼 교수의 표현으로는 "To each according to what he and the instruments he owns produces". 다음 문헌 참조: Friedman, M(1962), *Capitalism and Freedom*, Chicago: The University of Chicago Press, p.161.

3 이에 대한 상세한 논의는 다음 문헌 참조: 이정전(2011),《경제학을 리콜하라》, 서울: 김영사

4 Kelman,S.(1981), *What Price Incentives?: Economists and the Environment*, Boston: Auburn House Publishing Co. p.44.

5 댄 애리얼리(2008),《상식 밖의 경제학》(장석훈 옮김), 서울: 청림출판사.

6 이에 관해서는 다음 문헌 참조:
김영봉(2011), "공정사회와 시장경제", 2011년 경제학 공동학술대회, 한국제도경제학회, 2011년 2월 10일.
좌승희(2011), "발전친화적인 공정의 잣대, 법 앞의 평등", 2011년 경제학공동학술대회, 한국제도경제학회, 2011년 2월 10일.

7 이에 대한 자세한 논의는 다음 문헌 참조: 이정전(2008),《우리는 행복한가》, 서울: 한길사, 제4장.

8 Rawls, J.(1971), *A Theory of Justice*, Boston: Harvard University Press, p.301.

9 초기 신고전학파 중에서 현대 경제학자들의 입에 가장 빈번히 오르내리는 학자는 아마도 왈라스(L. Walras)와 마셜일 터인데, 이들도 한계생산이론에 입각한 소득 정당화 논리에 동의하지 않았다. 왈라스는 토지 지대가 불로소득이며 따라서 사회에 귀속시켜야 한다는 생각을 굽히지 않았다. 사회주의자임을 자처하였던 그는 자유경쟁시장이 소비자의 욕망을 가장 잘 충족시켜준다는 점을 인정하였지만, 불평등을 초래한다는 점에서 심각한 문제가 있다고 보았던 것 같다. 토지 지대만 사회적으로 환수한다면 완전한 자유경쟁시장은 비교적 공정한 소득분배를 낳을 것이라는 그의 주장에 비추어보면, 지대가 공정치 못한 소득이라고 그가 생각하였던 것은 분명해 보인다.

10 좌승희(2010), 《대한민국 성공 경제학》, 서울: 일월담.

11 〈조선일보〉 2001년 7월 27일 민경국 교수의 기고문, "평등주의와 '원초적 본능'".

12 다음 문헌에서 재인용한 것임: 황경식(2011), "공정한 경기와 운의 중립화", 2011년 한국철학회, 춘계학술대회, 「정의와 공정사회: 동서 철학적 성찰」, 2011년 5월 21일, 성균관대학교 다산경제관.

13 김상조(2011), "자유시장경제는 과연 정의롭고 공정한가에 대한 논평", 2011년 한국철학회, 춘계학술대회, 「정의와 공정사회: 동서 철학적 성찰」, 2011년 5월 21일, 성균관대학교 다산경제관.

14 Frank, R. H.(1999), *Luxury Fever*, Princeton: Princeton University Press.

15 임혁백(1998), 「시장경제와 민주주의: 긴장에서 공존으로」, 〈사상〉 여름호, 사회과학원, 14쪽.

16 에이미 추아(2004), 《불타는 세계》(윤미연 옮김), 서울: 부광.

⑤장

1 Rachels, J.(1986), *The Elements of Moral Philosophy*, New York: Random House, p. 79.

2 이승환(1995), 「묵자의 계약적 정의관」, 그리스도교철학연구소 편, 《현대사회와 정의》, 철학과현실사.

3 정인재(1995), 「유가의 의(義)와 리(利)의 문제」, 그리스도교철학연구소 편, 《현대사회와 정의》, 철학과현실사.

4 Landreth, H.(1976), *History of Economic Thought*, Boston: Houghton Mifflin Co.

5 이하에서 소개된 밀의 주장은 다음 문헌 참조: Mill, J. S.(1910), *Utilitarianism*,

On Liberty, Considerations on Representative Government (edited by H. B. Acton), London: Everyman's Library.

6 이하의 대화는《공리주의》에 나타난 내용을 바탕으로 저자가 각색한 것임.

7 레스터 서로우(2003),《세계화 이후의 부의 지배》(현대경제연구원 옮김), 서울: 청림출판, 17쪽.

8 2005년 미국의 1인당 국민소득은 약 4만 1,000달러였고 우리나라는 1만 6,000달 러였다.

9 시카고 대학 전국여론조사본부는 2차 세계대전 직후부터 줄곧 행복에 관한 여론 조사를 실시해왔다. 조사 자료를 분석해본 결과, 자기 자신을 '매우 행복하다'고 표현하는 사람의 비율이 1950년에는 7.5%였으나 2002년에는 6%로 떨어졌다.

10 1945년 미국 국민의 평균 행복 지수는 2.4였음에 비해서 1991년의 행복지수는 2.2이다.

11 1973년부터 1994년에 걸쳐 수행한 조사임. 여기에서 말하는 일반사회조사란 미 국 NORC의 General Social Survey를 말함. 자세한 내용은 다음 문헌 참조: Lane, R. E.(2000), *The Loss of Happiness in Market Democracies*, New Haven: Yale University Press, chapter 2.

12 Inglehart, R.(1996), "The diminishing utility of economic growth", *Critical Review* Vol. 10, No. 4, Fall.

13 Layard, R.(2005), *Happiness*, New York: The Penguin Press, chapter 1.

14 물론 경제학자들은 행복이라는 단어를 쓰지 않고 그 대신 효용이라는 단어를 사 용하지만 근본적으로는 같은 내용이라고 프랭크 교수는 생각하는 것 같다. 자세 한 내용은 다음 문헌 참조: Frank, R. H.(1999), *Luxury Fever*, Princeton: Princeton University Press, pp. 66~68.

15 〈경향신문〉, 2011년 8월 22일.

16 이에 대한 자세한 내용은 다음 문헌 참조: 이정전(2008),《우리는 행복한가》, 서 울: 한길사.

17 레인(R. E. Lane) 교수가 이런 주장을 펴는 대표적인 학자이다. 그의 저서인《시장 민주주의에서 행복의 상실》은 책 제목에서부터 자본주의 시장에 대한 고발의 냄 새를 물씬 풍긴다. 그의 주장은 자본주의 선진국 사회에서 온정적 인간관계와 화 목한 가정이 점차 사라지고 있다는 가설을 출발점으로 한다. 다음 문헌 참조: Lane, R. E.(2000), *The Loss of Happiness in Market Democracies*, New Haven: Yale University Press, chapter 1.

6장

1 구체적인 내용은 다음 문헌 참조: Hamlin, A. P.(1966), *Ethics, Economics and the State*, New York: St. Martin's Press, pp. 63~69.

2 Boadway, R.(2002), "The role of public choice consideration in normative public economics", *Political Economy and Public Finance*, edited by S. L. Winer & H. Shibata Cheltonham, U.K.: Edward Elgar Publishing Limited, Chapter 4.

3 이승훈(2011), 「'정당한 몫'과 인간답게 살 권리」, 〈지식의 지평〉 11호, 한국학술협의회, 아카넷.

4 이승훈(2011), 「'정당한 몫'과 인간답게 살 권리」, 〈지식의 지평〉 11호, 한국학술협의회, 아카넷.

5 이 두 번째 주장에 대해서는 다음 문헌 참조: 좌승희(2011), "발전친화적 공정의 잣대, '법 앞의 평등'", 2011년 경제학공동학술대회, 한국제도경제학회, 2011년 2월 10일.

6 인간의 욕망이 조작되는 구체적 사례에 관해서는 다음 문헌 참조: 이정전(2011), 《경제학을 리콜하라》, 서울: 김영사.

7 Rawls, J.(1971), *A Theory of Justice*, Cambridge, Mass.: Harvard University Press.

8 김남두(1988), 「플라톤의 정의 규정고(考): 국가편 Ⅳ를 중심으로」, 《희랍철학연구》, 서울: 종로서적, 87쪽.

9 Zajac, E. E.(1995), *Political Economy of Fairness*, Cambridge, Mass.: The MIT Press, p. 99.

7장

1 민경국(2007), 《자유주의의 지혜》, 서울: 아카넷, 199쪽.

2 이승훈(2011), "정당한 몫과 인간답게 살 권리", 2011 경제학 공동학술대회, 제1 전체회의, 한국제도경제학회, 2011년 2월 10일.

3 Sandel, M. J.(2009), *Justice*, New York: Penguin Books.

4 Tietenberg, T.(2009), *Environmental and Natural Resource Economics*, New York: Pearson Education Inc. p. 541.

5 어떤 학자는 효용함수의 개념에 대응해서 '선호에 대한 선호'를 반영하는 함수를

초월(super)효용함수라고 부르기도 한다. 초월효용함수에 대해서는 다음 문헌 참조: Hahn, F.(1982), "On some difficulties of the utilitarian economics", in A. Sen & B. Williams edited, *Utilitarianism and beyond*, Cambridge: Cambridge University Press.

6 1차적 선호와 2차적 선호에 대해서는 다음 문헌 참조: Sunstein, C. R.(1989), "Disrupting Voluntary Transactions", in J. W. Chapman and J. R. Pennock edited, *Market and Justice*, New York: New York University Press.

7 애덤 스미스의 《도덕감정론》에 관해서는 다음 문헌 참조: 이정전(2011), 《경제학을 리콜하라》, 서울: 김영사.

8 Smith, A.(1790), *The Theory of Moral Sentiments*(6th edition), Sao Paulo: MetaLibri, p. 53.

9 이에 관련된 구체적인 예는 다음 문헌 참조: 애니 레너드(2011), 《너무 늦기 전에 알아야 할 물건 이야기》(김승진 옮김), 서울: 김영사.

10 애니 레너드(2011), 《너무 늦기 전에 알아야 할 물건 이야기》(김승진 옮김), 서울: 김영사.

11 이정전(2005), 《경제학에서 본 정치와 정부》, 서울: 박영사.

🄼 8장

1 Kolm, Serge-Christophe(2005), *Macrojustice*, Cambridge, U.K.: Cambridge University Press.

2 조선일보, 2011년 12월 30일 '최원규의 법정 이야기'.

3 이에 대한 자세한 내용은 다음 문헌 참조: 이정전(2002), 《시장은 정말 우리를 행복하게 하는가》, 서울: 한길사, 제3장.

4 Daly, H. E., "Introduction to Essays toward a steady-state economy", in H. E. Daly and K. N. Townsend edited, *Valuing the Earth*, Boston: The MIT Press, 1993.

5 Marx, K., *On the Jewish Question*, p. 53.

6 욕망부채질이론이라는 말은 다음 문헌에서 따온 것임. 이정전(2002), 《시장은 정말 우리를 행복하게 하는가》, 서울: 한길사.

7 이에 대한 자세한 논의는 다음 문헌 참조: 이정전(1993), 《두 경제학의 이야기: 주류경제학과 마르크스 경제학》, 서울: 한길사.

8 설헌영(1990), 「분배정의와 맑스주의」, 〈철학〉 제33집, 62쪽.

9 황경식(1990), 「맑스의 분배적 정의관 시비」, 〈철학〉 제33집, 84쪽.

10 마르크스의 정의관을 대체로 평등 지향적 정의관이라고 하는데, 이는 그의 정의 관을 너무 단순화시키고 있다는 느낌을 준다. 다음 문헌 참조: Elster, J.(1985), *Making Sense of Marx*, Cambridge: Cambridge University Press. p. 230, 설헌 영(1990), 「분배정의와 맑스주의」, 〈哲學〉 제33집, 62쪽.

11 그래서 마르크스의 정의론을 위계적 정의론(hierarchical theory of justice)이라고 부르기도 한다. Elster, J.(1985), *Making Sense of Marx*, Cambridge: Cambridge University Press. p. 230.

12 설헌영(1990), 「분배정의와 맑스주의」, 〈哲學〉 제33집, 69쪽.

13 프랜시스 후쿠야마(2001), 《대붕괴 신질서》(한국경제신문 국제부 옮김), 서울: 한국경제신문사. 39쪽.

14 이에 대한 구체적 논의는 다음 문헌 참조: 이정전(2000), 《환경경제학》, 서울: 박 영사.

15 제러미 리프킨(2001), 《소유의 종말》(이희재 옮김), 서울: 민음사, 19쪽.

 9장

1 한정호, 《한국인의 경제가치관 유형분석》, 한국개발원 부설 국민경제연구소, 1992.

2 다음 문헌 참조: 김영봉(2011), "공정사회와 시장경제", 2011년 경제학 공동학술 대회 한국제도·경제학회 발표논문집.
좌승희(2011), "발전친화적인 공정의 잣대, 법 앞의 평등", 2011년 경제학 공동학 술대회 한국제도·경제학회 발표논문집.
조선일보 2001년 7월 27일 민경석교수의 기고문, "평등주의와 '원초적 본능'.

3 이 영역에서 분배대상이 되는 것들은 주로 구성원을 위한 봉사, 실물, 정신적 배 려, 또는 권위 같은 것들이고 금전적인 것의 비중은 높지 않은 편이다.

4 이 영역에서 분배의 대상이 되는 것은 주로 금전적인 것 또는 명백한 금전의 대체 물들이다.

5 이 영역에서 분배대상이 되는 것들은 권리, 영향력, 권위 등과 같은 비금전적인 것으로부터 세금과 보조금, 구호금 등 금전적인 것들을 포함한다.

6 Hochschild, J. L.(1981), *What's Fair?*, Cambridge:Harvard University Press, p.48.

7 이 설문조사는 1994년 사회과학연구협의회의 도움으로 실시된 것이다. 자세한 내

용은 다음 문헌 참조: 변형윤·이정전(1994), 《분배의 정의》, 서울: 집문당

8 여기에서 말하는 공동사회와 이익사회란 퇴니스(T. Tönies)와 베버(M. Weber) 가 정의한 Gemeinschaft와 Gesellschaft이다.

9 베버는 이런 변화를 경제가 사회에 복속되던 단계로부터 경제가 사회를 지배하는 단계로 넘어가는 신호탄으로 묘사하였다. 그는 자본주의 사회에 있어서 인간관계 는 이기심의 지배라기보다는 합리적 계산, 즉 자발적 애정을 비웃는 합리성의 지 배라고 보았다.

10 예를 들면, 행복을 전문적으로 연구하는 학자들 중에는 레인교수가 그런 학자들 중의 한 사람이다. 레인교수의 구체적 주장과 실증적 근거는 다음 문헌 참조: Lane, R. E. (2000), *The Loss of Happiness in Market Democracies*, New Haven: Yale University Press.

11 여기에서 말하는 유물주의(materialism)는 레인 교수가 정의한 것임. 이에 대한 자세한 내용은 다음 문헌 참조: Lane, R. E.(2000), *The Loss of Happiness in Market Democracies*, New Haven: Yale University Press.

12 마이어스 교수가 뽑은 극단적 개인주의의 특징은 다음과 같다: ① 자기 자신의 일 에만 몰두한다. ② 공동의 이익보다 개인의 이익을 더 중요하게 생각한다. ③ 권위 에 복종하지 않는다. ④ 다른 사람에게 자신의 가치를 강요하지 않는다. ⑤ 개인의 권리를 강력하게 주장한다. ⑥ 자신에게 이익이 된다고 생각되면 법에 저촉되지 않는 한 무엇이든지 한다. ⑦ 남을 사랑하기 전에 자신부터 사랑한다. ⑧ 남들이 어 떻게 하느냐에 신경 쓰지 않는다. Myers, D. G.(2001), *The American Paradox*, New Haven: Yale University Press, p. 7.

13 Habermas, J.(1987), *The Theory of Communicative Action*(Vol. Two), Boston: Beacon Press.

14 짐 월리스(2011), 《가치란 무엇인가》(박세혁 옮김), 서울: 한국기독학생회출판부.

15 사회적 자본에 대한 구체적 논의는 다음 문헌 참조: 이정전(2002), 《시장은 정말 우리를 행복하게 하는가》, 서울: 한길사.

16 Habermas, J.(1971), *Toward a Rational Society*, London: Heinemann Educational Books Ltd.

17 Habermas, J.(1972), *Knowledge and Human Interests*(2nd. ed.), London: Heinemann Educational Books Ltd.

● 후기

1 조선일보, 2012년 2월 4일.

2 경향신문, 2011년 10월 4일.

3 Becker, G. S.(1981), *A Treatise on the Family*, Cambridge, Mass: Harvard University Press.

시장은 정의로운가
THE CAPITALIST MARKETS & JUSTICE